Rudolf Köster · Heilen kannst nur du dich selbst!

W0076069

Rudolf Köster

Heilen kannst nur du dich selbst!

Was wir für unser
tägliches Wohlbefinden
tun können

Kösel

ISBN 3-466-34398-4
Printed in Germany. Alle Rechte vorbehalten
Druck und Bindung: Ebner Ulm
Umschlag: Kaselow Design, München
Umschlagmotiv: BAVARIA/SSI

1 2 3 4 5 · 02 01 00 99 98

*Gedruckt auf umweltfreundlich hergestelltem Werkdruckpapier
(säurefrei und chlorfrei gebleicht)*

Inhalt

Einleitung

Seelische Gesundheit beginnt mit dem Tag der Geburt – im Idealfall! Ab diesem Tag gleicht allerdings keine Entwicklung der kindlichen Seele mehr der einer anderen: Zu extrem sind die Kontraste in pädagogischen, in psychologischen Chancen optimaler Ausreifung zum gesunden Ich, dem nicht nur »Wurzeln«, sondern auch »Flügel« für den Start in das Leben gegeben werden müssen. Ein Mangel an diesen Fundamenten seelischer Gesundheit bahnt den direkten Weg zur Ich-Schwäche – die in eine Vielzahl von seelischen Störungen und Krankheiten mündet: vom mangelnden Selbstwertgefühl, einer Durchsetzungs- und Aggressionshemmung über eine psychosomatische Krankheit, Depression bis hin zur Flucht in die Sucht – dem »Selbstmord auf Umwegen«!

Eine schon über 2000 Jahre alte Warnung des griechischen Philosophen Menandros wird hier zur bitteren Wirklichkeit: »Besser ist es, der *Körper* leidet als die Seele!«, denn: *Seelischer* Schmerz ist schwerer zu ertragen als der Schmerz des Körpers, hauptsächlich aus vier Gründen:

- Seelischer Schmerz erfasst stets den *ganzen* Körper.

- Gegen seelischen Schmerz gibt es keine »Schmerztabletten«.

- Den seelischen Schmerz »sieht« man nicht: Er ist weder im Labor noch im Computer nachweisbar. Daher werden Menschen mit ihrem seelischen Leidensdruck oft gar nicht verstanden!

- Hilfe für den *körperlich* Kranken ist selbstverständlich, aber wie steht es für den *seelisch*, zum Beispiel depressiv Kranken?

Die verwirrenden *Behandlungsprobleme eines stetig boomenden »Psychomarktes«*, der zwangsläufig mit Hindernissen im *Erfolg* der Behandlung einhergeht, treibt so manchen seelisch

Kranken zusätzlich in Resignation, Hoffnungslosigkeit und Verzweiflung. Wirksame Hilfe können die Betroffenen jedoch nur durch *neue Orientierung* erhoffen: durch *Umdenken*, durch Beschreiten *neuer Wege*, mit der lebenswichtigen Erkenntnis:

Seelische Gesundheit gibt es nicht zum Nulltarif!

Wir können sie weder mit Geld bezahlen, noch erhalten wir sie »auf Krankenschein«, sondern nur durch *eigenes Engagement* – durch Selbsthilfe! Der Volksmund kennt den *Wert der Selbsthilfe* recht gut. Zu Recht warnt er: »*Hilf dir selbst – es hilft dir (letzten Endes) doch keiner!*«

Das mag zwar hart, fast unmenschlich klingen, ist aber ehrlich hinsichtlich des *Erfolges* auch noch so gut gemeinter Hilfen, denn: Wirksame Selbsthilfe beginnt stets mit *eigener Vorsorge!* Kein einziger Weg führt hier vorbei an der Verwirklichung des Grundgesetzes jeder Art von Selbsthilfe: »Einen Damm muss man bauen, bevor das Hochwasser kommt!« Sebastian Kneipp (1821-1897), ein Pionier auch der seelischen Gesundheitsvorsorge, ermahnte die Menschen seiner Zeit: »Wer nicht jeden Tag etwas Zeit für die Gesundheit aufbringt, muss eines Tages viel mehr Zeit für die Krankheit opfern ...!«

So manches Hindernis für wirksame Selbsthilfe kommt auch aus der Verkennung der *wirklichen* Ursachen der Krankheiten unserer Zeit: Viel zu selten, zumeist reichlich spät, wird auch an die *seelischen* Ursachen gedacht – mit einer paradoxen Art von Fehlverhalten: Mit größter Selbstverständlichkeit tun wir alles für den Körper, von perfekter Körperpflege über die – oft zu reichliche – Ernährung bis hin zu extremer körperlicher Fitness, »Bodybuilding« – keine Strapaze, kein Risiko scheuend, sogar bis zum Umfallen!

Und für die Seele, für den Geist? Schon vor 2000 Jahren warnte der römische Philosoph Seneca (4 v.Chr.-65 n.Chr.): »Es gibt zu denken, dass viele den Körper üben, weniger dagegen den Geist ...!« Daran hat sich bis heute wenig geändert. Nach wie vor wird verdrängt und der Seele nicht geholfen, sich von seelisch krank machenden Altlasten, von tagtäglich neuem seelischem Giftmüll zu befreien: Die tägliche Pflege und »Reinigung« der Seele, die gesunderhaltende »Katharsis«, sind eben keine Selbstverständlichkeit. Aber – die missachtete, zum Schweigen gezwungene Seele rächt sich – und zwar am Körper, der krank wird! Für jeden, der sich nie so richtig gesund fühlt, der mit seinem Leben nicht fertig wird, sondern sich eher von ihm fertigmachen lässt, wiederholt sich regelmäßig eine *Leidens- und Lebenstragödie durch seelischen Leidensdruck*.

Hier rächt es sich, nicht zu wissen, dass ihm eine Fülle seelischer und körperlicher Abwehrkräfte zum Schutz der Gesundheit zur Verfügung stehen – heilende Kräfte, die er nie ausprobiert hat, stattdessen lieber in die Ausrede flüchtet: »So was gibt es doch gar nicht ..., ich könnte das sowieso nicht ...!«

Für jede Leserin, für jeden Leser, die bisher auch so dachten, aber *neue Wege* der Orientierung suchen, die nach Gesundheit ihrer Seele, nach Verbesserung ihrer Lebensqualität streben, ist es nie zu spät, umzudenken.

Diese Selbsthilfe bietet *Selbstschutz*: Denn sie mobilisiert (die oft lebensrettenden) Immunkräfte, deren Bedeutung in weiten Teilen der Bevölkerung noch immer nicht hinreichend erkannt wird. Wenden wir uns also konsequent der »Wunderdroge Selbstheilungskraft« zu! Für sie gibt es keinen Ersatz.

Dieses Buch will Ihnen bei der Orientierung behilflich sein und Sie darin bestärken, die eigene Gesundheit nicht länger aufs Spiel zu setzen, sondern körperlich und seelisch gesund zu werden und die gefährdete Gesundheit wiederherzustellen. Alles beginnt auch hier mit dem ersten Schritt, mit dem Entschluss: »Ich will mich *ändern*, einen neuen Weg suchen, finden – und ihn dann auch gehen!« – Nebenbei gefragt: Wenn nicht gleich *heute*, ja wann dann?«

1 Erkenne dich selbst!

Kein Weg erfolgversprechender seelischer Selbsthilfe kommt an der Verwirklichung dieses schon über 2500 Jahre alten Appells der »Sieben Weisen«, den berühmtesten Philosophen ihrer Zeit, vorbei. Dieser Appell, angebracht über der Eingangspforte des Apollo–Tempels in Delphi, ist Voraussetzung für das Kennenlernen seiner selbst, um durch Selbsterkenntnis – dem »Röntgen«-Blick in die Seele – auch deren dunkelste Seiten betrachten zu können! Ja, es ist bittere Realität unseres Alltags: Wir leben nicht nur in zunehmender Anonymität in der Beziehung zu »verschlossen« wirkenden Menschen, sondern auch mit uns selbst. Als Opfer von Hektik, Stress und Medienflut werden wir mehr und mehr von der Konzentration auf den wirklichen Zustand unserer – gar nicht *so* gesunden – Seele, von unserem »Ich« abgelenkt:

Wir kennen uns selbst nicht richtig – und sind uns »fremd«!

Der eigentliche, der wichtigste Kern unseres Wesens – das Ich unseres Denkens und Fühlens – bleibt uns verborgen, es klafft auseinander: »Zwei Seelen wohnen ach in meiner Brust!« könnten die Betroffenen sagen, wenn sie spüren, dass ein Auseinanderklaffen ihrer Identität, die »dissoziative Identitätsstörung«, ihnen seelisch zu schaffen macht. Jeder Mensch, der unter dieser seelischen Zerrissenheit durch »zwei Seelen« in seiner Brust leidet, hat – wie jeder, der seine seelischen Schwachstellen erkennt – Chancen, sich davon zu befreien. Denn wie es der Lebensberater Volksmund in seinem unerschöpflichen Repertoire von seelischen Hilfen ausdrückt:

»Selbsterkenntnis ist der erste Schritt zur Besserung!«

Sie ist vergleichbar mit der Entdeckungsreise in ein unbekanntes Land: Je ernster die Verwirklichung der Erkenntnis seiner selbst genommen wird, umso größer ist der Erfolg im Entdecken von »dunklen Ecken«, von schlechten Angewohnheiten, von Ursachen für Fehlverhalten, von Schwachstellen im mitmenschlichen Verhalten, von »wunden Stellen« im Ich. Wer könnte hier dem österreichischen Dramatiker Ferdinand Raimond (1790-1836) noch guten Gewissens widersprechen: »Die größte Sünde ist, sich selbst nicht zu kennen!«

Trotz aller Bemühungen um Selbsterkenntnis wird es jedoch immer Bereiche geben, die nicht erfasst werden können. Das sind dann jene »wunden Punkte«, von denen man – trotz Nachdenkens – nichts wusste, die sich aber im Auge eines anderen Menschen widerspiegeln und die selbstkritische Kernfrage provozieren:

WER bin ich eigentlich ...?

Bin ich der, für den ich mich selbst halte, ohne Wenn und Aber? Oder bin ich der, für den Menschen mich halten, die mich wirklich kennen, auch mit den mir nicht bekannten Schwachstellen? Je geringer der selbstkritische Abstand zu sich selbst, desto verzerrter wird das Bild vom eigenen Ich, vergleichbar der Betrachtung eines Bildes ohne den erforderlichen Abstand. Trotz aller Bemühungen, sich selbstkritisch zu sehen, besteht jedoch stets die Gefahr einer Selbsttäuschung: von der Selbstkränkung durch Minderwertigkeitsgefühle bis hin zur Überheblichkeit durch Ich-Verblendung.

Ein interessantes, zugleich aufschlussreiches Angebot der Selbsthilfe im Sich-kennen-Lernen ist das *Enneagramm* – ein Modell menschlicher Charaktermuster und ihrer Beziehungen zueinander. Es beschreibt neun typische Stile, wie Menschen ihre Erfahrungen verarbeiten, wie sie Situationen seelischer Belastung bewältigen bzw. ihr Leben gestalten. In der Art eines Spiegels reflektiert das Enneagramm, was wir bevorzugt wahrnehmen, was wir gewohnheitsmäßig ausblenden, jeweils sich orientierend an neun Charaktermustern. Daraus ergibt sich auch ein Zugang für:

Ertragen von Kritik – ein Weg zum wahren Ich.

Hier steht die Verwirklichung der »Entdeckungen« allerdings vor ihrer schwersten Belastungsprobe: Wer kann schon Kritik vertragen? Und von wem? Und wie? Bei »Kritik« steht immer auch die Menschlichkeit, menschliches Verhalten auf dem Prüfstand. Der unberechtigte, zusätzlich seelisch verletzende Vorwurf ist keine Kritik, sondern Kränkung! Wenn man vom Ursprung dieses Wortes griechischer Herkunft ausgeht, ist »Kritik« immer etwas Positives – die »Kunst des Unterscheidens, der Beurteilung«! Diese Definition zugrunde legend ist *Kritik eine wichtige Hilfe zur Selbsthilfe*. Eine Chance der Kurskorrektur von bislang nicht erkanntem Fehlverhalten: Fehler zu erkennen, zuzugeben, um einen neuen, einen besseren Weg gehen zu können und nicht so rasch in Konflikte zu geraten. Eine gut gemeinte Kritik kann zwar wehtun, aber sie kann nicht kränken, nicht demütigen. Der Volksmund sagt dazu:

»Wer keine Kritik verträgt, hat sie bitter nötig!«

Dies zielt genau auf jenen seelisch »wunden« Bereich von Menschen, deren schlimmster Fehler die Überzeugung ihrer eigenen Unfehlbarkeit ist. Die wohl den »Splitter« im Auge des Mitmenschen sehen, aber nicht den »Balken« im eigenen Auge, und die deshalb auch mit der rauen, aber ehrlichen Sprache des Volksmunds nichts anfangen können:

»Sag einem *Klugen* einen Fehler,
er wird erfreut und dankbar sein.
Ein *Dummer* sieht dich nur als Quäler
und schnappt sofort beleidigt ein!«

Eine weitere »Abmahnung« erfolgt durch den französischen Religionsphilosophen Blaise Pascal (1623-1662): »Sicher ist es ein großes Übel, voller Fehler zu sein. Ein noch größeres Übel ist es, voller Fehler zu sein und sie nicht kennen zu wollen, denn das heißt, ihnen willentlich noch den Betrug hinzuzufügen …!«

Irgendwann, irgendwie stößt aber auch hier jeder Mensch mit seinem Fehlverhalten an Grenzen – oft allerdings erst nach vielen Enttäuschungen, »Nackenschlägen«.

Schlechte Erfahrungen zwingen zur Selbsterkenntnis

Im Lebensalltag sind dies dann »die verbrannten Finger«, die »kalten Duschen« – als spürbare Folgen für Fehlverhalten. Jedem Menschen, der ehrlich entschlossen ist, sich wirklich kennen zu lernen, weist der »Lebensberater« Goethe den *Weg zur Selbsterkenntnis:* »Durch Betrachten niemals! Wohl aber durch Handeln: Versuche, deine Pflicht zu tun und du wirst gleich sehen, was an dir ist!« Er bestätigt damit auch den Volksmund: »An ihren *Früchten* sollt ihr sie erkennen ...« – nur zu oft sind es allerdings nur »Früchtchen«!

Jede Art einer Selbsthilfe kann jedoch letzten Endes nur so gut sein wie das Bemühen, wie die Fähigkeit einer

Selbsterkennung durch Warnsignale aus der Seele

Es sind die Signale einer Seele, die unzufrieden ist, die protestiert, die krank ist. Je besser es gelingt, bei gesundheitlichen Störungen, die ihren Ursprung in einer kranken Seele haben, die von dort ausgesandten Hilferufe zu verstehen, umso größer sind auch die *Chancen einer Vorsorge durch »übersetzte« Redewendungen*, die »hellhörig« machen müssten, wenn man nur ihren Inhalt richtig verstehen würde. Die »Körpersprache« der Seele ist ein direkter Wegweiser zur Früherkennung einer Vielzahl von psychosomatischen Krankheiten (siehe hierzu auch Seite 175): Wer bei seinem seelisch verursachten Schmerz nur den Körper »sieht« – vom Kopfschmerz angefangen über Migräne, Magenschmerzen, Rückenschmerzen bis hin zum Herzschmerz – und den Schmerz mit Tabletten zuzudecken versucht, ist blind für den Weg zu seelischer Selbsthilfe, denn nur sie allein könnte helfen.

Aber es gibt eine Art von »Rache« des Körpers bei Mangel an Selbsterkenntnis: Wer nicht begreifen will, dass Gesundheit keine Selbstverständlichkeit ist (und Ausreden findet: »Keine

Zeit für so was! Wofür eigentlich?«), kann dazu gezwungen werden: Es ist schon erschütternd, wie viele Menschen erst einmal einen gesundheitlichen »Keulenschlag« erleiden müssen, wie zum Beispiel den Herzinfarkt (wenn man kein »Herz« für sein Herz hatte), um zu erkennen, welchen *Wert die Gesundheit* hat. Aber auch, um wieder zum Sinn des eigentlichen Menschseins zu gelangen und den wirklichen Wert des Lebens schätzen zu können.

Die Folgen einer Missachtung dieser elementaren Zusammenhänge sind auch eine wichtige Ursache epidemieartiger Ausbreitung von psychosomatischen, psychosozialen Krankheiten, von Depressionen – von seelischen Krankheiten als »Pest der Neuzeit«. Diese Entwicklung zwingt zum Nachdenken, zur Änderung – zum Handeln.

An oberster Stelle steht hier die Motivation zum höchsten Grad jeder Art von Selbsthilfe: *Die Seele sehen.* Wie schwer das sein kann, wenn Hindernisse den Weg versperren, mag die folgende Geschichte verdeutlichen:

Zu einem Einsiedler, der gerade Wasser aus der Tiefe einer Zisterne schöpfte, kam ein Wanderer, um ihn nach dem Sinn des Lebens in der Stille zu fragen. Der Einsiedler forderte ihn auf, in die Zisterne zu schauen, und fragte: »Was siehst du?« »Ich sehe nichts!«, sagte der andere enttäuscht. Nach einigen Minuten forderte der Einsiedler seinen Besucher auf, erneut in die Zisterne zu schauen, und fragte: »Was siehst du *jetzt*?« Ganz überrascht antwortete der andere: »Jetzt sehe ich mich selbst!« Der Einsiedler belehrte ihn: »Als ich vorhin Wasser schöpfte, war die Wasseroberfläche unruhig und du konntest nichts sehen. Jetzt ist das Wasser ruhig und du kannst dich sehen!« – Eine Geschichte als Spiegelbild unseres Alltags, denn:

Nur in der Stille sieht man sich selbst!

2 Ich-Gefahren erkennen und abwehren

Die meisten Menschen denken, wenn sie das Wort »Risikofaktor« hören oder lesen, reflexartig an jene Gefahren für Gesundheit und Leben, die den *Körper* betreffen – ganz zu ihrem Nachteil: Wer immer nur an körperlich krank machende Risikofaktoren denkt, missachtet die untrennbare Einheit von Körper, Geist und Seele, die eine große Anzahl von Angriffen auf die Gesundheit insgesamt mit sich bringen: *Seelische Risikofaktoren als Krankheitsursachen der Seele!* Vergleichsweise sind sie in etwa das, was Bakterien oder Viren in der Verursachung von Infektionskrankheiten sind – mit einem großen Unterschied: Bei Infektionskrankheiten gibt es gute Heilungschancen durch Antibiotika, Chemotherapeutika und vor allem eine hochwirksame Immunisierung durch Impfung!

Im Vergleich dazu müsste die Seele direkt »neidisch« sein: Hier gibt es weder eine Vorsorge durch »Impfung« gegen seelische Risikofaktoren noch Medikamente, die für sich allein eine seelische »Infektion« heilen könnten. Von umso größerer Bedeutung ist daher die Vorsorge durch Selbsthilfe!

Allerdings spannt sich ein riesengroßer Bogen über eine kaum noch übersehbare Anzahl von seelischen Störungen und Krankheiten, die durch seelische Risikofaktoren verursacht werden, ohne dass ihr Ursprung gleich erkannt wird. Deshalb ist es auch bei gutem Willen zur Vorsorge und Selbsthilfe oft nicht leicht, sich entsprechend zu schützen. Wichtigste Voraussetzung für jede Art von Selbsthilfe in der Vermeidung bzw. in der erfolgreichen Abwehr von seelischen Risikofaktoren ist eine Kenntnis ihrer krank machenden Gefährlichkeit, worüber im Allgemeinen große Informationslücken bestehen. Die nachfolgende Übersicht soll hier weiterhelfen.

ICH- Risikofaktoren ↓	BUMERANG- Risikofaktoren ↓	GIFTPFEIL- Risikofaktoren ↓
• Selbstzerfleischung	• Seelische Vergiftung	• Seelische Verwundung
ICH-SCHWÄCHE: • Mangel an Selbst- wertgefühl • Identitätskrise *DURCHSETZUNGS-* *UND AGGRES-* *SIONSHEMMUNG* • Sich alles gefallen lassen • Kuschen • Sich verstellen • Eigenlob *VERDRÄNGUNG* Seelische Probleme • Herunterschlucken • In sich hineinfres- sen • »Unter den Tep- pich kehren« *ANGST VOR DER* *ANGST* *ABERGLAUBE* *RELIGIÖSE ZWÄNGE* *ALLGEMEINE* *ZWÄNGE* • Zwangsgedanken • Zwangshandlungen *LANGEWEILE*	*MISSGUNST UND* *NEID* *HASS* *RACHEGELÜSTE* • Rache »üben« • Rach-Sucht *GEIZ* • Raff-Sucht *EGOISMUS* *DIE LÜGE* *ANGEBEN* *NEUGIERDE* • Ausspionieren der Privatsphäre *KLATSCHSUCHT* *SCHADENFREUDE* *IRONIE/ZYNISMUS* *SCHMEICHELN* *LAUNENHAFTIG-* *KEIT* *STREITSUCHT*	*MISSACHTUNG* • Gleichgültigkeit: — einen Men- schen »links liegen lassen — übersehen — bewusst weghören • Auslachen • Verspotten *DAS VORURTEIL* *MANIPULATION* (= Seelische Vergewaltigung durch Missbrauch von Überlegenheit) • Einjagen von Angst • Erpressung • »mundtot« machen *VERLEUMDUNG* • Verbreitung von Gerüchten • »Rufmord« *DAS MOBBING* • »Psychoterror« am Arbeitsplatz

BURNOUT	DAS 3 x »Z«- MANGELSYNDROM	
DIS-STRESS	Durch Mangel an:	
● Hektik	● *Zuwendung*	
● Falscher Umgang mit der Zeit	(Gespräch, Zuhören)	
● Sich unentbehrlich fühlen	● *Zärtlichkeit* (Anerkennung, Ermutigung)	
KONTAKT-STÖRUNG	● *Zeit*	
● Vereinsamung		

(Aus: Köster, R.: »Seelische Risikofaktoren«, Expert Verlag, 1996, 3. Aufl.)

Diese verwirrende Vielzahl von seelischen Risikofaktoren als Ursachen seelischer Störungen und Krankheiten zwingt jeden, der sich gegen sie schützen will, sich näher mit ihnen zu befassen, denn

Kenntnis der seelischen Risikofaktoren ist bereits Selbsthilfe!

Einen zielorientierten Zugang zu dieser Art von Selbsthilfe verschafft die Antwort auf zwei Schlüsselfragen:

Was sind »seelische Risikofaktoren«? Wie wirken sie?

Eine weiterhelfende Antwort auf diese Pauschalfragen ist nur möglich, wenn die Vielzahl derartiger Risikofaktoren in drei Gruppen untergliedert wird, da sie in ihrer Wirkung extreme Kontraste aufweisen, und über die man für eine gezielte Vorsorge und Selbsthilfe informiert sein sollte. Es handelt sich um die Ich-Risikofaktoren (der Mangel an Selbstwertgefühl und Durchsetzungskraft), die Bumerang-Risikofaktoren (was Bosheit gegenüber Mitmenschen bewirkt) und die Giftpfeil-Risikofaktoren (die Verursacher von Psychoterror), auf die in den nachfolgenden Kapiteln eingegangen wird.

ch-Risikofaktoren –
die unheimliche Ich-Schwäche

Es handelt sich um jene Schwäche, die wir oft nur angedeutet kennen, die im Extremfall aber nicht nur unsere Lebensqualität, sondern auch unsere Gesundheit, gar das Leben zerstören kann. Die meisten Menschen stehen dieser Art von Risikofaktoren für ihr Ich hilflos gegenüber. Weder in ihrer Kindheit noch in der Schule oder im beruflichen Werdegang haben sie je Informationen über die Gefahren von Ich-Risikofaktoren erhalten, erst recht nicht über die Möglichkeiten ihrer Abwehr durch *erlernbare Wege der Selbsthilfe*. Oft wird all dies erst ins Bewusstsein gerückt, wenn – wie der Volksmund auch hier ganz zutreffend anmerkt –»das Kind in den Brunnen gefallen« ist: Wenn eine psychosomatische, psychosoziale, depressive Krankheit, wenn Schwierigkeiten im Ich-stabilen Zugang zu anderen Menschen, in der Partnerschaft, in der Familie, am Arbeitsplatz, im Streben nach seelischer Rettung zum *Nachholen eines Lernprozesses* motivieren.

Die auch heute noch verkannten Gefahren von Ich-Risikofaktoren zwingen zur Verwirklichung einer Erkenntnis, die nicht nur helfen könnte, viel menschliches Unglück abzuwehren bzw. zu vermeiden, sondern auch die Kostenexplosion im Gesundheitswesen abzuschwächen – durch Wegfall von Krankheiten, die ihren Ursprung in der krank machenden Wirkung nicht erkannter, nicht abgewehrter seelischer Risikofaktoren haben. Die stetige Zunahme von seelischen Störungen und Krankheiten, die Ausbreitung von Konfliktanfälligkeit in allen Bereichen menschlichen Zusammenlebens, zunehmend jetzt auch am Arbeitsplatz (»Mobbing«), zwingen zum Umdenken – zur

Selbsthilfe in der Abwehr seelischer Ich-Risikofaktoren!

Zwar ziehen wir – was gewiss auch notwendig ist – Bilanz über unsere wirtschaftliche und finanzielle Situation, doch wir vergessen darüber die – noch viel wichtigere – *Bilanz unserer*

Seele! Diese Bilanz ist oft recht traurig. Immer mehr Menschen müssen sich von einer bedrückenden Lebensbilanz des philosophierenden Dichters *Eugen Roth* (1935) betroffen fühlen:

>»Ein Mensch erblickt das Licht der Welt,
>doch oft hat sich herausgestellt
>nach manchem trüb verbrachten Jahr,
>dass dies der einzige Lichtblick war ...«

Die eigentlichen Ursachen dieser deprimierenden Bilanz liegen aber nicht beim neugeborenen Kind selbst, sondern in der ersten Zeit seines Lebens, die es noch nicht selbst gestalten kann, weshalb seelische Risikofaktoren besonders gravierende Auswirkungen haben können. *Unser Ich wird bereits ab dem ersten Lebenstag geprägt*, im Guten wie im Schlechten! Alles, was uns widerfährt, wird in unserem Computer »Gehirn« gespeichert, ganz unbewusst, in jenem Bereich, der uns – ohne unser Zutun – im Denken, Fühlen, Handeln steuert, sogar nachts, wenn so schwer erklärbare Träume auf eine »Deutung« warten. Hier meldet sich: *das Unterbewusste – das Mysterium in unserem Ich!*

So manches, was auch den erwachsenen Menschen seelisch plagt, was er sich nie richtig erklären kann, hat Wurzeln in diesem Bereich. Dort müssen dann auch der Arzt, der Psychotherapeut auf der Suche nach frühkindlichen Erlebnissen, nach seelischen Traumata eines Kranken eindringen.

»Was man in der Kindheit erfährt, wächst mit der Seele und vereint sich mit ihr.«

So drückte es Irenäus, einer der Kirchenväter und der erste Bischof von Lyon, bereits etwa 100 n.Chr. aus, und es muss beeindrucken, wie früh er die Zusammenhänge zwischen frühkindlicher Entwicklung und dem Ich des späteren Lebens erkannte. Umso mehr verwundert es, dass es – eigentlich bis zum heutigen Tage – für weite Teile der Bevölkerung so schwer fällt, derartige Zusammenhänge zu erkennen und aus ihnen Nutzen zu ziehen.

Dies betrifft insbesondere jene Menschen, die oft ihr ganzes Leben lang darunter leiden, dass sie sich so schwer tun mit allem, was sie wollen, die sich gegenüber anderen Menschen schlecht behaupten können und nur schwer eigene Wünsche und Ziele verwirklichen. In allen Begegnungen mit Menschen spüren sie die seelisch so drückende Last der *Ich-Schwäche – der heimtückischste Ich-Risikofaktor!*

Dieser gesundheitlich besonders gefährliche seelische Risikofaktor blockiert nicht nur die Entwicklung des ich-schwachen Menschen zur Persönlichkeit, zur Lebenstüchtigkeit in Schule, Partnerschaft, Familie, Beruf, sondern programmiert auch eine Vielzahl von Krankheiten. *Ich-Schwäche ist ein Sammelbegriff* für eine Vielzahl von Verhaltensstörungen. Ganz im Vordergrund steht:

Die Durchsetzungshemmung – das »Loch« im Ich!

Jeder Mensch, der alles, was ihn seelisch verletzte, was ihm missfiel, er aber nicht los wird, weil er lieber schweigt als spricht, lieber kuscht als protestiert, lebt nicht – er wird »gelebt« – und büßt dafür:

Wer ständig kuscht, wird seelisch verpfuscht!

Er wird zum Vollstrecker des Willens von Menschen, denen er sich unterlegen fühlt – mit entsprechenden Blockaden im Erreichen persönlicher, schulischer, beruflicher Ziele – obwohl er die Voraussetzungen dafür durchaus mitbrächte: »Ich konnte einfach nicht ..., ich traute mich nicht ..., ich hatte Angst ..., ich war wie gelähmt ...«

So oder ähnlich klagen die Betroffenen und setzen durch den Glauben an ihre Ich-Schwäche gleichzeitig einen Teufelskreis in Gang: Meist wurde hier bereits von früher Kindheit an »gelernt«, nicht unbedingt den eigenen Willen durchzusetzen (»das kannst du doch nicht, lass mich das machen ...!«). Das wiederum bahnte den Rückzug in *Ausweich- und Verdrängungsmechanismen* – eine Flucht, die alles nur noch schlimmer macht. Denn die scheinbare momentane »Befreiung« wird durch Verzicht auf »freie Meinungsäußerung« zur Flucht in die Gefangenschaft eines Menschen, dem man sich unterlegen fühlt, und zwar durch

Anpassung – Verzicht auf die eigene Meinung.

»Ja, wenn Sie meinen ...!« – schon diese wenigen Worte genügen, um sich durch das Gefühl einer Unterlegenheit dem Willen eines anderen Menschen unterzuordnen. Gleichzeitig ist damit die Angst verbunden, durch eigene Meinung, gar durch Widerspruch, es sich mit dem anderen, von dem man sich abhängig fühlt, zu »verderben«.

Die Übergänge zur Unterwürfigkeit sind fließend. Hier findet man Menschen, die *sich lieber »ducken« als sich zu wehren*, und die dafür in Kauf nehmen, als »Duckmäuser« missachtet zu werden. Noch viel mehr missachtet werden unehrliche oder ängstliche Menschen, die *lügen* (siehe hierzu auch Seite 31 ff.).

Ich-schwache Menschen, die gerne »*buckeln*«, bekommen die Auswirkungen dieser Haltung übrigens oft »am eigenen Leibe« zu spüren: »Alle Menschen haben eine Wirbelsäule, aber nicht alle haben auch ein Rückgrat!« Das betrifft Menschen, die *»sich alles gefallen lassen«*, also Menschen, die selbst bei persönlicher Herabsetzung nicht »mucksen«, zu allem »Ja und Amen«, allenfalls noch »Jein« sagen, »Ja« mit »Nein« und »Nein« mit »Ja« verwechseln, keinem Menschen ein »Härchen krümmen« können, selbst wenn sie dafür gute Gründe hätten.

Menschen, auf die dies zutrifft, wirken uninteressant, sie werden übersehen, übergangen und wundern sich, dass sie auch bei Gehaltserhöhungen, Beförderungen »vergessen« werden – sie sind eben das »Mauerblümchen«.

Dieser Auszug aus der Vielfalt von Verhaltensstörungen des ich-schwachen Menschen erhält eine Ergänzung durch ein Verhaltensmuster, das den Zugang zu ihm zusätzlich erschwert: das *Sichverstellen*. Dieses Wort hat vordergründig eine bildliche Aussagekraft und bezieht sich auf einen Menschen, der nicht mehr an *dem* Platz seines Lebens steht, an dem er stehen sollte/müsste, um »Steh«-vermögen, »Stand«-haftigkeit auch nach außen hin erkennen zu geben. Wer dies nicht mehr kann, lässt sich von seiner Ich-Schwäche weg-»rücken«, er könnte gar – durch andere Einwirkungen – ver-»rückt« werden, weil er wichtige Persönlichkeitsanteile abspaltet. Das Sichverstellen kann aus diesem Bereich nicht gänzlich ausgeklammert werden, denn es ist in jedem Falle ein Verhalten, das nicht der »Norm« entspricht – wo immer deren Grenzen liegen mögen!

Die Verhaltensarten des Sichverstellens sind vielfältig (wie wir im Folgenden sehen werden) und bergen insbesondere Schwierigkeiten für den Mitmenschen, denn der kann den Betreffenden nur schlecht in seinem Kern erkennen, ihn verstehen bzw. den richtigen Zugang zu ihm finden, weil der andere nach dem Motto lebt: »Immer nur lächeln ..., doch wie's drinnen aussieht, geht niemanden was an!« – Lächeln trotz Migräne, Kummer und Sorgen? Kein Wunder, wenn diese Menschen keine Rücksichtnahme erfahren und auch keine Hilfsbereitschaft. Sie täuschen über ihre wahre Situation hinweg.

Zum Sichverstellen gehören zum Beispiel *Menschen, die Masken tragen* – die ihr wahres Gesicht, das Gesicht ihrer Ich-Schwäche verdecken. Je nach Situation tragen sie ein »Einkaufsgesicht«, ein »Besuchsgesicht«, ein »Bürogesicht«, ein »Beerdigungsgesicht« – nur nicht das eigene. Man verbirgt seine ich-schwache Seele hinter einer Fassade und treibt von früh bis spät ein neurotisches Versteckspiel mit seiner Umgebung.

Es gibt aber auch Menschen, die nicht nur eine Maske tragen, sondern auch *»Theater spielen«* – das Gegenteil von Selbsthilfe. Sie verdrängen die natürliche Art ihrer Persönlichkeit und schlüpfen in jene »Rolle«, die ihnen »auf den Leib geschrieben« ist, die sie – mehr schlecht als recht – zu spielen versuchen, und bringen dabei ein großes Opfer:

Man kommt mit seinem Ich nicht zurecht und schlüpft in eine Rolle, die nun ganz und gar nicht mit dem ohnehin schon zu schwachen Ich harmonisiert – und es auch nicht kann. Der Volksmund ist hier ein strenger Kritiker – er kennt auch kein Pardon in der Klassifizierung des Rollenspiels einer versuchten Umwandlung von »Minderwertigkeitskomplexen«: vom »Imponiergehabe« des »eitlen Pfaus« bis hin zur »Schießbudenfigur« in einem »Schmierentheater«, und oft sehr spät müssen wir ernüchtert feststellen: *Wer in eine falsche Rolle schlüpft, spielt keine Rolle!*

Denn dies geht stets einher mit dem Verlust der Eigentümlichkeit, der Originalität, der Natürlichkeit eines Menschen, was vom »Zuschauer« nicht im geringsten »honoriert« wird – ganz im Gegenteil: *Man spielt mit ihm »Theater«*, eine Art von »Puppentheater«, in dem man die ich-schwachen schauspielernden »Puppen tanzen« lässt – jetzt kommt der Stein ihres Sichverstellens ins Rollen. Immer bringen die Betroffenen auch ein großes Opfer im persönlichen Ansehen, aber auch ein materielles, was der Volksmund mit warnenden Formulierungen treffend erkannt hat: »das Fell über die Ohren ziehen ...«, »übers Ohr hauen ...« oder den anderen »über den Tisch ziehen ...«.

Jeder, der sich hier angesprochen fühlt, sollte somit genügend Motivation zur Selbsthilfe haben, um zu den Fundamenten seiner natürlichen Wesensart zurückzufinden! Diese Empfehlung gilt in gleicher Weise für:

Davon betroffene Menschen sind wahrlich nicht zu beneiden: Sie rennen etwas hinterher, was sie nicht haben, unbedingt aber haben wollen, aus ihrer Sicht sogar haben *müssen*, um »innerlich« zufrieden sein zu können. Sie stehen sowohl im gesellschaftlichen Ansehen als auch im Beruf unter dem Druck einer neurotischen Angst, zu wenig zu gelten und das so schmerzende Defizit durch – oft extreme, lächerlich wirkende – Überkompensation auszugleichen, was ihnen aber – und das ist ihr Kummer – nie gelingt. Mit ihrem Ich-Defizit sind sie vergleichbar einem Autoreifen ohne Profil, jedoch hier wie dort mit der Chance einer »Runderneuerung«! Für Menschen mit dem Gefühl von zu wenig »Profil« setzt Selbsthilfe stets dort an, von wo der Mangel an »Profil« kommt – am zu schwachen Ich durch Mangel an Selbstwert, an Durchsetzungskraft (Hilfen dazu siehe Seite 194ff.).

Von all dem muss sich angesprochen fühlen jeder Mensch mit seelisch so schmerzhaftem Mangel an Anerkennung, an »Lob«, den er sich nun selbst »verschafft« durch *das Eigenlob:* Zu Recht warnt der Volksmund: »Es stinkt!« Eigenlob ist der – völlig misslungene – Versuch, durch Selbst-Beweihräucherung das schmerzende Loch im Selbstwertgefühl, die Bremse der Selbstverwirklichung, zu überdecken. Wer sich davon selbst befreien will, findet in Blaise Pascal (1623-1662) einen guten Psychotherapeuten: »Wollt ihr, dass man gut von euch spricht, sprecht nicht davon!«

Davon angesprochen fühlen muss sich vor allen Dingen der *Angeber,* der sich selbst »auf die Schulter klopft«. Es muss verwundern, dass nun der – sonst so kluge – Volksmund dem Menschen mit einem mangelnden Selbstwertgefühl einen ganz schlechten Ratschlag erteilt: »Wer angibt, hat mehr vom Leben!« Nein, im Gegenteil: Der Angeber hat viel weniger vom Leben als ein Mensch, der sich Anerkennung und Lob redlich »verdient«. Der Angeber ist unbeliebt, man macht sich lustig über ihn, er wird sogar verachtet. Die Beachtung, die er erreichen wollte, schlägt um in Missachtung. Aber jetzt kann der Volksmund doch noch mit einer Weisheit helfen: »Wichtig tun und wichtig sein, stimmen selten überein ...!«

Ein anderer Versuch, sich vom Druck der Ich-Schwäche zu befreien, ist:

Der Imitationstrieb – das Gegenteil von Selbsthilfe.

24

So sein wollen »wie andere«, wie jene Menschen, die man bewundert, beneidet. Man möchte so »gut aussehen«, so anerkannt sein wie sie – sich mit ihnen identifizieren, sie verehren, fast »anbeten«. Je größer das Ich-Defizit, desto mehr ist man bereit, dafür persönliche und materielle Opfer zu bringen, doch das sind nur *»Pseudo«-Selbsthilfen*, zum Beispiel:

- Investitionen für das modische »Outfit«.

- Das Make-up durch zu auffällige Kosmetik.

- »Schönheits«-operationen: vom Gesichtslifting über die Halshautstraffung bis hin zur Fettabsaugung, der »Liposculpture«.

Nach dem Blick in den Spiegel geht dies nicht selten mit einem Gefühl der Reue einher, das verloren gegangene »Ich« suchend – *Vom Schnitt in den Körper zum »Schnitt« in die Seele?* –und mitunter führt der missglückte operative Versuch vom Kosmetologen zum Psychiater, weil das lädierte Ich eine Rehabilitation benötigt.

Menschen mit schwachem Ich, aber auch mit einem Ich, das nicht in gesellschaftliche Normen passt, reagieren auf ihre eigene Art und Weise. In den Augen der Mitmenschen ist es dann jener Mensch, der in kein Schema passt:

Er ist ein Mensch, der es schwer hat, von der Umwelt verstanden zu werden, und der mit vielfältigen Verhaltensauffälligkeiten reagiert. Beeindruckend ist dabei nicht nur deren Bandbreite, sondern auch die Art, mit der er versucht, Ich-Defizite zu kompensieren. Sie alle verstoßen – mögen sie noch so harmlos erscheinen – gegen eine warnende Weisheit des philosophierenden Schriftstellers La Rochefoucauld (1613-1680): »Nichts hindert uns mehr, natürlich zu sein, als das Bestreben, so zu erscheinen!«

Zu den Signalen und Kompensationsmechanismen einer Ich-Schwäche gehört auch die Aggression.

Es ist das Signal eines Menschen, dessen Klagen, Hilferufe, Schweigen zuvor nie verstanden, eher missverstanden wurden und der nun sehnsüchtig hofft, – endlich! – Gehör zu finden. Aggression ist daher – auch wenn es auf den ersten Blick so wirkt – kein Beweis einer schlechten »Kinderstube«. Sie will – unbewusst – auf seelische Nöte aufmerksam machen und wird dabei durch einen nicht unterdrückbaren Gefühlsstau gesteuert, der allerdings eine Grenzmarkierung erhält, denn: *Aggression endet immer dort, wo der Körper beginnt!* Hauen, schlagen, spucken sind Körperverletzung! Auch Austoben von Zerstörungswut ist keine Aggression, sondern kriminell – Vandalismus, für den das Gericht zuständig ist!

Im Gegensatz zum Menschen, der seinen seelischen Gefühlsdruck nach außen entlädt, steht der gehemmte, der ich-schwache Mensch, der seinen Gefühlsstau durch Wut, Zorn, Hass nicht herauslässt, sondern ihn eher »schluckt«, in sich »hineinfrisst«. Automatisch richtet er damit eine Waffe gegen sich durch

Im Vorfeld ist dieses Fehlverhalten im Umgang mit krank machendem Gefühlsstau gekennzeichnet durch das Ausweichen und Nachgeben bei jeglicher zwischenmenschlicher Konfrontation. Charakteristisch dafür ist ein angstgeprägtes Antikonfliktverhalten, um ja nicht »anzuecken«, etwa nach der Devise: »Um Himmels willen, nur kein Streit ...!«, was häufig genug eine psychosomatische Krankheit, eine Depression mit sich bringt. Das ich-schwache Streben nach Konfliktvermeidung vollzieht sich nach einem gefährlichen Reflex, der die Ich-Autonomie preisgibt.

Das geschieht meist nach dem Motto: »Friede, Freude, Eierkuchen!« – koste es an Einbußen im Ich, was es wolle. Nur kein Zank, kein Streit, keinen Ärger – Probleme lieber ungelöst, unausgesprochen lassen. Mit ihrem Drang zur Harmonie (»mir geht immer alles gleich ans Herz ...«) werden Menschen mit dieser angstgeprägten Fluchttendenz zum Spielball von anderen, die es nicht immer nur gut mit ihnen meinen. Ohne es so richtig zu merken, werden sie mit ihrem schwachen Ich, mitsamt ihrem Vertrauen, ihren Hoffnungen und Wünschen »untergebuttert« und meinen dabei sogar, nun sei »alles in Butter«! In Wirklichkeit jedoch wurden sie mitsamt ihrem Bedürfnis nach einem Leben in Harmonie und Frieden und ihrer Illusion »verbuttert«!

Begleitet werden nahezu alle Arten von Ich-Schwäche, für die ohnehin schon große Opfer an Gesundheit und Lebensqualität gebracht werden müssen, durch

Schuldgefühle – die »Gewissensbisse« rund um die Uhr

Dabei handelt es sich oft um einen unerträglichen seelischen Schmerz ohne wirkliche Schuld. Nein, hier dominiert ein krank machender Gefühlszwang aus undefinierbaren Ängsten, Versündigungsideen, gegen »Normen« des Rechts bzw. guten Verhaltens verstoßen zu haben und aus der Überzeugung, ein »schlechter« Mensch zu sein. Dieses Gefühl ist resistent gegen alle Versuche, es dem von seinen Schuldgefühlen arg gebeutelten Menschen »ausreden« zu wollen. Seine Gefühle sind bittere Realität für ihn – eher entschuldigt er sich noch für etwas, was gar nicht geschehen ist. Unter Ausklammerung von krankhaften, primär wahnhaften Ursachen (wie bei der Schizophrenie) entspringen Schuldgefühle aus der Seele eines überängstlichen Menschen – mit tiefen Löchern im Ich, das heißt durch extremen Mangel an Selbstwertgefühl, durch ein Zuviel an Gewissen, was sich lähmend auf jegliche Selbsthilfe auswirkt!

Die Betroffenen leiden unter dem Druck, alles falsch zu machen, und geben damit oft ein depressives Verhaltensmuster zu erkennen. Durch ihre Neigung zu Skrupeln kann schon ein »schiefes« Wort zum Gefühl von Schuld führen. Immer wieder zeigt sich, dass sich von irrealen Schuldgefühlen gerade jene Menschen packen lassen, die in ihrer Lebensentwicklung von frühester Kindheit an zu wenig Anerkennung, Ermutigung oder gar Lob für eine gute Tat, für geglückte Arbeit erfuhren, die nicht zum Selbstvertrauen, sondern eher zur Ängstlichkeit erzogen wurden. Bei Hilfe von außen wären deshalb gerade diese Faktoren der Schlüssel zur Ich-Stärkung, denn Anerkennung und Ermutigung sind die besten Arzneimittel.

Da aber mit dem – kostenlosen – Arzneimittel »Mensch« in unserer gegenwärtigen Leistungs- und Ellenbogengesellschaft viel zu sparsam, eher geizig umgegangen wird und viele Menschen trotz ihrer seelischen Belastung »noch eins drauf« bekommen, bleibt es meist Sache der Psychotherapie, Versäumnisse in der Anerkennung als Mensch und den fehlenden Glauben in sich selbst mühsam auszugleichen. Wird jedoch versucht, das Ganze durch Psychopharmaka »in den Griff« zu bekommen, besteht die Gefahr der Abhängigkeit, die einen weiteren Teufelskreis in Gang setzt.

Umso lebenswichtiger, dringlicher ist daher für jeden, der unter Schuldgefühlen leidet, ein Lernprozess der

Selbsthilfe zur Befreiung von »Schuld«, die keine ist.

Sie ist wichtig, um an seinen Wert als Mensch glauben zu können. Je mehr hier auch Hilfe aus dem Umfeld – vor allem in der Partnerschaft, in der Familie, am Arbeitsplatz – verfügbar ist, umso eher gelingt es, aus dem Schatten von Unsicherheit, Ängstlichkeit, zwanghaftem Denken und Handeln herauszugelangen. Das höchste Ziel für ein gesundes Ich ist, »über den eigenen Schatten« sinnloser Schuldgefühle springen zu können! Auf dem Weg zu diesem Ziel ist, wie erwähnt, oft psychotherapeutische Hilfe erforderlich, um dann schließlich doch »auf eigenen Füßen« stehen zu können.

Innerhalb der Vielzahl von hemmenden, blockierenden Symptomen eines zu schwachen, eines kranken Ichs durch seelische Risikofaktoren beansprucht eine Schlüsselfunktion der Mangel an Selbstwertgefühl – der das Ich lähmt! Der

28

selbstwertschwachen Seele ergeht es wie dem Körper, dessen Abwehrkräfte erschöpft sind, der dadurch für Infektionen aller Arten anfällig wird und sich nicht mehr dagegen wehren kann. Für die abwehrschwache Seele sind es jedoch keine Bakterien oder Viren, sondern krank machende seelische Risikofaktoren, die widerstandslos »unter die Haut« gehen.

Mangel an Selbstwertgefühl, der krank macht.

Das viel zu schwache, kranke Ich des selbstwertschwachen Menschen ist eine willkommene Brutstätte für das Sichaustoben aller Arten von seelischen Risikofaktoren. Genau in diesem Bereich liegen – weitaus mehr, als es dem davon Betroffenen bewusst ist, mehr, als es von der Medizin der Gegenwart realistisch erkannt wird – wichtige Ursachen für psychosomatische und psychosoziale Krankheiten durch ein selbstwertschwaches Ich: »Wie kann ich bloß zu so etwas kommen?«, »Wo kommt dies alles nur her?«, so oder ähnlich fragen rat- und hilflos darunter leidende Menschen, die in allen nur möglichen Richtungen nach fassbaren Ursachen suchen und dabei nicht »fündig« werden: Können sie auch nicht, weil sie auf der falschen Spur suchen.

Ein Spurwechsel für den Weg zu einem neuen Ich ist angezeigt.

Er gelingt durch Antworten auf Fragen, die auf einen Mangel an Selbstwertgefühl durch Ich-Schwäche zielen, um dadurch Wege für eine neue Ich-Spur zu finden und zu gehen.

Fragen zur Prüfung der Ich-Schwäche:

- Halte ich etwas von mir? Mag ich mich so, wie ich bin?
- Halte ich »die anderen« für besser, mir überlegen?
- Neige ich zu quälendem Neid, der mir sogar den Schlaf raubt?
- Akzeptiere ich mich ohne Wenn und Aber?

- Verwöhne ich mich gern?
- Kann ich so richtig genießen?

Werden die meisten Fragen mit »Nein« beantwortet, ist Handeln geboten! Denn oft wird erst reichlich spät oder erst in einer bedrückenden Situation von Kummer, Verzweiflung oder Hoffnungslosigkeit erkannt: Der Weg zum gesunden Ich, zur Zufriedenheit mit sich selbst, »mit Gott und der Welt« kommt nie von außen, er kann nur von innen kommen. Gehen wir ihn konsequent, gelangen wir zum

Selbstbewusstsein – Kraft eines gesunden Ichs.

Es ist oft schwer zu erreichen, zu erhalten und zu verteidigen. Im Gegensatz zum bewussten Wahrnehmen von Vorgängen in der Außenwelt handelt es sich beim Selbstbewusstsein um ein exklusiv auf das Bewusstsein konzentriertes Ich im eigenen Erleben von Denken, Fühlen, Handeln. Wesentlich ist dabei das Bewusstsein des unteilbaren inneren Zusammenhangs der Gesamtpersönlichkeit als erlebbarer Einheit – der Identität.

Diese Art des Bewusstseins wirklichen Erlebens, das auch Zustände der Bewusstlosigkeit bzw. des Schlafes überdauert, prägt das Überzeugtsein eines Menschen vom eigenen Wert – seine Selbstsicherheit. Es ist ein durch nichts ersetzbares Fundament für das gesunde Ich – nicht zu verwechseln mit Arroganz, Überheblichkeit oder »Kaltschnäuzigkeit«!

Positives Selbstwertgefühl ist kein Egoismus.

Es ist ein lebenswichtiger, unersetzlicher Schutzwall gegen Angriffe auf das Ich, es prägt die Lebensqualität und schützt die Gesundheit!

Durch nichts ersetzbares Ziel jeder Art von Selbsthilfe in der Abwehr bzw. Überwindung von Ich-Schwächen ist außerdem:

- Die Wegbereitung zur Selbstverwirklichung, dem höchsten Grad seelischer Selbsthilfe.
- Die Immunität gegenüber der seelisch zerstörerischen Wirkung von Bumerang-Risikofaktoren.

Die kritische Zusammenfassung der kaum mehr übersehbaren Ursachen und Auswirkungen von Ich-Schwächen zwingt zu einer *Kosten-Nutzen-Analyse,* zwingt zum Nachdenken, zum Umdenken – zum Handeln durch ein Lernprogramm wirksamer Selbsthilfe, denn *der selbstwertschwache Mensch »verkauft« sich unterm Wert*!

Er bleibt dabei unter dem wirklichen Wert seiner verschütteten, im Dunkeln eines depressiven Ichs liegenden guten Anlagen, Begabungen, Fähigkeiten, weil er sich mit diesen weder durchsetzen noch in Situationen lebenswichtiger Entscheidungen zur Wehr setzen kann. Eine Diskussionsteilnehmerin bemerkte nach einem meiner Vorträge dazu sehr treffend: »Wer sich nicht wehrt, ist es nicht wert!«

Er ist es nicht »wert«, beachtet, ernst, für »voll« genommen zu werden – zumindest nicht in den Augen von Menschen, die die Schwäche des anderen nicht akzeptieren wollen, sie sogar missachten bzw. sie zu eigenem Vorteil nutzen. Jeder Mensch mit einem schwachen Selbstwertgefühl weiß zur Genüge – oder ahnt es wenigstens –, dass es dagegen kein Medikament, kein Aufputschmittel gibt und dass auch der so beliebte »Seelentröster« Alkohol alles nur noch schlimmer macht: Denn er zerstört das Selbstwertgefühl vollends! Helfen kann auch hier nur die *Entschlossenheit zur Selbsthilfe,* wie sie unter anderem in einem Lernprogramm in Kapitel 6 angeregt wird. Es weist den Weg zu realisierbaren Hilfen zum stabileren »Ich«, um von dort aus zum Selbstwertgefühl zu gelangen – es *wert* zu sein, beachtet und ernst genommen zu werden: nicht nur durch andere, sondern auch durch sich *selbst*!

umerang-Risikofaktoren – Rache des »Du« am »Ich«

»Wie es in den Wald hineinruft, so schallt es zurück!« Keine noch so begründete wissenschaftliche Abhandlung könnte so treffend die – seelisch stets schmerzhaft spürbaren – Bumerang-Risikofaktoren interpretieren, wie es der Volksmund tut. Zugleich ist dieser Ausspruch aber auch eine ernst zu nehmende Ermahnung zur Mitmenschlichkeit.

Jemand, der diese Gesetzmäßigkeit missachtet und Negatives in den Wald hineinruft, ist kein glücklicher Mensch: Denn er befindet sich stets im autoaggressiven Angriff auf sein Ich. Anstatt zu lernen, sich von seiner Unzufriedenheit, von seinem Gefühls- und seelischen Leidensdruck, von gesellschaftlichen, beruflichen Misserfolgen selbst zu befreien, projiziert er beispielsweise den durch Missgunst und Neid verursachten seelischen Schmerz auf den »schuldigen« Mitmenschen, dem es (scheinbar) besser geht als ihm, der ihm überlegen wirkt: Er braucht eine »Geisel« zur Befreiung aus seelischer Not!

Mit ihr sucht er die Konfrontation, um Hass und Rachegelüste abzureagieren (Irrtum: Rache ist *nie* süß!). In Wirklichkeit jedoch richtet er die Waffe menschlicher Missachtung gegen sich selbst: Als »Bumerang« menschlicher Verachtung kehrt sie zurück. Diese Verhaltensart kommt aber nicht »wie der Blitz aus heiterem Himmel« – sie hat ein Vorfeld, das oft noch in die frühe Kindheit hineinreicht und jenen Menschen prägt, der nie einen positiven, befreienden, selbstbewussten Zugang zu seinem Ich gefunden hat, dem man aber dabei auch nicht half. Es ist dann auch jener Mensch, der selbst wenig menschliche Zuwendung, wenig Würdigung seines eigentlichen Wertes als Mensch erfuhr.

Mit aller Härte bestätigt sich somit für sein weiteres Leben immer wieder die Erfahrung des Volksmunds: Wie kann ein Mensch einen anderen Menschen achten, anerkennen, ihm Erfolg, Glück »neidlos gönnen«, wenn er selbst auch nie beachtet, geachtet, anerkannt, geliebt wurde? Wenn er mehr kritisiert, getadelt, heruntergesetzt als anerkannt, »gelobt« wurde? Wer versteht dessen »Stich ins Herz«, wenn er von »den anderen« (»... die auch nicht mehr können als ich!«) links und rechts überholt wird? Wie kann er sich vom seelisch erdrückenden Gefühl »ständiger Benachteiligung« und der Erfolglosigkeit befreien? Durch Beruhigungs- und/oder

Schlaftabletten? Durch Alkohol? Aber nein – da gibt es offenbar ja noch andere Wege, die scheinbar befreien ... Und an der Spitze von all diesen Wegen vermeintlicher »Selbsthilfe« steht:

Der Neid – die Selbstvergiftung der Seele

»Wenn dies Haus so lange steht, bis in der Welt der Neid vergeht, dann steht es nicht nur für kurze Zeit, dann steht es für die Ewigkeit!« So konnte (musste) ich über dem Eingang eines schönen, großen Hauses lesen, das sich deutlich abhob von den viel kleineren Häusern der Nachbarschaft – eine vorbeugende Warnung an neidische Nachbarn? Molière (1622-1673) muss sich hier bestätigt fühlen: »Die Neider sterben wohl, doch nimmermehr der Neid!«

Es ist schon recht merkwürdig mit diesem Neid, dem Gift für das Ich: Er macht keinen einzigen Menschen glücklich und doch ist er – zwar kein erbetener, aber auch kein weggestoßener – Begleiter auf allen Lebenswegen. *Neid, der verfolgte Erfolg* eines »beneideten« Menschen! Der vom Neid und von dessen Vorstufe, der Missgunst, besessene Mensch ist wahrlich nicht zu beneiden. Unüberhörbar klingt hier die Warnung des griechischen Philosophen Hippias (ca. 500 v.Chr.) an: »Die neidischen Menschen sind doppelt schlimm dran. Sie ärgern sich nicht nur über das eigene Unglück, sondern auch über das Glück des anderen!«

Ja, der neidische Mensch ist »blind vor Neid«. Er ist unfähig zu erkennen, dass seine Flucht in den Neid in Wirklichkeit eine Flucht vor sich selbst ist. Er weiß nicht, dass der Neid der denkbar schlechteste Verbündete ist, den er sich wählen kann, um sein – seelisch so schmerzendes – Loch im Selbstwertgefühl auszufüllen – die eigene Seele vergiftend, alle Wege der Selbsthilfe blockierend und sich dabei selbst krank machend.

Der neidische Mensch bringt ein hohes Opfer für den Neid

Es fällt auf, wie deutlich der Volksmund diese Gefahren erkannt hat, er warnt: Man kann vor Neid nicht nur »erblassen« (durch Wut), »erstarren« (spürbar an verkrampfter Muskulatur), man kann vor Neid auch »platzen« (»mich trifft der Schlag!« – mit tatsächlicher Gefahr für die Hirnarterie). Hier bietet sich ein bildlicher Vergleich aus einer griechischen Fabel (ca. 50 n.Chr.) an: Ein neidischer Frosch, der ebenso groß sein wollte wie ein Ochse, den er beneidete, blies sich immer mehr auf – bis er platzte!

Für den neidischen Menschen sind alle Wege willkommen, von denen er sich Befreiung von seinem unerträglichen Leidensdruck (»Nervosität«, Unruhe, Herzstiche, Schlaflosigkeit etc.) erhoffen kann. Ein Fluchtweg in dieser Richtung ist:

Die Schadenfreude – das glatte Gegenteil von Selbsthilfe!

In diesem Bereich finden wir den neidischen Menschen, der meint, durch das Unglück des Menschen, dem er »die Butter auf dem Brot« nicht gönnen kann, wieder glücklich werden zu können: »Das tut mir direkt gut, dass ihm das passiert ist ..., dass er seine Stelle verloren hat ..., durch die Prüfung gefallen ist ...! – die Anzahl schlechter Wünsche ist hier praktisch unbegrenzt: Je größer der seelische Druck, umso wohltuender! Aber irgendwann wird spürbar: Der neidische Mensch lebt gefährlich: Mit der Freude am Unglück eines Menschen, den man beneidet, wird das Loch im Selbstwertgefühl noch weiter ausgehöhlt – eine Grube, in die man nun selbst fallen wird! Schon vor ca. 2000 Jahren warnte der Philosoph Seneca (4 v.Chr.-65 n.Chr.):

»Die Bosheit trinkt die Hälfte ihres Giftes selbst!«

Schon damals wusste man, dass es gegen die Bosheit »Neid« kein einziges Medikament gibt – auch heute nicht! Hilfe kommt nur durch den – seelisch befreienden – Lernprozess: *Sich vom Neid befreien!* Alle Wege zu dieser Art von Selbsthilfe beruhen auf der motivierenden Erkenntnis, sich zum Schutze von Gesundheit und Lebensqualität vom seelischen Risikofaktor »Neid« befreien zu *müssen*, wenn es besser werden soll – damit man es nicht mehr nötig hat, sich am Erfolg eines beneideten Menschen zu orientieren (siehe hierzu auch Seiten 171ff. und 194ff.). Ziel des Lernprozesses ist daher die Metamorphose:

Vom »Neidhammel« zum gönnenden Menschen!

Die Umwandlung kann als geglückt gelten, wenn es dem so törichten »Neidhammel«, der allzu rasch auch zum »Streithammel« degeneriert, gelingt, den »inneren Schweinehund« zu überwinden und »über den eigenen Schatten« falschen Ehrgeizes und illusionären Stolzes zu springen. Er hat es geschafft, wenn er – in Verwirklichung einer Redewendung des Volksmunds – mit autosuggestiver Kraft und Überzeugung bei jedem Menschen, den er bislang so schmerzhaft beneiden musste, sagen kann: »Ich gönne ihm/ihr den Erfolg«, und im extremen Idealfall sogar: »Ich freue mich über seinen/ihren Erfolg!«

Jeder, der dies fertig bringt, beschenkt sich selbst: Neid macht ihn nun nicht mehr »fertig«. Alle, die hier anders denken und handeln, seien gewarnt: Wer sich vom – oft unerträglichen – Leidensdruck durch Neid nicht befreien kann, Selbsthilfe gegen Neid gar nicht erst versucht, wer »blind vor Neid« wird, gerät an einen scheinbaren Helfer aus seelischer Not, der alles noch verschlimmert und der alle Arten von abgrundtiefen negativen Gefühlen sich austoben lässt:

Der Hass – seelische Atombombe mit Zeitzünder

»Wer nicht leiden will, muss hassen!« Der sonst so kluge Psychotherapeut Volksmund ist hier allerdings ein schlechter Berater für Menschen, wenn er als letzten Ausweg eine Befreiung vom seelischen Überdruck durch das Ventil »Hass« empfiehlt – oder vielleicht doch nicht? Will er eher davor warnen, mit einem Leidensdruck, von dem man sich durch Selbsthilfe befreien *muss* (und sich dabei auch helfen lassen kann), in den Hass zu fliehen?

Allerdings, der Versuchung, seelische Verletzungen und Kränkungen über die viel bequemere, seelisch scheinbar auch

so wohltuende Flucht in den Hass (Rache-»gelüste«!) loszuwerden, kann nicht jeder widerstehen. Doch früher oder später
bekommt man zu spüren: Rache ist wie erwähnt niemals »süß«
– Rache ist gallenbitter!

Besonders Menschen mit starken emotionalen Problemen,
Unzufriedenheit mit sich selbst, mit Mangel an Toleranz im
Kontakt, im Gespräch, jene, die nachtragend sind, machen
diese Erfahrung – wobei die Gefahr, dass der Hass eskaliert,
unkalkulierbar ist. Hass, der den Verstand besiegt: von der
Zerstörung einer zwischenmenschlichen Beziehung, im Extremfall bis zu »Mord und Totschlag« – »im Affekt«.

Da es gegen den Hass kein einziges Medikament gibt, steht
jeder Mensch, der seine Anfälligkeit für Hass selbst erkannt
hat und – wie auch immer – seelisch darunter leidet, in der
Verantwortung, sich durch Selbsthilfe davon zu befreien.
Diese Selbsthilfe hat nur in einer emotionsfreien Phase von
Hassgefühlen Aussicht auf Erfolg. Eine wichtige Orientierungshilfe dafür ist zunächst eine:

Kosten-Nutzen-Analyse des Hasses

Sie wartet stets mit einem katastrophalen Ergebnis auf: Es
werden nicht nur – lebenswichtige – zwischenmenschliche
Kontakte, sondern auch die eigene Gesundheit zerstört. Ein
Mensch, der hasst, ist kein gesunder Mensch – er kann es auch
nicht sein: Sein Unbewusstes, wo der ganze Hass gespeichert
ist, lässt ihm keine Ruhe. Der Hass macht nervös, schlägt »aufs
Herz«, er raubt den Schlaf: Der berühmte Arzt des Mittelalters
Nostradamus (1503-1566) warnt vor der Gewalt des Hasses:
»Hass zerstört den, der gehasst wird, ebenso wie jenen, der
Hass empfindet!« Hass ist auch sichtbar – denn er macht
»hässlich«! Man kann tun, was man will – die Spuren des
Hasses graben sich tief ein in den Gesichtsausdruck – den
wahren Spiegel der Seele. Hier helfen keine Kosmetika, keine
»Schönheitsoperationen« – hier hilft nur der Entschluss der
Selbsthilfe: »Ich will mich ändern, ich *werde* mich ändern!«

Im Zentrum dieser Selbsthilfe durch Sichändern steht eine *Motivationshilfe zur Befreiung von »Rachegelüsten«*, die uns der philosophierende römische Kaiser Marc Aurel (121-180 n.Chr.) hinterließ: »Die beste Art, sich zu rächen: Nicht Gleiches mit Gleichem vergelten!« Dies ist *keine* Aufforderung zum Pazifismus, zum Hinhalten fürs Schlagen auf die andere Wange – es ist gesundheitlich rettende Klugheit, mit einem Appell der Selbsthilfe:

»Lieber retten statt rächen!«

Etwa nach dem Motto: »Liebe deinen Feind, aber sei klüger als er!« – ein Geschenk für die Gesundheit!

In Extremsituationen einer Verstrickung kann diese Haltung sogar vor »Mord und Totschlag« retten, das heißt: Lieber »mit dem Wolf heulen ...«, ihn praktisch ins Leere laufen lassen, als von diesem Wolfe »aufgefressen«, geschlagen, misshandelt oder schwer verletzt zu werden – um Zeit für eine neue Position des Selbstschutzes zu gewinnen. Wie viel menschliches Unglück, wie viele Tragödien (auch in entglittenen Familienkonflikten) wären durch diese »Eskalationsbremse« vermeidbar gewesen – allerdings nur unter der Bedingung, dass die anstehenden Konflikte nicht verdrängt, sondern gelöst werden! Es ist bittere Wirklichkeit unseres Lebens: Am Beginn der Feindschaft zwischen Menschen steht Hass! Er versucht in jede Schwachstelle menschlichen Fehlverhaltens einzudringen und – er schafft es!

In einem Interview, veröffentlicht am 22. September 1996 (*Frau im Spiegel*, Ulrike Schankat) wurde der Zauberkünstler David Copperfield gefragt: »Was ist in Ihren Augen perfekte Illusion, die noch niemand auf die Bühne gebracht hat ...?« Copperfield: »Darüber denke ich oft nach: Vielleicht den Schiefen Turm von Pisa begradigen oder den Mond verschwinden lassen. Oder – noch besser: Den Hass aus der Welt wegzaubern!« Solange dies nicht gelingt, muss jeder Mensch, der dem Hass weder seine Gesundheit noch seine Lebensqualität opfern will, sein eigener »Zauberkünstler« im Wegzaubern von Hass sein: durch Training der Selbsthilfe!

In allen Bereichen und Arten von Bumerang-Risikofaktoren beansprucht eine weitere zentrale Position ein ebenfalls dominanter Lebensbegleiter:

»Wer einmal lügt, dem glaubt man nicht – auch wenn er die Wahrheit spricht ..., wer lügt, der stiehlt ...!« Schlimmer und unmissverständlicher könnte der erfahrene Volksmund wohl kaum vor dem Exklusiv-Modell eines Bumerang-Risikofaktors warnen – und trotzdem ist es Wirklichkeit unseres Alltags: *Die Lüge ist Verführer auf allen unseren Wegen,* in allen Begegnungen von Mensch zu Mensch – stets raffiniert bedeckt mit einer Tarnkappe – ein »Mephisto« von besonders teuflischer Art, etwa nach dem Motto: *Von der Zerstörung der Wahrheit zur Zerstörung des Ichs.*

Dies steht in untrennbarer Beziehung zu einer Vielzahl von menschlichen Schwächen: vom extremen Mangel an Selbstwertgefühl, über den Versuch, sich aus einer Verlegenheits-Situation zu befreien, bis zur vorsätzlichen Lüge im Ableugnen einer Schuld, zum Betrug durch Übervorteilung eines Mitmenschen. Jeder Versuch einer kritischen Analyse der Lüge, ihrer dämonischen Gewalt im Missbrauch der Wahrheit, stößt an Grenzen des Verstehens im menschlichen Verhalten. Wenn man von den unbestritten negativen Motivationen für eine Lüge ausgeht, wenn man an ihre zerstörerische Giftwirkung in allen Bereichen zwischenmenschlicher Kommunikation, an die Rache am eigenen Ich des Lügners denkt, muss es überraschen, dass es die Lüge so leicht hat, ihre Opfer zu finden – in allen Altersbereichen, in allen gesellschaftlichen Schichten, jedoch:

Der Lügenkatalog ist riesengroß: Gemeinsam ist jeder Art von Lüge der Missbrauch des Gesprächs durch Unwahrheit. Unterschiedlich sind allerdings die Motivation zur Lüge, die Situation, in welcher ein Mensch zur Lüge greift, oder der

Zweck, zu welchem die Wahrheit missbraucht wird. Das geht vom »Verdrehen« der Wahrheit bis hin zur kriminellen Lüge! Ein problematisches Vorstadium der Lüge ist:

Die Halbwahrheit – ein falscher Weg der Selbsthilfe.

Eine Aussage, die zwar nicht falsch ist, die aber auch nicht ganz den Tatsachen entspricht, eine Aussage, die einen Sachverhalt nicht vollständig wiedergibt, die absichtlich Unangenehmes verschweigt. Für den Gesprächspartner entsteht dadurch eine Verunsicherung: Er tappt im Dunkeln, er weiß nicht, was glaubhaft, was erlogen ist. Aus gutem Grunde warnt daher der philosophierende Staatsmann Gottlieb von Hippel (1775-1843) vor dieser stets auch sich selbst schädigenden Art im Umgang mit der Wahrheit: »Halbe Wahrheit ist gefährlicher als eine ganze Lüge: Diese ist leichter zu erkennen als jene, welche sich in Schein zu kleiden pflegt, um doppelt zu betrügen ...«

In einem etwas anderen Licht zu sehen ist:

Die Notlüge – Versuch einer Selbsthilfe in einer Notlage.

Ihre Berechtigung basiert stets auf den unterschiedlichsten Problemen: Angefangen von der Rettung für den Mitmenschen, dessen Leib und Leben bedroht sind, oder für sich selbst bis hin zu jener ethisch, rechtlich problematischen Grenzsituation, in der es das höhere Gut menschlicher Integrität, die Menschlichkeit schlechthin, gegenüber manipulativer Gewissensgewalt zu verteidigen gilt.

Keine Notlüge ist es allerdings mehr, wenn Unannehmlichkeiten, Unbequemlichkeiten, Peinlichkeiten durch Flucht in die Unwahrheit behoben werden sollen. Hier ist das offene Bekenntnis zur Wahrheit immer noch der beste Weg zum Schutz persönlicher Integrität – ein durch nichts ersetzbarer Weg der Selbsthilfe für die seelische Gesundheit! Oft wird allerdings erst spät oder gar nicht erkannt:

Flucht in die Lüge ist das Gegenteil von Selbsthilfe!

Sie ist zudem recht anstrengend und reich an Fallstricken: Je schlechter das »Lügen«-Gedächtnis, umso mehr kann die Lüge von gestern zum Stolperstein für die Lüge von heute, zur Gefangenschaft im »Lügennetz« führen. Wer hier, vor allem als »notorischer« Lügner, ganz sicher gehen will, müsste eigentlich ein Tagebuch führen, in welches er sorgfältig alle seine Lügen einträgt, um »richtig« zu lügen. Allzu leicht, allzu rasch bricht sonst über dem »Lügenmaul« seine Fluchtburg, das »Lügengebäude«, zusammen.

Die Kosten-Nutzen-Analyse der Lüge zwingt zu kritischer Bilanz.

Für eine lügenhafte, situativ als wohltuend empfundene, jedoch nur scheinbare Befreiung aus einer unangenehmen Lage oder aus einer »Zwickmühle«, für egoistisches Erschleichen persönlicher, beruflicher und materieller Vorteile, für Verbreitung von Lügen (»Gerüchten«) über einen Menschen, den man »fertig machen« will (bis zum »Rufmord«), muss jeder Lügner büßen, denn: der Bumerangeffekt der Lüge wird stets schmerzhaft spürbar!

Er fordert vom Lügner oft ein hohes Opfer: vom Verlust persönlicher Integrität und Glaubwürdigkeit über die Zerstörung einer zwischenmenschlichen Beziehung bis hin zu justiziablen Konsequenzen. Der Volksmund warnt:

»Lügen haben kurze Beine!«

Aber auch nur im Idealfall! Mark Twain (1835-1910) erkannte treffend die Einschränkungen im raschen Ertappen des Lügners: »Eine Lüge ist bereits dreimal um die Erde gelaufen, bevor die Wahrheit sich die Schuhe anzieht ...!« Die Betreffenden haben es meist äußerst schwer, ihr Ansehen und ihren Ruf wiederherzustellen. Denn: »Es ist nichts zu fein gesponnen, es kommt doch ans Licht der Sonnen!«

Und irgendwann, irgendwie stößt jeder Mensch, der nach den Ursachen für Schwierigkeiten in der Lebensbewältigung, im Umgang mit seiner menschlichen Umwelt sucht, auf die rettende Erkenntnis:

Wer sich aber immer noch schwer tut, zu dieser Erkenntnis zu gelangen, erhält durch J.W. von Goethe eine Motivation zur Selbsthilfe:

>O weh der Lüge! Sie befreiet nicht
wie jedes andre wahr gesprochene Wort die Brust,
– sie macht uns nicht getrost, sie ängstigt den,
der sie heimlich schmiedet, und sie kehrt,
ein losgedrückter Pfeil, von einem Gott
gewendet und versagend, sich zurück
und trifft den Schützen.«

iftpfeil-Risikofaktoren – die »giftige Zunge«

Hier sind es keine scharfen Messer, kein Dolch, keine Pistole, die einen Menschen verletzen, gar töten – hier sind es ganz überwiegend Angriffe auf den Menschen durch die

Tatwaffe »Zunge«.

Der Volksmund wird wiederum voll bestätigt: »Eine böse Zunge vermag mehr Menschen zu verletzen oder gar zu töten, als das Schwert es je vermochte!« Jeder Betroffene bekommt »hautnah« zu spüren, dass die Verletzung der Seele schmerzhafter ist als die des Körpers. Ihr helfen weder Tabletten noch Spritzen! Mit aller Härte büßt der durch einen Giftpfeil-Risikofaktor getroffene Mensch für menschliche Bösartigkeit: Menschen als des Menschen »grausamster Feind«, sagte Gottlieb Fichte (1762-1814). Es fehlen ihnen die elementarsten Voraussetzungen für wirkliches Menschsein – nämlich das Gewissen!
Diese Spezies Mensch ist aber nicht erst ein Geschöpf unserer Zeit, einer Zeit zunehmender Neutralisierung und Anonymität in zwischenmenschlichen Beziehungen. Vielmehr

ist die Geschichte der Menschheit auch eine Geschichte der Unmenschlichkeit – eine Geschichte von Psychoterror, von Missachtung der Menschenwürde, der Erniedrigung, aber auch des Quälens, von Mord und Totschlag, eines Dauerzustands von Kriegen. Wenn man es so will, beginnt alles mit »Kain«, der seinen Bruder »Abel« erschlug – ein biblisches, symbolträchtiges Geschehen von Unmenschlichkeit, der Wiederholung von Grausamkeiten bis zum heutigen Tage!

Diese bittere Wirklichkeit in allen Arten menschlichen Zusammenlebens sollte jeden einzelnen Menschen zum Nachdenken über die eigene Art des Verhaltens im Umgang mit dem Mitmenschen zwingen, denn:

»Kain« ist mitten unter uns und – in uns!

Wir verbrennen zwar keine »Hexen« mehr, aber immer mehr Menschen leiden seelisch unter einem »Kain«, der sie zwar nicht körperlich erschlägt, sie aber an den Rand ihres Lebens drückt – sie sozusagen seelisch umbringt (z.B. durch »Rufmord«!).

Psychoterror zwingt zur »Anti-Kain«-Selbsthilfe!

Wenig ermutigend klingen hier allerdings Befürchtungen des Begründers der »Psychoanalyse« Sigmund Freud (1856-1939), der bezüglich der Erklärung menschlicher Grausamkeiten eine harte Nuss zu knacken hatte: »Es sieht wirklich so aus, als müßten wir anderes und andere zerstören, um uns nicht selbst zu zerstören, um uns vor der Tendenz zur Selbstdestruktion zu bewahren ...« Im Extremfall entspringen aus dieser unmenschlichen Verhaltensart für manche Menschen auch die Wege zum »Kainsmal« – zu »Mord und Totschlag«!

Wahrlich, all dies klingt nicht gerade beruhigend! Potentielle Gefahren durch Unmenschlichkeit stehen in Lauerstellung. Der Philosoph Thomas Hobbes (1588-1679) muss sich mit den Ausführungen in seinem staatspolitischen Werk *Leviathan*, dem dichterischen »Ungeheuer«, »Krokodil«, nachträglich bestätigt fühlen:

Er begründet dies durch die im Menschen schlummernde (konstrastreiche) Wolfsnatur, die sich in unberechenbarer Bösartigkeit im Verhalten zeigt. Im Zentrum der Gefährlichkeit steht hier der Missbrauch der Gewalt des Wortes im Gesprächskontakt. Und dieser nimmt heutzutage auch in den Medien stetig zu, wenn beispielsweise zur Befriedigung der Sensationsgier die Leserschaft über eine Geiselnahme bis in alle Einzelheiten informiert wird, wenn es Reportern sogar »Spaß macht, Menschen zu ruinieren ...« (Bill Clinton im Mai 1997 vor dem Presseclub in New York)

Die Auswirkungen unmenschlichen Verhaltens finden wir überall: in der Partnerschaft, in der Familie, in der Verwandtschaft, Nachbarschaft, am Arbeitsplatz, in Gesellschaft und Politik. In allerletzter Konsequenz haben auch Kriege ihre feinsten Wurzeln in der Zerstrittenheit von Mensch zu Mensch, in der Unfähigkeit, Konflikte zu lösen – lösen zu wollen – etwa nach dem Motto: »Ein böses Wort – und schon fliegen die Fäuste ...!« (Schlagzeile aus der *Badischen Zeitung*, 28. Februar 1996)

Eine fast alltägliche Gefahr seelischer Verletzung, mit scheinbar nur geringen Chancen einer Selbstverteidigung ist praktisch für jeden Menschen:

Allerdings ergeben sich hier jeweils große Unterschiede in der Empfindlichkeit für die Giftwirkung böser Worte: Das, was einem Menschen mit »viel zu dünner Haut« gleich »unter die Haut« geht, ist für einen Menschen mit dem »dicken Fell«, mit einer »Elefantenhaut«, nicht spürbar, nicht verletzend. Jeder, der seine seelische Anfälligkeit für giftige, beleidigende Worte kennt und unfähig ist, sich dagegen zu wehren, büßt seelisch für die Sünden eines Mitmenschen – für dessen Neid, Hass und Rachegelüste, dafür, dass er erst einen Menschen kränken muss, um sich von einem Gefühlsstau zu befreien (»ich könnte dem an die Gurgel springen …, ihn/sie glatt umbringen!«) und sich wohl zu fühlen – aber doch nur scheinbar: Der abgeschossene Giftpfeil »Beleidigung« trifft nämlich als Bumerang den »Schützen« selbst.

Der Psychotherapeut Volksmund warnt vor Selbstschädigung: »Wer als Erster schießt, der stirbt als Zweiter!« Der getroffene Giftpfeilschütze stirbt dann zwar nicht physisch, es gibt aber auch ein Sterben im persönlichen, im menschlichen Ansehen (»der/die ist für mich gestorben!«) durch Missachtung oder sogar Verachtung. Der Beleidiger empfindet dies selbst als die größte Beleidigung, denn Beleidigungen machen nur Sinn, wenn sie ärgern können, wenn sie den Menschen, den man beleidigt, in Rage bringen – je mehr, desto wohltuender. Allzu oft geschieht dies auch mit dem erhofften Erfolg, allerdings mit einer Nebenwirkung, die dem Beleidigten eine Rolle aufdrängt, gegen die er sich meist schwer wehren kann: »Das Bitterste, womit uns Beleidigungen ergreifen, ist, daß sie uns zu hassen nötigen …«, sagt hierzu Jean Paul (1763-1825). Der Versuch, sich von einer Beleidigung durch Hass befreien zu wollen, ist also ein selbstgefährdender Weg.

Seelisch noch schmerzhafter als die Beleidigung, verbunden mit zerstörerischer Wirkung auch auf das Selbstwertgefühl, ist wie erwähnt:

Die Verleumdung – der Versuch seelischer Tötung. (»Rufmord«!)

Im Gegensatz zum fahrlässigen Missbrauch der Zunge durch Tratsch und Klatsch, was manche Menschen brauchen, um sich auf recht merkwürdige Art zu »entspannen«, sind bei der Verleumdung Bösartigkeit und Böswilligkeit, angeheizt durch Missgunst, Neid, Hass und Rachegelüste, die Triebfedern zum zerstörerischen Angriff auf einen Menschen – mit einer Besonderheit: Nie »Aug in Aug«, sondern »hinten herum«!

Daher gibt es bei Verleumdung keine Chance der Selbsthilfe! Eher ist das Gegenteil die Regel: Abwehrversuche können alles nur noch erschweren. Der Volksmund hat damit seine eigenen Erfahrungen machen müssen:»Wer sich verteidigt, klagt sich an«, denn: Verleumdung ist öffentlich – der Widerruf bleibt unbemerkt! Jeder Verstrickung in diese ausweglosen Versuche, die eigene verletzte Ehre, die Ehre der Familie etc. wiederherzustellen, provoziert Enttäuschung, Verzweiflung, gar Depression – und führt im Extremfall von der Rufschädigung zum Rufmord!»Es gibt Worte und Karikaturen, die die Gewalt von Kugeln haben ...« –, kommentierte der französische Politiker Laurant Fabius die tragische Selbsttötung seines Parteifreundes Pierre Bérégovoy (1993), der keinen Ausweg mehr aus verbaler Diffamierung und»Medienschelte« fand, der durch seelischen Mord, durch einen Meuchelmord, den körperlichen Tod fand!

Jeder Mensch, der durch den Rufmord sein Leben opfern musste, hinterlässt eine schrille Warnung: Es gibt nicht nur Mord durch Waffen oder Gift, es gibt auch den Mord durch das Wort – die unblutige Hinrichtung!

Insbesondere im Arbeitsleben wird für immer mehr Menschen eine ganz besonders gefährliche Art von Giftpfeil-Risikofaktoren spürbar, der Psychoterror am Arbeitsplatz. Er hat seine tiefen Wurzeln in sozialer Kälte, im unerbittlichen Konkurrenzkampf um die»dickere Lohntüte«, die höhere Gehaltsstufe, die Gunst des Chefs – eben um den Arbeitsplatz!

Von»Arbeitsfrieden« keine Spur – es handelt sich eher um eine Bankrotterklärung der Menschlichkeit. Die bittere Realität lautet: Es gibt nicht nur eine Umweltvergiftung durch Giftmüll, sondern auch eine Vergiftung der Seele des Menschen durch einen anderen Menschen – die»giftige« Zunge, jene heimtückische Waffe im Kleinkrieg des Alltags, die schließlich jeden Menschen kleinkriegt.

Mobbing – der »Schuss« in den Rücken!

Es lässt elementare Grundregeln kollegialen Zusammenlebens in sich zusammenbrechen. Kein Mittel ist zu fies, um den Betroffenen das Leben am Arbeitsplatz zur Hölle zu machen: durch seelischen Terror (z.b. Missachtung, nicht grüßen), durch Beschädigung von Arbeitsgeräten, durch Verbreitung von Gerüchten (»die hat doch was mit dem ..., der säuft doch heimlich ...«). Ruf und Ansehen zu schädigen zerstören letztendlich auch die Gesundheit. Der steile Anstieg von psychosomatischen Krankheiten, der Alkoholkrankheit am Arbeitsplatz, degeneriert immer mehr zu einer besonderen Art von »Berufskrankheit«. *Krankheitsursache:* Der missgünstige Kollege, die neidische Kollegin, die nach dem Motto verfahren: »Du darfst keine größeren Erfolge haben, als wir dir gönnen können!«

Wer hier nicht untergehen will, muss alles tun, um sein Ich zu verteidigen und um seinen inneren Frieden, seine seelische Gesundheit zu retten. Daher sei geraten der

Entschluss zur Selbsthilfe.

»Ich werde mich wehren! Ich lasse mir nichts gefallen, ich werde mich durchsetzen, um alle Arten von Kränkungen nicht mehr schlucken zu müssen. Die von Psychoterror am Arbeitsplatz betroffene Leser und Leserinnen, aber auch alle, die gar nicht erst davon betroffen sein wollen, finden weitere Hilfestellung auf den Seiten 171ff. und 194ff.

3 Die Familie – Schule der Selbsthilfe für das Leben!

Vom ersten bis zum letzten Tag seines Lebens ist jeder Mensch einer Vielzahl von Beeinflussungen aus der menschlichen und gesellschaftlichen Umwelt ausgesetzt, die über den Weg der Qualität seines Ichs auch die Qualität des gesamten Lebens prägen. Mit der Ich-Wirksamkeit dieser Beeinflussungen muss sich jeder Mensch auf seine Weise auseinander setzen – jeweils mit großen Unterschieden im Nutzen oder im Schaden für Gesundheit und Lebensqualität. Eine Vielfalt derartiger, von außen kommender Ich-beeinflussender Steuerungsfaktoren bildet:

Das »Lebensdreieck« – die Prägung des Ichs von außen

(Siehe auch Abbildung Seite 48) Auf den ersten Blick fällt sofort das tragende Fundament dieses Dreiecks auf – *die Familie – der Geburtsort des gesunden Ichs!* Beginnend bereits am ersten Tag des Lebens, nachfolgend allerdings mit extremen Kontrasten in der Qualität dieses Ichs! Entsprechend der Zunahme von Familienproblemen verspüren immer mehr Menschen familiäre Defizite in den Chancen ihrer Entwicklung zu einem *gesunden* Ich: In ihrem Leben »nach der Familie« bleiben viele Wünsche, Hoffnungen, berufliche Ziele deutlich unter ihren Erwartungen – zerstören gar ihr seelisches Gleichgewicht.

»Ach – wie selig noch ein Kind zu sein!« So oder ähnlich hört man Menschen klagen, stöhnen, die mit dem bisherigen Verlauf ihres Lebens unzufrieden sind, deren seelischer Leidensdruck immer unerträglicher wird und die infolgedessen hoffnungslos, depressiv werden – das Leben ist ihnen regelrecht verleidet. Wer sich davon betroffen fühlt und sich die Kindheit zurückwünscht, verkennt die Wirklichkeit.

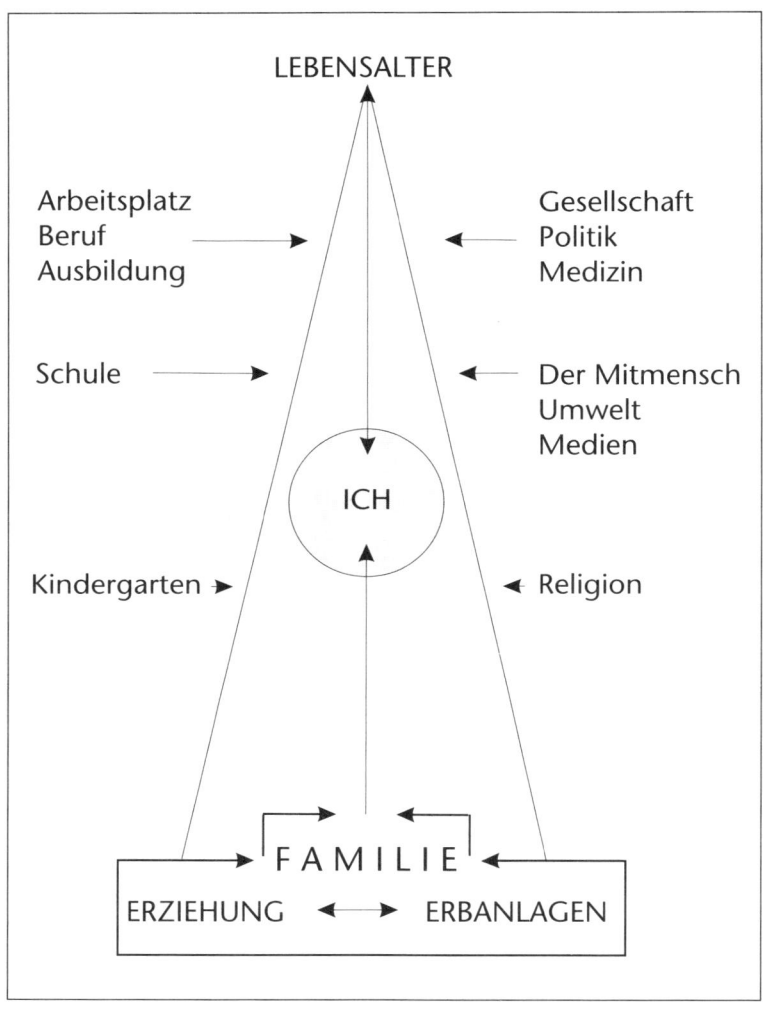

LEBENSALTER

Arbeitsplatz
Beruf
Ausbildung

Gesellschaft
Politik
Medizin

Schule

Der Mitmensch
Umwelt
Medien

ICH

Kindergarten

Religion

F A M I L I E

ERZIEHUNG ⬌ ERBANLAGEN

Kindsein ist nicht gleichbedeutend mit Glücklichsein!

Dieses Glücklichsein war nie und ist auch heute nicht selbstverständlicher Begleiter des Kindseins, sondern realistisches Spiegelbild von »Glücksumständen« in der Reifung zum gesunden Ich durch familiäre »Nestwärme« der Geborgenheit und unter Verwirklichung der:

Sie beginnt im Idealfall am ersten Tag des Lebens und klingt aus in der Zeit der »zweiten Geburt« – in der Pubertät! Dieser Weg der Entwicklung zur seelischen Gesundheit ist jedoch oft recht mühsam oder sogar enttäuschend: Zu spüren bekommen Mängel aus diesem Bereich vor allem jene Kinder, die beim natürlichen Drang, sich zu seelischer Selbständigkeit zum Selbstwertgefühl, zum Selbstvertrauen zu entwickeln, die aus seelischen Nöten, aus blockierenden Ängsten sich zu befreien versuchen, durch manipulative Überlegenheit ihrer Eltern (hier und nachfolgend auch Alleinerziehende einbeziehend) oder vom Lehrer daran gehindert werden. Sie alle wären aber gut beraten, wenn sie den ihnen anvertrauten Kindern alle verfügbaren

Sie selbst würden dann im Umgang mit diesen – nun »pflegeleichteren« – Kindern reich beschenkt: Es gibt aber auch eine späte Erkenntnis, dies versäumt zu haben. Aktuelles Beispiel: die Drogenszene! Bis zur eigentlichen Entwicklung zu seelischer Selbständigkeit in der Zeit der »seelischen Abnabelung« ist *elterliche Hilfe von prägender Wirkung.* Auch wenn aus berufenem Munde (Erwin Ringel, 1921-1994) gesagt wurde, dass in jedem Menschen Chancen der Selbsthilfe stecken, »die niemand stellvertretend für ihn ergreifen kann«, gibt es aber doch eine Ausnahme von lebenswichtiger Bedeutung – und zwar durch die Funktion von

Eltern als pädagogische und psychologische Begleiter in der Entwicklung des Kindes zur Selbständigkeit im Ich, als durch niemanden ersetzbare Hilfe im Lernprozess der Lebensbewältigung aus eigener seelischer Kraft, um auch in schwierigsten Lebenskonstellationen sich selbst helfen zu können bzw. gar nicht erst in diese geraten zu müssen!

Gewiss – ein Idealfall, der jedem Kind, als größtes Geschenk in der Entwicklung zur seelischen Gesundheit, ihrer Bewahrung, zur optimalen Lebensqualität zu wünschen ist! Dieser Idealfall wäre auch für jedes Kind erreichbar, wenn es nicht – offenbar mit zunehmender Tendenz – so viele Hindernisse, Störfaktoren, Blockaden im Erreichen dieses Zieles gäbe. Zunehmend wird es für Eltern nicht nur im pädagogischen Zugang zu ihren Kindern (»... die kosten mich noch die letzten Nerven!«), sondern auch in der Zuwendung spürbar:

Die »Kids« von heute sind nicht mehr
die Kinder von »früher«!

Die rasanten, tiefreichenden, keinen einzigen Menschen verschonenden Veränderungen in elementaren Fundamenten menschlichen Zusammenlebens, in einer Ellenbogen–, Überfluss-, Fernseh- und Video-Gesellschaft (als unheimliche heimliche »Miterzieher«), das Leben in einer Stressgesellschaft mit zunehmender Hektik, die immer deutlicher spürbare, oft gar neidgeprägte soziale Kälte in der Zwischenmenschlichkeit reichen tief hinein auch in die Qualität familiären Zusammenlebens:

Ein Struktur- und Funktionswandel der Familie
wird spürbar.

(Siehe auch nebenstehende Abbildung) Aus der »Fluchtburg«, dem »Hort der Geborgenheit«, wurde zunehmend ein lockerer Familienverband, aus dem »trauten Familienkreis« (einer Chance optimaler Kommunikation durch das seelisch öffnende Gespräch) wurde der »Fernseh-Halbkreis« (die exklusive Einweg-Kommunikation) – ein Ort des Schweigens (Ausnahme: Das – zumeist programmbedingte – »Streitgespräch«).

Je geringer die familiären Interaktionen funktionieren, je weniger Grundstrukturen des Zusammenlebens noch verfügbar sind (zum Beispiel gemeinsame Mahlzeiten), desto mehr können sich für eine derartige Familie kontaktzerstörerische Risikofaktoren austoben und – sie tun es auch!

50

FAMILIE FRÜHER:	FAMILIE HEUTE:
Mehrgenerationenfamilie Großfamilie	Zweigenerationenfamilie Ein-/Zwei-Kind-Familie
Geburt *in* der Familie	Geburt in der Klinik
Säuglingswochenstube	Säuglingssaal in der Klinik
Eltern: • Erzieher • Psychologen	Erzieherin, staatl. geprüft Diplom-Pädagogin Erziehungsberatung Sozialarbeiter/Jugendpfleger
Das 3 x »Z«-Vitamin: • Zuwendung (Gespräch) • Zärtlichkeit • Zeit	Medien: • Fernsehen • Computerspiele Chemische »Beruhigung«

Leben *in* der Familie:
• »Hort der Geborgenheit«
• Gemeinsame Mahlzeiten
• »Trauter Familienkreis«
   — »Familienkonferenzen«
   — Spiele (»Mensch, ärgere
     dich nicht!«)
	Bustransport (Schule,
	Kindergarten)
	»Fastfood«, »Kühlschrankessen«
	Fernseh-»Halbkreis«
	Ausstieg in »W.G.«
	»Pendler« zum Arbeitsplatz

Helfer in seelischer Not: • »Rund um die Uhr!«	Familientherapeut Psychotherapeut Drogenberater Kinder- und Jugendpsychiater
Krankenpfleger Nachtwache	Sozialstation Krankenhaus
Behindertenbetreuer	Psychosoziale Beratungsstelle Heim für Behinderte Gebrechlichkeitspfleger
Altenpfleger	Altersheim Pflegeheim Geriatrische Klinik
Sterben *in* der Familie	Pflegeheim Krankenhaus

Struktur- und Funktionswandel der Familie (Köster, 1997)

Die Alarmsignale familiärer Kontaktstörungen lauten:

- Zunahme der Anfälligkeit für Partnerschaftskonflikte
- Schockierender Anstieg der Ehescheidungen
- Ausbreitung von »Gewalt in der Ehe«
- Immer mehr Scheidungswaisen
- Anstieg der Anzahl von »Alleinerziehenden«, damit verbunden auch die von »Schlüsselkindern«

Die raue Wirklichkeit familiär-pädagogischen Alltags mit Überforderung von Eltern, »Sorgeberechtigten«, lässt oft alle guten Absichten einer »ordentlichen Erziehung« an Grenzen ihrer Verwirklichung stoßen. Für immer mehr Kinder wird es seelisch zur erdrückenden Gewissheit ihres jungen Lebens:

Kindheit ist kein Kinderspiel.

Diese Erkenntnis soll nicht unbedingt als pessimistische Prognose für Kinder dieser Zeit gelten und kann vielleicht durch einen kleinen »Trost« abgeschwächt werden. Auch in der Familie der »guten alten Zeit« (gab es diese wirklich?) hat es familiäre Probleme, Konflikte gegeben – jedoch mit einem großen Unterschied gegenüber heute: Man hatte mehr seelische Kraft, sich zu ertragen, ganz abgesehen von gesellschaftlichen Zwängen, die – in der Art von »Korsettstangen« des Ansehens, von Prestige – familiäres Zusammenbrechen, partnerschaftliches Ausbrechen oft noch verhindern konnten. Heute jedoch ist in Partnerschaften und Familien, im Zeitalter von Stress und Hektik in Konfliktsituationen eine zunehmende Tendenz zu Kurzschlussreaktionen zu beobachten. Für Kinder werden die Auswirkungen familiären Struktur- und Funktionswandels vorwiegend in der seelischen Entwicklung wirksam. Krank machende Wurzeln reichen tief hinein in:

Die »veränderte Kindheit«.

»Etwa 12 bis 13 Prozent aller Schulkinder leiden an psychischen Auffälligkeiten, aber deutlich weniger als fünf Prozent werden beraten oder behandelt«, musste der Marburger Kliniker für Kinder- und Jugendpsychiatrie Helmut Remschmidt der Ärzteschaft (Deutsches Ärzteblatt vom August 1997) zur Kenntnis geben und stellt dabei eingehend die Ursachen aus Veränderungen im gesellschaftlichen, familiären Bereich dar, mahnte aber zugleich: »Es ist eine wichtige Aufgabe der Ärzteschaft, sich mit all jenen Bedingungen zu beschäftigen, die Einfluss auf Kinder und ihre Eltern haben und die Entwicklung, Gesundheit, Befinden und Verhalten unserer Kinder mitbestimmen.«

Es gibt aber nicht nur das gesundheitliche Problem einer »veränderten Kindheit« mit ihren krank machenden Auswirkungen auf die seelische Gesundheit von Kindern, auf ihre persönliche, berufliche Entwicklung, die bedrücken kann, sondern auch:

Die »verlorene Kindheit« – durch das verlorene Ich.

Das heißt, dieses Ich konnte sich gar nicht erst entwickeln in jenen Zeitabschnitten kleinkindlicher und kindlicher Entwicklung, Reifung, die von lebensprägender Bedeutung für sein Wachstum sind. Im Idealfall gehen diese Phasen mit optimaler Verwirklichung eines Appells einher:

»Gib dem Kind Wurzeln!«

Es sind dann jene Wurzeln, die dem Kind für seinen Weg durch das Leben einen Halt geben, um auch in Belastungssituationen standhalten zu können und nicht zum Opfer des seelisch schmerzhaften »Entwurzelungssyndroms« werden zu müssen! Nicht nur hier, sondern bei allen Arten von Ich-Einbußen in der Entwicklung zum stabilen, zum gesunden Ich, führt kein einziger Weg vorbei am

Lernprozess einer Selbsthilfe familiärer Konfliktvorsorge.

Sie orientiert sich jeweils am Motto: *Konflikte sind zum Lösen da!* Wer familiäre Konflikte aber lieber verdrängt, als sie zu lösen, richtet stets auch eine Waffe gegen sich selbst, denn: Kein einziger Mensch, der in einer Familie lebt/leben muss, in der mehr gestritten/geschwiegen, als miteinander gesprochen wird, ist ein glücklicher Mensch – er leidet seelisch:

- *Die Hausfrau und Mutter*, die Jahr für Jahr für die Familie kocht, jetzt aber seelisch »kocht«, unter Migräne, Depression leidet, weil sie mit ihrer Arbeit mehr kritisiert als anerkannt wird, und wenn sie mal ihr Herz »ausschütten« will, kein Gehör findet.

- *Der Partner, der Vater*, der lieber fernsieht, als das Gespräch mit der Familie zu suchen, dem familiärer Zoff »stinkt« und der vor »die Glotze« flüchtet.

- *Das Kind*, das auf Mangel an Geborgenheit, als obligate Folge von familiärer Verstrittenheit, durch Mangel an Zuwendung mit einer Vielfalt von Verhaltensstörungen reagiert – oft sogar unbewusst – auf dem Fluchtweg in einer psychosomatischen Krankheit landet. Das Spektrum dadurch verursachter Krankheiten ist breit (siehe auch nebenstehende Abbildung).

Die bedrückende Zunahme von Verhaltensstörungen, von psychosomatischen, psychosozialen Krankheiten, von Depressionen auch bei Kindern (als »Symptomträger« einer »gestörten«, kranken Familie) zwingt zum Handeln, zur Intensivierung von

Selbsthilfe zur Verbesserung des Familienklimas.

Sie geschieht oft unter dem motivierenden Druck einer Grenzerfahrung wie: »So wie bisher kann es bei uns nicht weitergehen!«, denn kein einziger Mensch ist ein glücklicher, seelisch gesunder Mensch, der in einer gestörten familiären Beziehung lebt – leben muss! Kein einziges Mitglied der Familie, kein Generationenbereich wird davon verschont.

54

VERHALTENS-STÖRUNGEN	PSYCHO-VEGETATIVE STÖRUNGEN	NEUROSEN	PSYCHO-SOMATISCHE KRANKHEITEN
= Entwicklungs- und erziehungs- bedingte Reaktionsstö- rungen ↓	= Funktionelle (*nicht*-organ.) Störungen des Neuro-Vegeta- tivums ↓	= Symptome von ungelös- ten Konflikten in der frühen Kindheit (»Es-Ich-Über- Ich«-Konflikte) ↓	=»Organ- Neurosen« (seelische »Befreiung« durch Flucht in die Krankheit des Körpers) ↓
• Nägelkauen • Daumenlut- schen • Envresis • Haare ausreißen • Ticks • Essstörungen • Sprachstö- rungen • Unruhe Hyperakti- vität »Zappel- philipp« • Konzentra- tions- und Lernstörungen • Aggressivität • Flucht in die »Babyrolle« (Blockaden im Erwachsen- werden als Pro- test!)	• Erröten (»Vegetatives Erythem«) • Niedriger Blutdruck: Müdigkeit • Schweißaus- brüche • »Sextaner- blase« • Durchfälle • Erbrechen • Kopfschmerz (Migräne) • Nabelkolik	• Ängste (»Angst vor der Angst!«) • Phobien (zwanghafte Ängste, die sich gegen bessere Ein- sicht festset- zen): — Klaustro- phobie — Zoo- phobie — Wasch- zwang (»Reinwaschen« des Gewissens); alles gesteuert aus dem Unterbewusst- sein, verdrängte Konflikte! • Hysterie (»Konversion« seelischer Konflikte)	• Mutismus (»durch Schweigen der kranken Seele«) • Magersucht • Fettsucht • Magenge- schwür • Bronchial- asthma • Spastische Bronchitis • Neuro- dermitis

Seelische Störungen bei Kindern und Jugendlichen (Köster, 1995)

Am tiefsten spürbar aber wird dies alles für die seelische Gesundheit des Kindes. Davon ausgehend ist das wichtigste Ziel familiärer Selbsthilfe:

Der gut funktionierende Kontakt!

An oberster Stelle steht hier die elterliche Vorbildfunktion – in der beispielgebenden Beziehung zueinander, in der Glaubwürdigkeit, stets in der Erfüllung eines Grundgesetzes jeder Art von Pädagogik.

Vorbild ist immer besser als Vorschrift!

Dies alles sollte begleitet werden vom menschlichen Engagement, falls erforderlich auch mit einem Prozess des Umdenkens. Denn entgegen noch vorherrschender Auffassung ist das Kind kein »kleiner Erwachsener«, sondern ebenbürtiges Mitglied einer Familiengemeinschaft, die einem Kind, das sein »Herz ausschütten« möchte (es tun muss, um nicht seelisch krank zu werden), nicht einfach »über den Mund fährt«, »den Mund verbietet«, es gar »mundtot« macht. Da ein menschlich-paritätischer Zugang auch gegenwärtig noch nicht so selbstverständlich zu sein scheint, außerdem Gewalt gegen Kinder (Misshandlungen aller Art) aufschrecken lassen, müsste eigentlich das vierte der Zehn Gebote (»Du sollst Vater und Mutter ehren!«) einen aktuellen, zugleich warnenden Zusatz erhalten:

»Du sollst auch deine Kinder ehren!«

Die wertvollste Hilfe, um dieses Ziel zu erreichen, damit zugleich auch wichtigste Wege zu kindlicher Selbsthilfe ebnend und durch nichts ersetzbar ist:

Das 3 × »Z«-Vitamin – die wichtigste Hilfe zur Selbsthilfe.

Es wird benötigt zum Schutz des Ichs, zur Stärkung des zu schwachen Ichs. Ziel ist die Verwirklichung des Inhalts von drei Worten mit tiefen Inhalten:

- *Zuwendung*, mit der zentralen Funktion des gut verlaufenden Gesprächs: Wenn Eltern durch das Zuhören ihrem Kind »Gehör schenken«, beschenken sie es reichlicher als mit dem teuersten Geschenk – sie schauen direkt in die kindliche Seele mit all ihren Problemchen und Problemen! (Siehe auch Seite 171)

- *Zärtlichkeit*, mit zwei zentralen Inhalten:

  — *Ermutigung* durch Worte mit seelischer Heilkraft: »Du wirst es schaffen ..., ich vertraue dir ...!« als Worte mit seelischer Schubkraft für das Selbstvertrauen, beispielsweise bei Schulangst. (Warnung vor zerstörerischer Gewalt des Wortes: »Du taugst zu nichts ..., du bist ein Versager ...!«)

  — *Anerkennung:* verbunden mit anspornender Motivationshilfe: Mangel an (verdienter, angebrachter) Anerkennung ist Kränkung! Wenige Worte des Dankes, der Würdigung verschaffen seelische Kraft: »Das hast du gut gemacht ..., ich danke dir ... für deine Mühe.« Seelische Impulswirkung bei Kindern ist »Wir mögen dich ..., mach weiter so!« (Katastrophal dagegen: »Mit dir muss man sich nur schämen ..., du machst uns nur Kummer und Sorgen!«)

  — *Zeit:* Seinem Kind, seiner Partnerin, seinem Partner Zeit zu schenken ist höchster Grad menschlicher Bestätigung. Vorgeschobener, egoistischer Mangel an Zeit ist niemals durch 3 x »G« – durch Geld, Gold, Geschenke – ersetzbar!

Kinder sind auch hier gute Psychologen und erkennen rasch die Raffinesse eines Sichfreikaufens vom Geschenk der Zeit durch ein gekauftes Geschenk und wissen im Grunde: *Der »Teddy« ist kein Ersatz für den Daddy!* Und für den »Daddy«, der überhaupt keine Zeit für seine Kinder mehr übrig hat, gilt die Warnung: Oft war sogar die Berufskarriere des Vaters der Beginn der Drogenkarriere des Sohnes/der Tochter – aus einer »Kinderstube« kränkender familiärer Zuwendung wurde der Weg in die »Fixerstube« der Drogen-»Substitution« programmiert! (Siehe auch Seite 227ff.)

Auch ein weiterer Aspekt in der seelischen Entwicklung des Kindes darf nicht außer Acht gelassen werden, nämlich die

Wechselbeziehungen zwischen Familie und Schule.

Ein Kind mit seelischen Störungen aus dem familiären »Milieu« ist besonders anfällig für Schulprobleme: Je weniger dieses Kind mit seinem seelischen Lern-Handicap von seiner Lehrerin/von seinem Lehrer »verstanden« und zusätzlich von seinen Mitschülern gehänselt und missachtet wird, desto mehr werden Schulprobleme zur Ursache einer Verschärfung interfamiliärer Beziehungen – ein nicht enden wollender Teufelskreis. Im Schnittpunkt dieser krank machenden Problematik steht ein Kind in der Gefahr einer seelischen Krankheit. Dies ist allerdings nicht die alleinige Gefahr für die seelische Gesundheit eines schulpflichtigen Kindes. Es gibt auch einen falschen Zugang zum *Sinn* des Lernens durch den Kontrast von leben und lernen: *»Nicht für die Schule, für das Leben lernen wir!«*

Wäre dieses Grundgesetz schulischen Lernens Wirklichkeit, gäbe es solche Kontraste nicht. Es ist im Übrigen nicht nur der – so oft angeprangerte – schulische Leistungs- und Notendruck allein, der seelisch krank machen kann, sondern auch der Angst einjagende seelische Druck aus zu hoher Erwartungshaltung seitens der Eltern. Sie machen sich ihrerseits Sorgen um die Zukunft ihres Kindes, solange schon Bruchteile von Noten von schicksalhafter Bedeutung sein können. Hier ist jedoch die Beachtung einer Warnung angebracht:

Schulleistung ist nicht Lebensleistung!

Noch gilt hier das Grundgesetz der Lebenstüchtigkeit: »Ein gesunder Geist in einem gesunden Körper!« Die *Selbsthilfe* muss hier heißen: Nicht sinnlos pauken – auch an den Körper denken: Wir haben nicht nur einen Kopf, sondern auch Beine!

Die Missachtung dieser Regel rächt sich oft recht bitter: Denn der einsetzende Reflex der Selbstzerstörung kann so aussehen: Gescheit – gescheiter – gescheitert ...!

Kein einziger Weg der Suche nach den *wirklichen* Ursachen einer Anfälligkeit für seelische Störungen, Krankheiten durch eine Ich-Schwäche führt vorbei an der Hauptursache:

Tiefe Defizite im familiären Lernprozess der Selbsthilfe!

Auch wenn dieses Defizit in der frühkindlichen und weiteren kindlichen Entwicklung erst spät verspürt wird, darf dies nicht in den Weg der Resignation oder gar späten Hass gegen den Vater/gegen die Mutter münden. Dies wäre ein zusätzlicher Einstieg in die seelische Belastung! Befreiend, ohne verdrängen zu müssen, könnte die folgende Erkenntnis sein: Weder ein Vater noch eine Mutter haben absichtlich »etwas« falsch gemacht, allenfalls waren es eben Mängel in der Information über den besten Weg einer Erziehung, einer Begleitung des Kindes zu positiver seelischer Entwicklung.

Selbsthilfe ist ein neuer Zugang zur Kindheit!

Menschen, die noch Hemmschwellen im Umdenken zu überwinden haben, können die besinnlichen Worte des philosophierenden Dichters Friedrich Rückert (1788-1866) helfen – aus einer Zeit, als familiär alles noch »ganz normal« erschien: »Von deinen Kindern lernst du mehr als von dir. Sie lernen eine Welt von dir, die nicht mehr ist. Du lernst von ihnen eine, die nun wird und gilt ...«

Eine wertvolle Hilfe zur Selbsthilfe aus »der guten alten Zeit!« – eine wertvolle Hilfe aber auch zur Selbsthilfe im besseren Verstehen von Generationen untereinander!

4 Wer kann helfen?

Psychotherapie und andere Begleitung als Qual der Wahl

Das eigentliche Problem von Hilfen für Menschen in seelischer Not durch den Mitmenschen, den so genannten Fremdhilfen, ist nicht etwa ein Mangel an Möglichkeiten für diese Hilfen – ganz im Gegenteil: Das wirkliche Problem ist die unüberschaubare, verwirrende Vielfalt von Möglichkeiten der Hilfe: Mehr und mehr kommen Hilfsangebote für die kranke Seele auch aus Richtungen außerhalb der fachlichen Zuständigkeiten: Die Medizin, Psychologie, Psychotherapie bekamen »Konkurrenz«.

Der »Psycho«-Markt boomt.

Insbesondere die dynamische Ausbreitung der Esoterik ist in ihrer Wirkung, ihrem Erfolg und ihren Grenzen oft nur schwer objektivierbar. Immer mehr Zuwachs erhält der »Psycho«-Markt im Versprechen seelischer Hilfe aus Außenseitermethoden, für die es – trotz mancher gesundheitlicher Bedenken und Gefahren – noch keine wirksamen Vorschriften einer Qualitätssicherung gibt, geschweige denn gegen die oft mit verführerischer Art einhergehenden »Heilsversprechen«.

Zunehmend eskaliert die »Psycho«-Welle zur Gefahr, und zwar immer dann, wenn der Hilfesuchende vom Weg wirksamer Hilfe abgelenkt und wertvolle Zeit vergeudet wird – ein Irrweg mit gesundheitlichen Gefahren! Eine blockierende Kernproblematik für alle Arten psychotherapeutischer Fremdhilfe erhält eine brisante Aktualität, nämlich die

Verwirrung in der Wahl des »richtigen« Weges!

Alle diese Wege schildern zu wollen würde ein dickes Buch erforderlich machen, aber auch dann würden noch viele Fragen für die Wahl des »richtigen« Weges offen bleiben müssen: Selbst der erfahrenste »Seelenarzt«, der Psychotherapeut, ist außerstande, das Gesamtgebiet im Angebot seelischer Hilfen zu beherrschen – die Domäne ihrer Erfolge ist die Erfahrung, die sich jeweils auf übersehbare, bewährte Wege der Hilfe konzentriert. Im Vordergrund therapeutischer Aktualität und Wirksamkeit steht hier die *Psychotherapie* – ein griffig klingendes Wort, aber kompliziert in seiner Deutung: Es lässt zwar das Ziel der gegenwärtig umfassendsten Art seelischer Fremdhilfen erkennen, es sagt aber so gut wie gar nichts aus über das – alles entscheidende – WIE. Denn *»Psychotherapie« ist ein unverbindlicher Sammelbegriff.*

In wörtlicher Übersetzung ist sie eine »Behandlung der Seele«: Als D. Hack Tukes das Wort »Psychotherapie« im XVI. Kapitel seiner »Bemerkungen über den Einfluß des Geistes auf den Körper; Studien zur Klärung der Einbildungskraft« prägte (1872), konnte er die dynamische Entwicklung der Psychotherapie zu lebenswichtiger Hilfe für den seelisch Kranken nicht vorhersehen. Inzwischen hat die stetige Zunahme von methodischen Wegen, die als »Psychotherapie« wirken wollen/sollen, sich selbst eine Problematik ganz besonderer Art geschaffen.

»Psychotherapie« leidet unter methodischer Unübersehbarkeit

Daher können auch kein Arzt, kein Psychotherapeut das Gesamtgebiet beherrschen: Alle wollen gewiss das Gleiche, die Wiederherstellung seelischer Gesundheit, gehen dabei aber auf ganz verschiedenen, oftmals entgegengesetzten Wegen, die bisweilen im Nebel liegen und mitunter in Sackgassen landen. Je größer die gesundheitliche Not eines seelisch Kranken, desto mehr wird diese Problematik durch einen therapeutischen Misserfolg spürbar, denn:

Je weniger ein seelisch Kranker darüber informiert ist, sich – krankheitsbedingt – seinem gesundheitlichen Schicksal ergibt und deshalb auch keine Chancen der Selbsthilfe erkennt, desto größer ist für ihn die Gefahr, an eine »falsche Adresse« psychotherapeutischer Hilfe, an eine Außenseitermethodik zu geraten, denn nicht jede Art von Psychotherapie ist »harmlos«. In Extrembereichen ihrer Wirkung ist Psychotherapie durchaus auch vergleichbar mit gesundheitlichen Risiken einer Operation des Körpers.

Je mehr sie in die Struktur, in die Funktion einer Seele eingreift, umso seelisch spürbarer werden – um im Bilde zu bleiben – die Folgen einer missglückten »Seelenoperation« – mit schmerzenden Narben in der Seele, die ihrerseits wiederum seelische Behandlung erforderlich machen – ein Teufelskreis beginnt.

Von der elementaren gesundheitlichen Bedeutung bewährter psychotherapeutischer Methoden ausgehend, ist es erfreulich, dass es – nach etwa 25-jährigem Ringen – nun doch noch geglückt ist, der fachlich-kompetenten Hilfe für den seelisch kranken Menschen (per 1.1.1999) ein gesetzliches Fundament zu verschaffen durch das

Doch erst eine zukünftige kritische Bilanz in der praktischen Verwirklichung eines Gesetzes wird zeigen können, ob es die Erwartungen tatsächlich erfüllen kann. Eine wichtige Voraussetzung dafür wird auch sein, die davor gelegenen Hürden politischer und standesrechtlicher Meinungsdiskrepanzen überspringen zu können. Grundsätzliche Übereinstimmung aller für dieses Gesetz verantwortlichen Institutionen besteht jedoch in einem Punkt:

Es ist nicht nur wichtig, um der lebensnotwendigen Psychotherapie eine Absicherung gegenüber einem Missbrauch
durch gesundheitsschädliche Außenseitermethoden des stetig
boomenden »Psycho-Markts« zu verschaffen, sondern auch,
um der fachlichen Qualifikation »Psychotherapeut« den dringend notwendigen gesetzlichen Schutz zu geben. Aber auch
nach dem Inkrafttreten des Psychotherapeutengesetzes
(1999) werden viele seelisch Kranke weiterhin fragen müssen:

Welche Psychotherapie hilft mir am besten?

Auf diese Frage kann es keine einheitliche Antwort geben,
da es nicht nur wie erwähnt eine wachsende Anzahl psychotherapeutischer Hilfen, sondern auch recht unterschiedliche,
gar kontroverse Beurteilungen ihrer Wirkungen gibt! Sie machen es unmöglich, allgemein verbindliche Qualifikationen
vorzunehmen. Im Übrigen: *Die* Methode, die dem einen
geholfen hat, muss nicht unbedingt von gleicher Wirkung bei
einem anderen Kranken sein! Im Zentrum erfolgreicher Hilfe
steht jedoch immer die gut funktionierende Beziehung Therapeut – Patient/Klient! Aus dem großen Angebot bekannter
und auch erfolgreicher psychotherapeutischer Hilfen sei eine
vom »Papst der Verhaltenstherapie«, H.J. Eysenck (1916-
1997), dem Gründer des Londoner Maudsley-Hospitals,
entwickelte Methode genannt:

• *Die Verhaltenstherapie* – eine ideale Brücke zur Selbsthilfe!
  In ihrem Wesen beruht sie auf einem einleuchtenden Prinzip der Lerntheorie: Wenn man »gelernt« hat, etwas *falsch*
  zu machen, kann man auch lernen, es nicht mehr zu machen
  – bzw. es richtig zu machen! Es handelt sich also um eine
  Veränderung *fehl* gesteuerten Denkens.

Ein noch neuerer, offensichtlich aber ebenfalls zukunfts-
trächtiger Weg – Verhaltenstherapie mit einbeziehend – ist das

• *Neurolinguistische Programmieren (NLP)*. Die in den USA
  entwickelte Methode beinhaltet eine Mischung wirkungs-
  voller Elemente: von der Hypnose über die Verhaltensthe-

rapie und Autosuggestion bis zur Gestalt- und Familienthe-
rapie. *Neuro* ... besagt, dass alles Seelische auf Reizen,
Reaktionen der »Nerven« (Psyche und vegetatives Nervensystem) beruht, *linguistisch* weist auf den helfenden, heilenden Weg über die »Lingua«, die Zunge hin – in Bezug auf
das Sprechen.

Das »Programmieren« will *krank machende Denkmuster
schnell und dauerhaft verändern*, beispielsweise die gedanklich
fixierten, verbal geäußerten Ausreden: »Ich tauge zu nichts ...,
es ist ja doch alles nur Schicksal ..., ich bin zu dumm ..., ich
bin hässlich ..., ich mag mich nicht ...«, ich kann nicht ...« –
solche Selbstsuggestionen und insbesondere die »Ich-kann-
nicht-Krankheit« sind prägend für die Persönlichkeit: Sie programmieren durch verbale Angriffe auf das Selbstwertgefühl
bzw. über die Schwächung seelischer Immunkräfte den Einstieg in eine der zahlreichen psychosomatischen Krankheiten
(siehe auch Seite 175).

Doch gerade in diesen Bereichen liegen erfolgversprechende
Chancen einer Hilfe zur Selbsthilfe durch das NLP, das the-
rapeutisch breitflächig abdeckt und mit der zentralen Funktion
der heilsamen Wirksamkeit des Wortes seine Überlegenheit
gegenüber dem chemischen Therapeutikum »Medikament«
demonstriert.

Aber auch hier gilt – wie bei allen Hilfen – *das Gesetz der
Grenzen von Fremdhilfen*: Erfolge aller Arten von »Psychotherapie« (was immer man darunter verstehen will), die den Weg
zur Selbsthilfe bahnen, können letztes Endes nur so gut und
erfolgreich sein wie das, was der Mensch bereit ist, an heilender
Kraft in sich entfalten zu lassen.

Trotz stetig boomender Psychowelle – oder gerade wegen
dieser chaotisch wirkenden Unübersichtlichkeit? – bleiben für
so manchen erfolglos behandelten seelisch Kranken viele Wünsche offen bzw. unerfüllt: Nach oft jahrelanger erfolgloser
Behandlung des seelischen Leidensdrucks, mit zunehmender
Rat- und Hilflosigkeit, fragt sich gar mancher enttäuschte Kran-

ke (in Anlehnung an einen Text von Franz Silcher aus der »Deutschen Messe«): »Wohin soll ich mich wenden, wenn Gram und Schmerz mich drücken?« Ja, an *wen* wohl? *An den Arzt?* »Ach, der hat doch keine Zeit ..., immer schaut er auf die Uhr ..., läutet das Telefon ...!« *An den Psychiater?* »Ich hab's doch nicht im Kopf ..., ich bin doch nicht verrückt ...!« *An den Psychotherapeuten?* »Ich bin doch kein Fall für die Couch ...!«

Der häufige Arzt- und auch Therapeutenwechsel von Menschen in seelischer Not muss bedrücken, da er zunehmend eine Tendenz zur Flucht in gesundheitlich problematische »Außenseitermethoden« provoziert, oft in die Flucht vor sich selbst. Doch die raue Wirklichkeit von Erfolgschancen psychotherapeutischer Hilfen zwingt zum kritischen Nachdenken, auch über die *Nebenwirkungen der Psychotherapie*. Denn die gibt es eben nicht nur bei der Vielfalt von Psychopharmaka. Art und Umfang der Nebenwirkungen stehen in enger Beziehung sowohl zur fachlichen Qualität des Psychotherapeuten, seiner Ausbildung und Erfahrung, als auch zur »Compliance« – der Mitarbeit des Patienten/Klienten. Im Extremfall könnte die Warnung bei einer »falschen« Psychotherapie am »falschen«, fehldiagnostizierten Patienten lauten:

Lieber keine Psychotherapie als eine schlechte!

Außerdem gilt es zu bedenken, dass es unter Umständen auch im Umfeld eines Menschen Begleiter gibt, die in Zeiten seelischer Not Unterstützung geben können mit der Maxime: *»Wer heilt, hat Recht!«* Denn im eigentlichen Sinn des Wortes ist jeder Mensch, der einem anderen hilft, ein »Psychotherapeut«. In diesem Bereich der helfenden Laien, die bisweilen mehr Heilerfolge haben können als »professionelle« Therapeuten, befinden sich:

Der Amateur-»Psychotherapeut« – ein Naturtalent!

Er verfügt zwar weder über ein Fachstudium noch über einen Praxisraum, aber über ein »Herz« helfender menschlicher Zuwendung und verwirklicht das Grundgesetz jeglicher

Hilfe: »*Der Mensch ist des Menschen beste Medizin!*« Dort findet man, um nur einige Beispiele zu nennen:

- *Die Mutter, den Vater,* die trotz »Stress« mit »viel zu viel um die Ohren ...« ihrem Kind durch Zuwendung *und* Zeit glaubhaft zu erkennen geben: »Wir mögen dich«;
- *die Erzieherin im Kindergarten,* die einem ängstlichen, scheuen, sensiblen Kleinkind hilft, sich im Rahmen der »Hackordnung« besser durchzusetzen;
- *die Lehrerin, den Lehrer,* die durch Ermutigung, Anerkennung einem von Schulängsten geplagten Schulkind helfen, Lernhindernisse (Konzentrationsstörungen, Denkblockaden) loszuwerden und Prüfungsängste zu verlieren;
- *die Nachbarin,* die einer überforderten, depressiven Mutter im Haus nebenan die Ermutigung schenkt: »Ich verstehe Sie ..., ich helfe Ihnen!«;
- *die Krankenschwester, den Krankenpfleger,* die trotz knapper Zeit aber doch Zeit »finden«, sich Zeit nehmen für ein Gespräch der Zuwendung am Krankenbett;
- *den Altenpfleger, die Altenpflegerin,* die durch das Drücken der Hand mit einem verstummten, sprachgelähmten Menschen »sprechen« – seine Isolationsängste mildern.

Mit seiner ihm eigenen Sprache kann der Volksmund derartige und eine Vielzahl anderer »psychotherapeutischer« Hilfen gut begreifbar, glaubwürdig machen. Ein typisches Beispiel möge hier für die anderen stehen (wir sagen es oft und denken nicht viel dabei): »*Ich möchte ihm oder ihr den Rücken stärken ...*« Wir meinen damit den Rücken eines Menschen, dem man »ständig in den Rücken fiel«, hinter dessen Rücken hinterhältig getuschelt, intrigiert wurde, der nun wehr- und hilflos »mit dem Rücken zur Wand« steht – und unter Rückenschmerzen leidet, hier in Bestätigung eines psychosomatischen Gesetzes: *Von der seelischen zur muskulären Verspan-*

nung! Da helfen keine Massagen des Körpers, sondern »Seelenmassagen«, die so heißbegehrten, hochwirksamen »Streicheleinheiten« durch Zuwendung im helfenden, im heilenden Wort!

Der psychotherapeutische »Laienhelfer« erhält das »Honorar« für seine Hilfe, die auch Heilung sein kann, nicht materiell, denn für diesen Dienst am Menschen gibt es (noch) keine »Gebührenordnung«. Sein Honorar ist ein viel wertvolleres Geschenk, das von dem Psychoanalytiker Erich Fromm folgendermaßen bezeichnet wurde: »Dem Helfenden wird selbst geholfen!«

Die dritte Säule im Rahmen der Möglichkeiten von »Fremdhilfe« heißt:

Selbsthilfegruppen.

Sie erfreuen sich immer größerer Beliebtheit und sind zunehmend gemeindenäher lokalisiert. Die Chancen, sich unter fachlicher Begleitung mit Menschen treffen, sprechen und aussprechen zu können, ist eine Hilfe in der Vielfalt von seelischen Nöten, Krankheiten, die zu neuer Orientierung, zu Hoffnung, zu neuen Wegen zur Befreiung aus bisherigen Irrwegen und zum Durchhalten motiviert. Hier wird eine alte psychotherapeutische Weisheit des Volksmundes in die Tat umgesetzt: *»Geteiltes Leid ist halbes Leid!«* Oft kommen überhaupt erst aus diesen Bereichen Erkenntnisse, Impulse und Anregungen, Selbsthilfe für sich selbst zu verwirklichen. Eine wichtige Funktion im Rahmen von »Fremdhilfen« haben auch trotz vieler strittiger Punkte:

Medikamente als Öffnung zur Selbsthilfe.

Je mehr es gelingt, den besten Weg zwischen optimaler Wirkung und minimaler Nebenwirkung zu finden, umso größer ist ihre Bedeutung in der Kette von Fremdhilfen!

Eine wertvolle Orientierungshilfe gab uns auch hier Ch.W. Hufeland (1762-1836). Er mahnt: »Unsere Arzneimittel sollten Lebensmittel sein, unsere Lebensmittel Arzneimittel ...«

Die Orientierung daran kann eine *Starthilfe zur Selbsthilfe bei seelischen Störungen* sein. In ganz besonderer Weise trifft dies für den Einsatz von Psychopharmaka und Medikamenten nach »Maß« zu. Doch den richtigen Zeitpunkt medikamentösen Rückzugs zu finden, um den Weg zur Selbsthilfe zu öffnen, ist wichtiger Teil ärztlicher Kunst! *Warnung vor einem gefährlichen Reflex:* Von der Verwöhnung zur Gewöhnung, etwa nach der Devise:»Hast du was, nimm doch was ..., warum unnötig leiden ...?« – oft mit viel zu später Reue durch Folgen einer *Flucht in die Sucht*, in die Blockade der Selbsthilfe: Vergleichbar der Aufnahme eines Geldkredits, ohne sich über die Rückzahlungsmodalitäten im Klaren zu sein. In beiden Fällen droht der Bankrott, finanziell oder – gesundheitlich! Demzufolge lautet die Erkenntnis:

Selbsthilfe ist notwendiger denn je.

Dies geht einher mit der Entschlossenheit, Selbsthilfe zu lernen, sie zu trainieren, um sich von schmerzenden Fesseln der Seele zu befreien. Dabei kann man sich jeweils an dem Grundgesetz für den Erfolg von Selbsthilfen orientieren: *Selbsthilfe ist das Zusammenspiel mehrerer Wege!*

Es handelt sich eben nicht – wie oft irrtümlich angenommen wird – um eine einzelne Spezial- oder Außenseitermethode, die den Durchbruch zu seelischer Gesundheit erzielt: Nein, nur die Harmonisierung einer Vielfalt von Selbsthilfen (siehe vor allem Kapitel 6) kann zu diesem Ziel führen. Der Weg beginnt stets mit dem wohl Schwersten, nämlich mit dem

Entschluss zur Selbsthilfe – Start in ein neues Leben!

Für die Verwirklichung dieses Entschlusses müssen allerdings auch Opfer gebracht werden: Es heißt Abschied nehmen von so manchen Bequemlichkeiten, vom chaotischen Umgang mit der Gesundheit, von der Missachtung gut funktionierender zwischenmenschlicher Beziehungen! Das folgende Kapitel geht auf diese unumgänglichen Voraussetzungen näher ein.

5 »Ich will mich ändern – damit es **anders** wird!«

»Ich weiß nicht, ob es besser wird, wenn es anders wird, aber so viel kann ich sagen: Es muss anders werden, wenn es gut werden soll ...!« Dies ist ein prophetisch-warnender Appell des Philosophen G.Chr. Lichtenberg (1742-1799) mit brisanter Aktualität für unsere Gesellschaft, für jeden Menschen, der in dieser Gesellschaft lebt; ganz besonders aber für immer mehr Menschen, die sich in zunehmender Anonymität und sozialer Kälte nicht angenommen, geborgen – nicht verstanden fühlen; jene Menschen, die sich mit ihrem zu schwachen Ich so schwer tun, auf dem Weg durchs Leben sich aus Verirrungen und Sackgassen zu befreien und dadurch seelisch leiden. Sie spüren wohl, dass es »anders« werden muss, wenn es ihnen »gut« gehen soll. Sie meinen aber, nicht die seelische Kraft zu haben, um dies verwirklichen zu können, und versuchen es deshalb gar nicht erst. Sie ergeben sich ihrem vermeintlichen Schicksal – die befreienden Chancen durch das Verlassen seelisch zerstörerischer Wege bleiben dabei ungenutzt, aber:

Das Sichändern ist Spurwechsel zum besseren Ich.

Es ist die Chance, die jeder Mensch jederzeit nutzen kann. Oft bildet das größte Hindernis für diesen Spurwechsel ein Mangel an Information über die Bedeutung, aber auch über die Notwendigkeit des Sichänderns und die dadurch bedingte fehlende Motivation.

Sich ändern ist sicher der schwerste, aber zugleich der wichtigste Weg, um aus seelischen Belastungen durch erkannte Schwäche und Vermeidung von Fehlverhalten herauszukommen. Der Weg des Sichänderns ist auch hier das Ziel spürbaren Erfolgs, durch rettende Umkehr auf Wegen, die man nun selbst als falsch erkannt hat, aus Verirrungen in der positiven Gestaltung des Lebens und im konfliktanfälligen Umgang mit den Mitmenschen. Da helfen keine »Pillen«, helfen kann hier nur der Entschluss: »Ich will mich ändern!«

Manche Menschen haben keinerlei »Bock«, sich zu ändern.

Sie möchten ihren selbstgebastelten Käfig scheinbarer »Normalität« und Problemlosigkeit, der sie – mitsamt ihren spürbaren Schwächen und (schlechten) Gewohnheiten – nach außen abschirmt, nicht verlassen. Dort wollen sie weiter wohnen und im eigenen Saft »schmoren«, geschürt durch eine unbewusste Angst, was eine Änderung alles so an Unbequemlichkeiten, Umstellung, Verzicht auf »lieb«-gewordene Gewohnheiten und Abhängigkeiten (einschließlich der Droge »Fernsehen«) mit sich bringen könnte.

Gar mancher davon Betroffene fasst zumindest an jedem Silvesterabend den Vorsatz, sich zu ändern (»Im neuen Jahr werde ich das aber anders machen!«), um nach wenigen Tagen doch wieder im alten Trott zu landen: Von Spurwechsel keine Spur! Mit immer wieder »guten Vorsätzen« im Verlauf des Jahres versucht man, sich einigermaßen »über Wasser« zu halten – bis einem dann doch wieder das Wasser »bis zum Halse« steht. Diejenigen, die sich davon betroffen fühlen, leiden unter einer Schwäche, von der sie sich zuallererst befreien müssten, wenn es ihnen auch seelisch gut gehen soll, aber:

Es ist leichter, andere Menschen zu ändern als sich selbst.

Hier handelt es sich um eine offenbar alte menschliche Unzulänglichkeit, auf die schon vor etwa 2000 Jahren (Römerbrief 2,22) hingewiesen wurde: *»Du belehrst andere Menschen, dich selbst belehrst du nicht!«*

Wiederum andere Menschen wollen unbedingt »Gott und die Welt« verändern (ehrenamtliches Engagement in sozialen Diensten, Umweltverhalten u.a.) und vergessen dabei, erst mal bei sich selbst anzufangen. Ein chinesisches Sprichwort warnt:

»Bevor du darangehst, die *Welt* zu verändern, gehe dreimal durch dein eigenes Haus ...!«

Für jeden Menschen, der entschlossen ist, durch Veränderung seiner bisherigen Verhaltens- und Lebensart seine Lebenssituation zu verbessern, wird erkennbar, dass jedes Ändern bei ihm selbst anfangen muss – das ist nicht einfach. Irgendwann, irgendwie machen aber immer noch zögernde Menschen Grenzerfahrungen, die sie zum Sichändern zwingen! Man ist festgefahren in einer zwischenmenschlichen Beziehung, im beruflichen, geschäftlichen Leben – es bewegt sich nichts mehr: Man spürt Ablehnung, Verachtung, Verluste im Ansehen als Mensch, verliert Achtung vor sich selbst. Man ist »am Ende« und rettet sich in die Formulierung: »So kann es mit mir nicht weitergehen ..., es muss etwas geschehen ..., ich muss mich ändern ..., um aus diesem seelischen Loch ..., aus dieser festgefahrenen Situation herauszukommen!« Doch trotz guten Willens wird spürbar:

Das Schwerste am Sichändern ist der Anfang!

Aber auch hier ist – wie bei allen Entschlüssen, die wir in problematischen, akzentuierten Lebenssituationen treffen (wie zum Beispiel beim Entschluss, sich für Fehlverhalten zu entschuldigen) – der erste Schritt der alles entscheidende! Der Volksmund verhilft zur Motivation: *»Auch die längste Reise beginnt mit dem ersten Schritt ...«*

Wem dies noch nicht genügt, kann sich zusätzliche Impulse für seinen Entschluss des Sichänderns von dem griechischen Philosophen Aristoteles (384-322 v.Chr.) geben lassen: *»Der Anfang ist die Hälfte des Ganzen.«*

Immer wieder wird aber auch ein anderer Umstand erkennbar, der trotz aller Bemühungen auftritt:

Es gibt Grenzen im Erfolg des Sichänderns.

Dies ist nicht unbedingt im Sinne einer Verdrängung gemeint (»glücklich ist, wer vergisst, was nicht zu ändern ist«), sondern im bewussten Erkennen der Grenzen von Möglichkeiten. Wer das schafft, kann sich nun auf das realistische Bestreben konzentrieren, »das Beste« daraus zu machen. Wichtige Hilfestellungen für diese Selbsthilfe kommen aus der Kraft des positiven Denkens (siehe dazu Seite 82ff.). Es muss ja auch nicht immer gleich der »große Durchbruch« sein; oft gibt es einen anderen ebenso hilfreichen Weg:

Sich ändern durch den Weg der »kleinen Schritte«.

Auch hier ist der Volksmund wiederum ein verständnisvoller Helfer und Berater – er beruhigt und ermutigt zugleich: »Rom ist auch nicht an einem Tag erbaut worden ...« Sich daran orientierend, fällt die Verwirklichung eines guten Vorsatzes nicht mehr ganz so schwer, immer auch davon ausgehend, dass alles, was man wirklich ändern *will*, auch machbar ist. Je mehr dafür eine echte Motivation, das heißt die Voraussetzung für eine entsprechende Entschlossenheit, vorhanden ist, umso eher, umso leichter wird das Sichändern gelingen!

Ein Beispiel ist der Verzicht auf das Rauchen mit der Motivation: »Ich bin entschlossen, etwas für meine Gesundheit zu tun!« Dieser Weg positiver Formulierung macht es leichter, auf das tägliche Rauchen zu verzichten, als sich widerstrebend dem selbst auferlegten Verbot zu unterwerfen! Das Beispiel möge modellhaft für alle anderen Wege stehen, sich von erkanntem Fehlverhalten im Umgang mit der Gesundheit, mit den Mitmenschen zu befreien, aber auch hier gilt das Grundgesetz erfolgreichen Sichänderns:

Der »gute Vorsatz« ist nur so gut wie seine Verwirklichung!

Oft wird allzu spät erkannt: Für die Entschlossenheit, sich zu ändern, um dann einen neuen, einen besseren Weg durch sein Leben gehen zu können, gibt es keinen Ersatz. Jeder noch Zögernde, Zweifler muss sich von Hippokrates (ca. 460-375 v.Chr.), dem größten Arzt der Medizingeschichte, belehren und helfen lassen: »Wenn du nicht bereit bist, dich zu ändern, dann kann dir auch nicht geholfen werden!«

Und wer nun immer noch davon überzeugt ist, sich keinesfalls ändern zu müssen und so bleiben zu können, wie er ist, spürt eine bittere Weisheit des Volksmunds: »Wer glaubt, etwas zu sein, hat aufgehört, etwas zu werden.« Er bringt ein hohes Opfer, nämlich den Stillstand des Lebens aufgrund der *Unfähigkeit, sich zu ändern – durch Flucht in die Ausrede:* »Morgen werde ich mich ändern – gestern wollte ich es auch tun ...«: Wer so spricht, wird sich nie ändern!

Entscheidend für den *Erfolg* ist nicht allein, *dass* man sich ändert, sondern *wie* man etwas ändert, um den seelisch befreienden Zugang zu einem *neuen* Weg zu finden. Ihn muss man dann auch gehen – mit einer Grenzmarkierung, die beruhigt: Vollkommen kann man nie werden – aber ständig besser!

6 Lernprogramm der Selbsthilfe

»Lernen ist schwimmen gegen den Strom ..., nur tote Fische können das nicht ...!« Diese Warnung eines chinesischen Sprichworts zwingt jeden Menschen, der in der Bewältigung seines Lebens »am Rande« angelangt ist, der dringend Hilfe für seinen seelischen Leidensdruck sucht, zum Handeln – auch wenn dies noch so schwer fallen mag, denn: Wer es nicht lernt, sich selbst zu helfen, »geht den Bach runter ...« – eben wie ein toter Fisch! Zur Rettung aus einer Vielfalt von Gefahren für die seelische Gesundheit und für das Leben gibt es keine Alternativen. Trotz vielversprechender Hilfsangebote eines unaufhaltsam ausufernden, zum Teil dubiosen »Psycho«-Marktes, trotz aller Verlockungen in eine Vielfalt von Fluchtwegen zwingt eine oft bittere Erfahrung durch vergebliches Hoffen auf Hilfe zur Verwirklichung des Grundgesetzes seelischer Selbsthilfe:

»Hilf dir selbst – es hilft dir doch keiner!«

Diese warnenden Worte des Volksmunds klingen zwar hart – sie spiegeln jedoch die Realität unseres Lebens wider. Mit ihrer Ehrlichkeit sind sie direkt lebensnotwendig, sogar lebensrettend! Oft führen sie erst nach so mancher Enttäuschung zur Erkenntnis, welche Bedeutung seelische Selbstheilungskräfte haben, die von Fremdhilfe – mögen sie noch so gut gemeint, noch so erfolgreich gewesen sein – nicht erwartet werden können. Gewiss – helfen wollen bei seelischem Leid viele Menschen, oft zu sehr, auch durch zumeist recht schädliches »Mitleid«: »Sie tun mir direkt Leid ..., in Ihrer Haut möchte ich auch nicht stecken ...!« Dass solche Kommentare keinerlei Hilfe sein können, liegt auf der Hand. Denn sie ergehen sich im Lamento, statt Lösungen aufzuzeigen, die dem anderen wirklich weiterhelfen.

Spürbar wird in der Hilfe durch Nächstenhilfe aber auch ein Wandel zur EGAL- und EGO-Gesellschaft.

Sie beinhaltet Gleichgültigkeit, in welcher einem auch menschliches Leid »egal« sein kann; eine Gesellschaft, in der es immer weniger »gute Menschen«, aber immer mehr »bessere Leute« zu geben scheint – und die den Rückzug aus der Selbstverständlichkeit menschlicher Hilfsbereitschaft für den Nächsten spürbar macht.

Aber auch unabhängig von dieser Bremswirkung spontaner Hilfsbereitschaft stößt Fremdhilfe mit ihrer ganzen Bandbreite – von der kaum mehr übersehbaren Vielzahl von Beratungsstellen über Psychotherapie bis hin zur Krisenintervention in extremer seelischer Not – an die Grenzen ihrer Wirksamkeit. Nachteilhaft spürbar werden hier auch Kontraste fachlich-kritischer Einstellung zur Qualitätssicherung seelischer Hilfen bzw. ungebührlichen »Gebührenordnungen«, die den seelisch Kranken »über Gebühr« materiell belasten. Aber auch im Falle optimaler seelischer Fremdhilfe sind die genannten Grenzen des Erfolgs markiert, denn:

Fremdhilfe kann wohl helfen – Selbsthilfe aber heilen!

Sinnbildlich ist Fremdhilfe vergleichbar der gut gemeinten Hilfestellung beim Anziehen eines Mantels, bei welchem sich der Arm im Mantel »verwurstelt« hat und der Eingang in den Ärmel einfach nicht zu finden ist – bis man den Mantel dann doch lieber selbst anzieht! Es ist schon so: Ein noch so großes Engagement für einen anderen, vor allem für Menschen in seelischer Not, endet zumeist am »Knackpunkt« des eigentlichen Durchbruchs zum angestrebten Ziel – denn dieses Ziel lässt sich nur durch Selbsthilfe erreichen. Es ist jener alles entscheidende Punkt, der zur Heilung führen kann, aber die Aktivierung der Selbstheilungskraft voraussetzt.

Hier ist es aber nicht – wie irrigerweise oft vermutet wird – diese oder jene Spezialmethode – sei sie auch noch so hoch gepriesen, trage sie einen noch so wohl klingenden Namen –, die für sich allein zum Erfolg seelischer Heilung führen könnte: Nein, es ist das Zusammenwirken einer Vielzahl von Wegen der Selbsthilfe, die sich im angestrebten Ziel ihrer Wirkung, nämlich in der Seele, im Gemüt treffen und von dort aus die Immunheilkraft der Seele durch Selbsthilfe programmieren.

Wege zu diesem höchsten Ziel seelischer – und damit auch körperlicher – Gesundheit, zur positiven Lebensqualität, wollen nachfolgend zwölf Schwerpunkte für lebenswichtige Selbsthilfen weisen – mit absoluter Vorfahrt für den ersten Weg. Er ist die Wegbereitung für alle Wege der Selbsthilfe.

Entspannung der Seele – Das Ich-Gleichgewicht

»Sei barmherzig zu deinem vegetativen Nervensystem – es wird dich reichlich belohnen: durch Entspannung an Seele, Geist und – Körper ...!« So etwa könnte man – etwas verallgemeinernd – das wirksamste Ziel aller Wege, die zur »Entspannung« führen sollen, beschreiben – sich orientierend am römischen Philosophen Seneca (4 v.Chr.-65 n.Chr.) mit seinem Leitmotiv für den Weg zur Entspannung: »Das höchste Gut ist die Harmonie der Seele mit sich selbst ...!«

Diese Harmonie der Seele ist ihrerseits abhängig vom Wechselspiel zwischen »Vagus« und »Sympathikus«, der gar nicht immer so »sympathisch« ist, wenn dieses Wechselspiel des vegetativen Nervensystems aus den Fugen geraten ist (»Herzjagen«, Bluthochdruck ...) – die Entspannung ist gestört! Nur dann, wenn Vagus und Sympathikus sich untereinander im Gleichgewicht befinden, bekommen wir dies positiv zu spüren – und zwar durch das Geschenk der »Entspannung« – dem Auftanken der Seele! Bedingung dafür ist aber die »Harmonie der Seele mit sich selbst ...«. Von ihr bekommt das vegetative Nervensystem die Impulse für die Art ihrer Funktion.

Aus dieser Abhängigkeit des vegetativen Nervensystems von der »Laune« der Seele ergibt sich zugleich – ganz zwangsläufig – auch der wichtigste Ansatzpunkt für den zur Entspannung führenden Zugang des vegetativen Nervensystems. Es handelt sich um die Schlüsselfunktion einer Harmonie der Seele! Diese Harmonie ist keine Selbstverständlichkeit – sie stellt an jeden Menschen, der in ihren Genuss kommen will, Anforderungen. Unter der Vielzahl von Wegen, die zu diesem Ziel führen, sollen im Folgenden zwei besonders bewährte Methoden von Selbsthilfen zu seelisch-körperlicher Entspannung hervorgehoben werden.

Meditation – Weg zur Mitte des Ichs

»Ich weiß nicht mehr, wo mir der Kopf steht ..., mein Gedächtnis ist wie ein Sieb ...!« Menschen, die so oder ähnlich klagen, müssen wissen: Jedes konzentrierte Denken und seine Speicherung im Computer »Gehirn« geht auf Kosten einer Vielfalt von gedanklichen Ablenkungen aus der Umwelt: Alles, was man widerstandslos zu sehen, was man unkontrolliert zu hören bekommt, besetzt dringend benötigte Speicherungsplätze im Gehirn. Je mehr zusätzliche Ablenkungen durch Hektik, Stress oder Ärger wirksam werden können, umso mehr wird diese Speicherungsfunktion gestört. Je mehr negative Gedanken »zugelassen« werden, umso kleiner wird – ganz zwangsläufig – der Raum für positive, lebenswichtige Gedanken und drückt die Qualität wirklichen »Erlebens«.

Menschen, auf die dies zutrifft, leben an der Oberfläche ihres Lebens. Gewiss, sie »erleben« scheinbar viel, sie sehen viel, sprechen mit vielen Menschen, der Auslöscheffekt »Ablenkung« verhindert jedoch jede Art der Speicherung von Wahrnehmungen im Gehirn – die Mitte des Lebens liegt im Dunkeln! Gegen diese sich oft dramatisch auswirkenden Einbußen im bewussten Wahrnehmen und für das »Behalten« durch konzentratives Denken gibt es eine wirksame Möglichkeit:

Sie ist ein hochkarätiges seelisches Arzneimittel, ein nebenwirkungsfreier »Tranquilizer«, für den es auch keinen chemischen Ersatz gibt! Nicht ganz so einfach ist es jedoch, Sinn und Methodik dieser Art von Selbsthilfe zu erfassen – sie für sich optimal zu verwirklichen. Und oft genug müssen wir die Vorstellung von dem, was »Meditation« in Wirklichkeit ist, korrigieren. Denn: Es gibt nicht *die* »Meditation«, sondern viele Wege führen dorthin.

Diese Wege kommen aus ganz verschiedenen Richtungen – sie sind teils psychologisch, philosophisch, weltanschaulich, teils medizinisch, religiös, teils kreativ geprägt. Alle sind erfolgreich und »gut«, wenn sie helfen, den eigentlichen Ursprung von »Meditation«, des lateinischen Wortes »meditatio«, das »Nachdenken über etwas ...«, zu erfüllen; Nachdenken hier auch im Sinne des französischen Philosophen René Descartes (1596-1650):

»Cogito ergo sum ...« – »ich denke, also bin ich!«

Unter dieser Voraussetzung können wir das Ich finden, es auch in die Mitte des Fühlens, Wollens und Handelns stellen – über konzentratives Sichsammeln, Übereinstimmung mit sich selbst, »Abschalten« von Hektik, Stress, Medienflut, um nach innen, in Richtung »Seele« schauen zu können. Meditation birgt deshalb ein Geschenk für die seelische Gesundheit.

»Mein Gott, wie die Zeit dahinrennt ..., ich komme doch rein zu gar nichts ..., wer bin ich eigentlich?« Jeder, der verführt durch Hektik und Stress so klagen muss, »lebt« nicht im eigentlichen Sinne – er wird »gelebt«, er lebt am Leben vorbei und wird sich selbst fremd. Im Glücksfall findet ein davon Betroffener den Zugang seelischer Befreiung durch den Weg der Meditation, zu welchem ein wissenschaftlicher Meditationskenner, Vladimir Saturna (in *Christ in der Welt*, 26.8.1983), eindrucksvoll zu überzeugen, zu motivieren versteht: »Als eindeutig erwiesen kann man, in Übereinstimmung mit allen Schulen, zu den Auswirkungen der Meditation größere Gelassenheit, innere Ruhe, besseres Selbstverständnis, Befreiung von Verklemmungen, größere Sensibilisierung in Bezug auf die gesamte Wirklichkeit und einiges mehr, was in diese Richtung geht, zählen ...«

Dazu könnte dann auch jene Wirkung von Meditation zählen, die der Therapeut und profunde Kenner der Zen-Meditation Karlfried Graf Dürckheim hinterließ:

Meditation als »Transparenz zur Transzendenz«!

Immer ermöglicht Meditation das Anhalten scheinbar »davonlaufender Zeit«. Für eine Zeit lang sich für die Zeit öffnen, sie als Geschenk wahrnehmen zu können. Sich nun selbst – schweigend – auszuhalten, ohne gleich unruhig zu werden! Höchstes Ziel aller Wege, die zur Meditation führen, ist der seelisch befreiende Weg von der gedanklichen »Wüste« zur »Oase« gesunden Denkens!

Vor Enttäuschungen in der Selbsthilfe durch Meditation kann man sich allerdings nur dann bewahren, wenn man sich bewusst ist, dass Meditation allein nicht ausreicht, um »einen Menschen besser zu machen ...!« (Vladimir Saturna, 1983). Meditation operiert daher auch mit der Einübung von Gelassenheit und Bewusstmachen des Unbewussten, nicht aber mit der Einübung anderer wünschenswerter Haltungen! Damit sind der Meditation Grenzen für jene Erwartungshaltungen gesetzt, die sie nicht erfüllen kann, aber:

Meditation ist Wegbereiterin für weitere Selbsthilfen!

Ja, oft schafft sie erst die Voraussetzungen für die Wirksamkeit von Selbsthilfen; in ganz besonderer Weise gilt dies für den Weg des »positiven Denkens« (siehe auch Seite 82ff.). Doch für viele Menschen, die Meditation als Selbsthilfe für sich verwirklichen wollen, bereitet das größte Problem, die beste Methode für sich zu finden. Die kaum mehr übersehbare Fülle von Angeboten für Meditation wirkt dabei verwirrend, wobei dieser Name mitunter auch missbräuchlich verwendet wird und oft zu enttäuschenden »Erfolgen« führen kann. Es gibt hier nicht – wie bei Medikamenten – einen »Beweis« der Wirksamkeit durch »Qualitätssicherung«.

Ganz allgemein kann man nur sagen: Jede Methode, die das angestrebte Ziel meditativer Selbsthilfe, die Fähigkeit des »Nachdenkens über etwas ...«, mit dessen Verwirklichung im konzentrativen Denken aus der Mitte des Ichs heraus erreicht, ist »Meditation« – in des Wortes wahrer Aussage; und zwar immer dann, wenn »Meditation« zur »Medikation« wird, zu einem hochwirksamen »Medikament« für die Seele: Seien es die Bildmeditation, die Musikmeditation, die Schweigemeditation, die Gesprächsmeditation, Symbolmeditation, Tanzmeditation, Meditation durch Kreativität (zum Beispiel Töpfern, Ikebana etc.), Lesen, Tagebuch schreiben, ja – auch der Spaziergang in schöner Landschaft, das Verweilen auf einer Bank am rauschenden Bach sind Wege zur Meditation. Doch mitunter wird hier ebenfalls – wie bei der Behandlung einer Krankheit mit Medikamenten – krankes Anspruchsdenken spürbar: »Was nichts kostet, kann auch nichts wert sein ...« – ein Irrtum, der gar oft sogar die Gesundheit »kosten« kann!

Autogenes Training – Harmonie mit dem Ich

»Einmal alles geschehen lassen und wissen, was geschieht, ist gut ...!« Eindrucksvoller als mit diesen wenigen Worten Rainer Maria Rilkes (1875-1926) lässt sich der eigentliche Ursprung der Entspannung von Seele und Körper als idealer Weg der Selbsthilfe durch das »Autogene Training« nicht beschreiben: Als der Berliner Arzt J.H. Schultz (1880-1970) in einem Vortrag für Ärzte über »Autogene Organübungen« berichtete (1926), leitete er in der Tat eine segensreiche Entwicklung seelischer Selbsthilfe ein, die sich – völlig zu Recht – nach wie vor größter Beliebtheit erfreuen kann. Als J.H. Schultz diese Methode entwickelte, die er ab 1928 »Autogenes Training« nannte, baute er auf den Forschungen

80

seines Lehrers, des Hirnforschers Oskar Vogt (1870-1959) – ab 1927 Leiter des »Hirnforschungsinstitutes« in Neustadt/Schwarzwald – und seinen eigenen Erfahrungen in der Behandlung seelischer Störungen durch die Hypnose auf. Deren Beeinflussung auf das Autogene Training beschreibt er wie folgt: »Es kann seine Herkunft von der Hypnose nicht verleugnen. Es ist ein Zustand zwischen Schlafen und Wachen, mit eingeengter Bewusstseinslage und gedämpften Affektreaktionen: durch Umschaltung von Spannung auf Entspannung ..., eine organismische Umschaltung ...«

Diese Entspannung, mit der zentralen Steuerungsfunktion eines harmonisierten vegetativen Nervensystems, bewirkt die (durch kein Medikament gleichartig erreichbare) wohltuende Entspannung auch des Körpers – über die entspannte Seele. Bei all dem gibt es jedoch einen »Wermutstropfen« – unabhängig von dem Vorzug ohne technische Hilfsmittel jederzeit und an jedem Ort anwendbar zu sein – das Autogene Training dient in erster Linie der Vorsorge. Im Idealfall gelingt es, ohne Beeinflussung durch einen anderen Menschen, einen Körper und Seele entspannenden, schlafähnlichen Ruhezustand zu erreichen, insofern ist Autogenes Training ein Weg der Selbsthypnose!

Durch »formelhafte Vorsatzbildungen« strebt das Autogene Training zwei Hauptziele an:

- Wiederherstellung der Konzentrationsfähigkeit

- Einübung von Ruhe und Gelassenheit

Wer vom Autogenen Training zu viel erwartet, muss enttäuscht werden. Probleme durch seelische Verdrängungen kann es nicht lösen. Es kann aber helfen, mit der sich verschafften Ruhe und Gelassenheit bestehende Schwierigkeiten besser anzupacken – »organismische Umschaltung« nach J.H. Schultz heißt Umschaltung von »Spannung« auf »Entspannung«!

Dies alles geht jedoch auch mit einer Einschränkung einher: In akuten Ärgersituationen oder beispielsweise im »Loch« der

Depression funktioniert Autogenes Training nicht. Umso mehr gilt es hier, Ärger- und depressionsfreie Intervalle zur Stärkung der seelischen Widerstandskraft zu nützen – als wirksamste Selbsthilfe der Vorsorge: Auch für psychosomatische und psychosoziale Krankheiten! Wenn möglich, sollte das Autogene Training unmittelbar vermittelt werden: entweder einzeln (Arzt, Psychotherapeut, Psychologe) oder in fachlich geleiteten Kursen, die in allen größeren Städten angeboten werden. Tonbandkassetten und Bücher können dabei wertvolle Begleiter sein.

Ursprünglich hatte J.H. Schultz bei der Vermittlung des Autogenen Trainings nur an Ärzte gedacht. Der steigende Bedarf bezüglich seelischer Selbsthilfe erforderte jedoch zunehmend Übungsleiter auch außerhalb ärztlicher Kreise. Für Betriebe beispielsweise, in denen extremer Stress (auch »Mobbing« ist hier ein Stressfaktor!) bei den Arbeitnehmern zu überdurchschnittlicher Arbeitsunfähigkeit führt, kann das vom Betrieb angebotene Autogene Training nicht nur ein wirtschaftlicher, sondern auch menschlicher Helfer sein. Die Formel für den Erfolg des Autogenen Trainings lautet: *Nichts erwarten, nichts denken, nichts wollen, nichts tun, sondern nur in sich hineinfühlen!*

Positives Denken lernen – Flügel für das Ich

»Jeder kennt die Kraft der Suggestion. Jeder weiß, dass man sich einbilden kann, krank zu sein. Ist es daher nicht unendlich besser und auch gut möglich, sich einzubilden, gesund zu sein ...?« Diese wenigen Worte, die sowohl durch ihre Schlichtheit der Formulierung als auch durch ihre motivierende Überzeugungskraft beeindrucken, verdanken wir Christian Wilhelm Hufeland (1762-1830), einem Pionier positiven Denkens als realisierbarer Selbsthilfe – einem medizinischen »Eklektiker« seiner Zeit, dessen Ausstrahlungskraft bis heute spürbar ist.

Hufeland, auch »Leibarzt« von Goethe, kann mit seinem »Denk«-anstoß für positives Denken hier auch modellhaft für die Besinnung, Neuorientierung einer Medizin stehen, die ihrer diagnostischen und therapeutischen Überspezialisierung (»maximale« anstatt »optimale« Therapie!), den Blick für das Wesentliche, für den Menschen, opferte. Hufeland würde sich gewiss freuen, wenn er erfahren könnte, dass sein »Grundgesetz« der Motivation zum positiven Denken mit seiner Verwirklichung in der Autosuggestion noch immer gilt – genau dort ansetzend, wovor Eugen Roth zwar humorvoll, aber ernst gemeint warnte: »Zwei Dinge trüben sich beim Kranken: a) der Urin – b) die Gedanken ...!«

Dies beschreibt jene negative Suggestion, auf die Hufeland zielte! Es beeindruckt, dass Hufelands Warnungen selbst im Zeitalter der »High-Tech«-Medizin immer mehr Beachtung finden. Ein großer Fortschritt im Dienste der Hilfe für den Kranken ist hier der therapeutische Einsatz der suggestiven Besserungs- bzw. Heilkraft positiven Denkens durch die »Psycho-Onkologie« – die seelische »Aufrüstung« des Kranken im Kampf gegen die Krebskrankheit. Es handelt sich um einen sich immer mehr ausbreitenden Weg lernbarer Selbsthilfe, der seine geistigen Wurzeln in der fundamentalen Erkenntnis von Hufeland hat – er nimmt inzwischen seinen festen Platz auch im Therapieplan universitärer Kliniken ein: Die psychotherapeutische Fremdhilfe führt zur autosuggestiven Selbsthilfe durch positives Denken!

Vor allem für Menschen, die von einer schweren Krankheit betroffen sind, mag dies gewiss recht verheißungsvoll klingen. Aber nicht nur sie, sondern jeder Mensch, der die seelische Kraft positiven Denkens, mit seiner Umwandlung in das seelische Arzneimittel »Autosuggestion«, zum Begleiter für den Weg durch sein Leben machen will, wird – trotz guten Willens, trotz aller Bemühungen – erkennen müssen:

Positives Denken erfordert einen Lernprozess.

Man kann es nicht einfach »so aus dem Ärmel schütteln«. Man kann es auch nicht erzwingen, etwa nach dem Primitivreflex: »Ich denke positiv – also geht es mir gut ..., werde ich wieder gesund, habe Erfolg, gutes Aussehen, Reichtum ...« usw. Auf dem Weg zu derartig erhofften Zielen müssen erst einmal Steine aus dem Weg geräumt werden. Wer dies nicht bedenkt, wird von seinem »positiven« Denken enttäuscht sein und die Auswirkung eines riesigen Frustrationspotentials nicht erreichter Ziele durch ein fanatisch-»positives« Zwangsdenken zu spüren bekommen:

Falsches »Positives« Denken kann krank machen!

Durch spürbares Versagen eigener seelischer Heilkräfte, von denen man sich so viel erhofft hatte, kann man schließlich auch in einer depressiven Stimmung oder sogar Depression landen! Kein einziger Weg führt an der Erkenntnis vorbei: Positives Denken erfordert Engagement durch – Umdenken, mit dem Entschluss, sich zuallererst einmal vom Wildwuchs gedanklichen »Unkrauts«, das sich über die bisherige Art des (negativen) Denkens rankte, das kluges, realistisches Denken gar nicht erst zuließ, zu befreien. Dieses Umdenken schickt Impulse bis in die allerletzte Zelle unseres Körpers. Wer dies weiß, ist sich dann auch der Bedeutung einer unmissverständlichen Mahnung Buddhas (ca. 560-480 v.Chr.) bewusst: »Der Geist ist alles – was du denkst, das wirst du ...!«

All dies hat seinen Sitz in der Schaltzentrale »Kopf« – im Gehirn, in der Psyche, der Seele, im Gemüt, mit zentraler Steuerung unseres Denkens, Fühlens, Wollens und – Handelns! Das Zusammenspiel dieser Steuerungsmechanismen bestimmt die Qualität der Funktion des vegetativen Nervensystems:

• Im Sinne der guten Funktion unseres Körpers und seiner Abwehrkräfte, aber auch

• im Sinne von Fehlsteuerungen, die uns stören, die uns »piesacken«, die uns krank machen.

Schon Michel de Nôtredame (»Nostradamus«), ein berühmter Arzt und Astrologe seiner Zeit (1503-1566) bestätigte dies: »Das falsche Denken macht krank. Das falsche Fühlen führt zum Leiden ...!« Was Nostradamus zu seiner Zeit noch nicht wissen konnte, ist heute wissenschaftlich belegbar. Wir nennen es die

Psycho-Neuro-Immunologie (PNI).

Sie geht davon aus, dass die Beziehungen zwischen Körperlichem und Geistigem, also zwischen Körper und Seele, aus imaginären, nicht fassbaren Energiefeldern bestehen. Dort vermitteln Signale, die physikalische, chemische, elektrische Eigenschaften haben – es ist gewissermaßen der »sechste Sinn« im Menschen. Je nach Art der erhaltenen Signale wird das Immunsystem stimuliert oder gebremst. Im Zentrum dieser Steuerung steht: der dreidimensionale Denkprozess im Computer »Gehirn«!

Alles, was unser Denken programmiert und als »Macht der Gedanken« produziert, ist ein Zusammenspiel aus drei Bereichen. Sigmund Freud (1856-1939) lokalisierte den »Sitz« des Denkens in das Unbewusste. Dort befindet sich der eigentliche, der prägende Ursprung. Mitbeteiligt sind immer aber auch »Bewusstsein« und »Gewissen«:

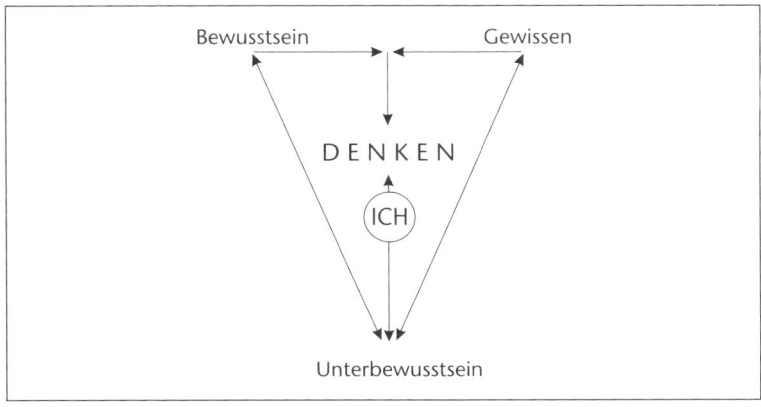

Das Ich-Dreieck des Denkens (Köster, 1996)

Kein Weg erfolgreicher Selbsthilfe durch positives Denken führt an der optimalen Einbeziehung der Macht des Denkens als wirksamste »Droge« im »Ich-Dreieck des Denkens« vorbei – aber:

Die Macht des Denkens zwingt auch zum – Nachdenken.

Dies sollten wir beachten, um nicht das Nach-Sehen (»... ach, hätte ich doch ..., wie konnte ich bloß ...!«) haben zu müssen: Es ist jene – oft auch unheimliche – Macht,

- die über das gesprochene Wort unsere Beziehung zum Mitmenschen prägt und unser Lebensschicksal bestimmt. (»Im Anfang war das Wort ...!, und danach ... das große Schweigen ...?«);

- die durch Verwirklichung der Macht des Denkens in unserem Fühlen, Wollen, Handeln die Weichen stellt für die Art und Qualität des »Produkts« unseres Denkens;

- der Gedanken, die uns, mit allem, was wir tun, was wir nicht tun, was wir unbedingt hätten tun sollen, aber (aus »Gedankenlosigkeit«) doch nicht taten, total »in der Hand« haben.

Gedanken sind Manipulatoren unseres Willens.

Sie sind es im Guten wie im Schlechten: von »guten«, »zündenden« Ideen, positiven gedanklichen Vorstellungen (im Schwärmen, in der Meditation, im Autogenem Training, in der Autosuggestion) bis zu krank machendem Grübeln, »den Teufel an die Wand« malend, gedanklicher Entgleisung mit Produktion von »hirnverbranntem Unsinn«! Der französische Altmeister psychotherapeutischer Autosuggestion (»... es geht mir täglich besser ...!«) Emile Coué (1857-1926) hatte dies schon lange erkannt und warnte vor Gefahren »falschen« Denkens:

- *Jede Vorstellung hat die Tendenz, sich zu verwirklichen!« Wer davon eine falsche »Vorstellung« hat, opfert stets auch ein Stück seiner seelischen Gesundheit und müsste sich durch den griechischen Philosophen Sophokles (496-406 v.Chr.) motivieren lassen:

- *»Ideen sind mächtiger als Körperkraft* ...!« Der Sinn dieser Weisheit wird spürbar, wenn Menschen in bedrängten Situationen ihres Lebens mit den »Muskeln« ihres Körpers nichts mehr erreichen können, aber mit ihrem »Latein«, als Symbol der Kraft des Denkens, noch längst nicht am Ende sind! Sie spüren die wohltuende Weisheit des Volksmundes – auch in der Qualität des Denkens:

- *»Überlegen macht überlegen* ...«* – durch die Kraft konzentrativen, positiven Denkens!

Seinem dreidimensionalen Ursprung verdankt das Denken also Hilfe aus Bereichen, die seine Qualität, seinen Wert, seine Wirksamkeit um ein Vielfaches steigern können. Doch wir dürfen dabei nicht vergessen, dass konkurrierend dazu das negative Denken ein enormer Brems- und Störfaktor ist!
Eine seelisch noch stärkere Kraft als »nur« Denken, ist:

Glauben – der höchste Grad positiven Denkens!

Glauben ist mehr als denken, mehr als nur hören und sehen! Glauben dringt ein in Bereiche unseres Lebens, die wir weder begreifen noch begründen können – und steht in untrennbarer Beziehung zum Unbewussten: »Glauben mit dem Herzen, nicht mit dem Verstand ...!« – eindrucksvoll wird hier aus philosophischer Sicht (Blaise Pascal, 1623-1662) versucht, den Ursprung von Glauben begreifbar zu machen.
Gedanklich verbinden die meisten Menschen mit »Glauben« Hilfe durch religiösen Glauben. Aus psychologischer Sicht (Erich Fromm, 1900-1980) kann er tatsächlich »eine große Hilfe bedeuten ...«. Erich Fromm sieht das Glauben jedoch umfassender: »Die Menschen können ohne Glauben (nicht nur religiös gemeint) überhaupt nicht leben ...!« Von dieser Perspektive ausgehend, gibt es im eigentlichen Sinne des Wortes keine »Un«-gläubigen, sondern nur »Anders«-gläubige. Der

polnische Satiriker und Lyriker Jerzy Lec (1909-1966) regt hier zum kritischen Nachdenken an: »Die einen glauben, dass sie glauben, die anderen glauben, dass sie nicht glauben ...!« Insofern »glaubt« auch der Atheist, die Frage ist nur, was glaubt er, an wen glaubt er! Auch in diesen Bereichen gibt Paracelsus (1493-1541), der große Arzt des Mittelalters, eine Orientierungshilfe für den »Glauben« als einen Weg seelischer Selbsthilfe: »Ob der Inhalt deines Glaubens nun falsch oder richtig ist – die Wirkung ist die gleiche: Glaubte ich irrigerweise an eine bloße Statue des hl. Petrus, wie ich an den Apostel selbst geglaubt hätte, so würde dies – Glaube oder Unglaube – in beiden Fällen die gleichen Früchte tragen: Der Glaube selbst ist es, der die echten Wunder wirkt ...«

Dieses Phänomen reicht bis zur »Wunderheilung«: Wenn seelische Kräfte Befreiung von gesundheitlichen Störungen besonderer Art, zum Beispiel von »Lähmungen«, bringen, die medizinisch nicht erklärbar sind, weil sie der Funktion des vom Unterbewusstsein gesteuerten Nervensystems unterliegen und auf herkömmlichen Wegen nicht erreichbar sind.

Es ist allerdings typisch für unsere Zeit, für eine Gesellschaft mit immer mehr Hektik, Stress, manipulativer Beeinflussung des Denkens (und Handelns) und der epidemieartigen Ausbreitung von Zukunftsängsten, dass der Zugang zu einem Glauben, der »Wunder« wirkt, zunehmend schwerer wird – und den Weg zu seelischer Selbsthilfe blockiert! Immer stärker wird hier aber auch ein anderer Umstand spürbar, der zum Nachdenken über Ursachen einer bedrückenden Zunahme von seelischen Störungen und Krankheiten in allen Altersschichten unserer Bevölkerung zwingen müsste:

Die Kirchen werden leerer – die Sprechzimmer voller!

Der Arzt muss sich immer mehr um die Seele des Kranken sorgen – er wird zu einer Art von »Seelsorger« bzw. zum Ersatz-»Beichtvater«! Dies alles gewiss nicht in dem Sinne, dass damit auch der Schlüssel zur Erklärung der stetigen Zunahme von »Neurosen«, von psychosomatischen, psychosozialen Krankheiten, von Depressionen gefunden werden könnte. Mit Sicherheit aber in dem Sinne, dass sich unter diesen kranke Menschen befinden, die durch ihren Rückzug aus dem religiösen Leben, durch den Verlust religiösen Glaubens, einen seelischen Halt, eine Orientierung für den Lebensweg, für den immateriellen Sinn des Lebens verloren haben. Religiöser Glaube kann Fundamente seelischer Selbsthilfen bilden, die aber für manche Menschen (seit frühester Kindheit) nicht mehr vermittelt und demzufolge auch nicht mehr genutzt werden!

Bislang gibt es zwar keine einzige Statistik, die exakten Aufschluss über Zunahme seelischer Krankheiten durch Abnahme religiösen Glaubens geben könnte – aber eine Feststellung von Dale Carnegie (in seinem Bestseller *Sorge dich nicht – lebe!*) zwingt zumindest zum Nachdenken: »Wer wahrhaft religiös ist, kennt keine Neurose ...!« Hier ist jedes Wort von Bedeutung: »Religiös« allein genügt nicht. Alles entscheidend ist die »Wahrhaftigkeit« des Glaubens, eine Ausstrahlungskraft positiver Übereinstimmung von Denken und Handeln, die überzeugend, »ansteckend« wirkt. Zunehmend muss sich allerdings Friedrich Nietzsche (1844-1900) bestätigt fühlen: »Christen müssten erlöster aussehen ...!«

In diesem Bereich finden wir nicht nur jene »Gläubigen«, die in die Kirche gehen, um »gesehen« zu werden, sondern auch den im Volksmund zu Recht unbeliebten »Pharisäer«, den »Scheinheiligen«, den »Frömmler«, aber auch jenen Menschen mit zwanghaftem Verhaltensmuster, für den sein »Glaube« zur seelischen Krankheit eskalieren konnte, als »ekklesiogene Neurose« (Eberhard Schaetzing, 1955), eine Neurose, die im Zusammenhang mit angstgeprägter puritanisch-religiöser Erziehung steht (»du musst ..., du darfst nicht ...!«). Aus dem eigentlichen Sinn religiösen Glaubens, einer Befreiung der Seele, wurde genau das Gegenteil – ihre Gefangennahme, die krank macht!

Oft wird viel zu spät oder gar nicht erkannt: Die Verwirklichung positiven Denkens im »Glauben«-können setzt voraus, dass dieses Glauben auch glaubhaft und glaubwürdig ist – und mit dem Über-Ich, dem Gewissen, harmonisiert und die Überzeugung prägt. Doch oft genug wird dies gestört durch den enttäuschenden Kontrast zum Glauben-Wollen. Er verursacht im religiösen Leben Gewissenskonflikte durch hartes Ringen mit der »Wahrheit«. Er provoziert ganz allgemein in vielen Bereichen des Lebens Enttäuschungen, weil beispielsweise die in einen Mitmenschen gesetzten Erwartungen zu hoch waren und der »ehrliche Glaube« nicht erfüllt wurde bzw. nicht erfüllt werden konnte.

In dieser Situation gesellt sich zur bisherigen Not einer Seele, deren »Glauben« ohne Erfolg blieb, eine – allzu verführerische – Flucht in eine Art von »Glauben«, die genau das Gegenteil von seelisch helfendem Glauben ist.

Der Aberglaube – die »Bankrotterklärung« der Selbsthilfe!

Der Name selbst muss bereits misstrauisch machen: »Aber« steht hier nämlich in seiner sprachlich veralteten Bedeutung für »falsch«, »schlecht«, auch für »wider«, »gegen«. Diese abwertende Interpretation von »Aberglauben« war jedoch nie ein Hindernis für die verbreitete Anfälligkeit im abergläubischen Denken, Fühlen und Handeln wohl aller Generationen der Menschheitsgeschichte – ungebrochen bis zum heutigen Tage! Allerdings ergeben sich große Unterschiede von Mensch zu Mensch in seiner Anfälligkeit für die unzähligen Arten von Aberglauben und deren Auswirkungen auf Gesundheit und Lebensqualität – auf die Freiheit im Ich. Im Extremfall macht Aberglaube die Behandlung von seelischen Störungen notwendig – mit der oft bitteren Erkenntnis: Es ist leichter, sich von Fesseln an Händen und Füßen zu befreien, als von Fesseln durch Aberglauben, der positives Denken auslöscht!

Das Spektrum abergläubischer Fesseln durch seelische Zwänge ist äußerst bunt und kaum noch übersehbar: Von noch harmlosen Ritualen zur Verhütung von Pech und Unglück durch das Tragen eines Amuletts, durch einen Talisman im Auto, durch das Vermeiden der »Unglücks«zahl 13 (vorsorglich gibt es in vielen Hotels keine Zimmernummer »13«!) geht es weiter zum »bösen Omen«: der zerbrochene Spiegel, der für besonders Abergläubische sieben Jahre Pech prophezeit, der »böse Blick« eines Menschen, der »verhext« (»Hexenschuss«!) bis hin zu deprimierenden, die persönliche Bewegungsfreiheit blockierenden lähmenden Ängsten.

Die Befreiung von derartigen seelischen Fesseln des Ichs, mit Zerstörung von Gesundheit und Lebensqualität, erfordert zunächst psychotherapeutische Hilfe. Im Vorstadium spürbarer Abhängigkeit von Ängsten und Zwängen durch »falschen« Glauben können wir uns jedoch durch Selbsthilfe von der »Magie des Alltags« befreien!

Jeder Weg der Selbsthilfe muss dort ansetzen, wo abergläubisches Zwangsdenken seine Wurzeln hat – in der Vielfalt von Ursachen einer Ich-Schwäche – durch falsches Denken, das verursacht wird durch:

• Mangel an Vertrauen in die eigenen seelischen Kräfte und die dadurch provozierte Unsicherheit im sachlichen und kritischen Denken. Zwangsläufig ergibt sich daraus ein Realitätsverlust im Erkennen der Gefahren für das gesunde Ich durch abergläubische Zwänge;

• durch das Ich manipulierende Kräfte aller Arten von Ängsten, was auch von philosophischer Seite (Bertrand Russell, 1872-1970) klar erkannt worden ist: »Angst ist die Hauptquelle des Aberglaubens!«;

• durch Verstärkung abergläubischen Denkens von außen: Wer unbedingt sich »wahr«-sagen will, muss sich rechtzeitig vorher überlegen, ob es für den Schutz seines seelischen Ichs wichtiger ist, sein vermeintliches »Unglück« in der Zukunft schon jetzt zu erfahren oder – davon unbelastet – alles zu tun, um zum seelischen Frieden mit dem Ich zu gelangen. Wer könnte einem Abergläubischen sein zukünftiges »Unglück« wohl mit Erfolg »ausreden«?

Der Volksmund gibt hier einen Tipp zur Selbstbesinnung:

»Hilf dir selbst ...!« – durch realistischeres Denken!

Vielleicht geht es einem abergläubischen Menschen ebenso wie einer Kuh, über welche zwei andere Kühe sich Sorgen machen: »Wieso ist die denn so mager ...?«, fragt die eine. »Durch Aberglauben!«, muht die andere Kuh. »Sie frisst nur vierblättrigen Klee ...!« Wie so mancher Witz birgt auch dieser eine Wahrheit – er macht die Gewalt von Aberglauben über Vernunft und Verstand bildhaft deutlich!

Doch das echte, sich selbst überzeugende Glaubenkönnen hat auch eine sehr positive Seite, die die medizinische Wissenschaft längst erkannt hat. Es ist:

Der Placebo-Effekt, der »wirkt« und sogar heilen kann!

Hier handelt es sich um echte Wirkungen, also wie mit einer chemischen Reinsubstanz, ohne dafür bis zum heutigen Tage eine wissenschaftlich fundierte Erklärung abgeben zu können. Wir haben es hier mit einem Mysterium der Kraft des Denkens zu tun – ein Glaube, der gar »Berge versetzt ...«!

Auf dem Prüfstand aller Hoffnungen auf erfolgreiche Verwirklichung positiven Denkens in der Autosuggestion, als Schutzwall gegen Krankheit, als seelische Hilfe in der Krankheit steht kompromisslos das Bestehen eines autosuggestiven Lern- und Härtetests: »Lerne leiden – *ohne* zu klagen!« Mit diesem Appell ist der Volksmund auch hier ein erfahrener psychotherapeutischer Ratgeber, wohl wissend, dass negatives Denken in der Krankheit mit Klagen und Jammern stets eine gegen sich selbst gerichtete Waffe ist, denn:

»Gesund denken ist größte Vollkommenheit.«

Das riet schon vor über 2000 Jahren der griechische Philosoph Heraklit (550-418 v.Chr.) den Menschen seiner Zeit. Wer jedoch immer noch Schwierigkeiten im Umdenken vom negativen zum positiven Denken für sich erkennt, den könnte mit ziemlicher Sicherheit der Text eines alten Kirchenliedes

(Georg Neumark, 1641) doch noch zum Umdenken motivieren:

>»Was helfen uns die schweren Sorgen
was hilft uns unser Weh und Ach?
Was hilft es, daß wir alle morgen
beseufzen unser Ungemach?
Wir machen unser Kreuz und Leid
nur größer durch die Traurigkeit ...«

Kein Psychotherapeut könnte überzeugender vor den Gefahren durch suggestive Autoaggression warnen, die durch den aus den Fugen geratenen Mechanismus der Immunkraft des Körpers verursacht werden und dessen Abwehrzellen nun »beleidigt« spielen. Sie blasen zum Rückzug und würden zu gerne dabei noch wütend protestieren: »Wenn der nicht mehr will, dann wollen wir auch nicht mehr ...!« – eine allzu oft spürbare »Rache« des Körpers, wenn Abwehrzellen auf Ego-Trip gehen und dadurch ein Chaos der Immunabwehr provozieren. Daraus ergeben sich direkte Bezüge auch zur Entwicklung und Verschlimmerung von Krankheiten, bei welcher die körperliche Immunkraft dringend gefragt wäre: von Immunchaos bei »Allergie« über psychosomatische Krankheiten bis hin zu bösartigen Tumoren, aber auch bis hin zu seelischen Krankheiten – hier vor allem in der Begünstigung depressiver Verstimmungen bzw. Depressionen mit der Vielfalt ihrer Ursprünge!

Ganz besonders davon betroffen ist jener Mensch, der ohnehin schon ein schweres Bündel seelischer Last durch sein Leben negativen Denkens zu schleppen hat:

Der Pessimist – ein »Negativ«-Denker

Jemand, der mit »angezogenen Bremsen« durchs Leben fährt, der Schwierigkeiten bei jeder Gelegenheit sieht und sich von ihnen zu Boden drücken lässt – der Volksmund warnt: »Der Pessimist stirbt, bevor er gelebt hat ...!« Er bringt – nicht nur damit, sondern auch durch Einbußen seiner Gesundheit und

Lebensqualität – ein Opfer, das er in diesen oft deprimierenden Ausmaßen nicht führen müsste, wenn er Zugang hätte zu

Selbsthilfen bei Pessimismus.

Gewiss, eine nicht exakt-schätzbare, pessimistisch-genetisch geprägte Grundstruktur (»... mein Vater war auch so ...!«) ist nicht behebbar. All das, was künstlich, durch pädagogische Manipulationen (»du wirst noch sehen, wo dich das hinbringt ..., das wirst du nie schaffen ...!«), durch psychische Fehlentwicklungen (Mangel an Durchsetzungskraft, an Selbstwertgefühl) später hinzukam, ist oft nur schwer korrigierbar. Aber es gibt einen rettenden Lernprozess neuer Orientierung, um das Ich von vermeidbarem pessimistischem Denken (und Handeln) zu befreien. Kaum zu übertreffen ist hier die Ermutigung über einen anschaulichen bildlichen Vergleich aus der Natur, den wir der Lebensklugheit des Reformators Martin Luther (1483-1546) verdanken: »Wir können die Sorgenvögel nicht daran hindern, über unseren Kopf zu fliegen. Aber wir können verhindern, daß sie sich ein Nest in unserem Kopf bauen ...!«
Es lohnt sich für jeden Pessimisten, dieses Bild in der Tiefe seiner Seele zu speichern, um die Sorgenvögel, die seinem Pessimismus entspringen, zu verjagen – vielleicht sogar sichtbar, durch ihr »Verscheuchen« mit der Hand über dem Kopf?

Impulse für die Überwindung von Pessimismus kann auch das Märchen von den zwei Fröschen im Rahmtopf geben: Zwei Frösche, von welchen der eine ein Pessimist, der andere ein »unverbesserlicher Optimist« war, standen arg hungrig vor einem Rahmtopf. Sie sprangen hinein, um sich zu stärken: Dem Pessimisten war dies zu mühsam, er bekam auch Angst (»ich kann nicht mehr!«), gab auf, versank und – starb! Der Optimist stärkte sich – danach paddelte und paddelte er, bis der Rahm zu einer festen Masse wurde und sprang aus dem Topf! Fast könnte man meinen, der optimistische Frosch habe nach einem Appell von Goethe (1749-1832) gehandelt:

Die Verwirklichung dieses Appells ist Motivation zur Selbsthilfe für jeden Pessimisten, der nicht unbedingt ein »Pechvogel« bleiben muss. Hilfreich für die Befreiung aus dieser tragischen Rolle des Lebens ist die Orientierung am Grundgesetz ausgleichender Gerechtigkeit.

Es gibt nämlich keinen einzigen Menschen, der in einer Situation von »Pechsträhnen« sagen müsste: »Ich habe doch *immer* nur Pech ...!« – allein diese pessimistische Formulierung erklärt schon seine Verhinderung für »Glück«. Wenn es diesem scheinbar vom Pech verfolgten Menschen gelingt, durch Selbsthilfe sein negatives Denken zu überwinden, wird auch seine Pechsträhne abreißen. Erst dann kann er die Erfahrung machen, dass das Leben in Wirklichkeit einem Auf und Ab unterliegt.

Gut zu beobachten ist dies zum Beispiel bei Pechsträhnen im Sport mit einer Reihe von Niederlagen, die eine plötzliche Wende zum Glück – zum Sieg – bringen! Dieses Beispiel lässt sich mühelos auf andere Bereiche des Lebens übertragen. Auch Menschen in Prüfungssituationen können ein Lied davon singen!

Ein ganz wunder Bereich pessimistischen Denkens ist ein Problem, das Pessimismus erst recht zum »Problem« macht:

Der Pessimist kann keine Probleme lösen.

Er wird – ganz zwangsläufig – auch zum Opfer eines Mangels an Vertrauen, an Entschlussfähigkeit. Für ihn erfüllt sich dann genau das, wovor Michail Gorbatschow (1989) eindrucksvoll warnte: »Man ist entweder Teil der Lösung oder Teil des Problems! Ich habe mich für Ersteres entschieden!« Und er tat genau das, was auch der Pessimist tun *muss*, wenn er aus dem Schatten negativistischen, selbstzerstörerischen Denkens herausgelangen will, denn Probleme sind zum Lösen da, verdrängte Probleme machen krank!

Die Vielfalt der Wege zu positivem Denken mit seinem dreidimensionalen Ursprung führt – nahezu zwangsläufig – auch in einen Bereich, der wohl als der wichtigste Impulsgeber für positives Denken, als echte Lebenshilfe, gelten kann:

Die Freude – die stärkste seelische Kraft

Allerdings: Die Schwellen, um zu wirklicher, echter, »von Herzen« kommender Freude zu gelangen, sie positiv nützen zu können sind deutlich gestiegen, gleichzeitig ist die Schwelle des Gegenteils der Freude, der Depression, gesunken! In diesem Raum bewegen sich auch die großen Kontraste in der Art positiven Denkens, das unserem Ich die so wichtigen Flügel der Beschwingtheit für den Weg durch das Leben geben sollte – im negativen Extremfall bis zur Realität einer Warnung des Psychoanalytikers Erich Fromm (1900-1980):

»Mangel an Freude ist seelischer Tod ...!«

Eine Warnung, die man sehr ernst nehmen muss. Doch viele Menschen fühlen sich angesichts der Tatsache, nicht schlagartig etwas ändern zu können, eher hilflos. Denn nicht nur die Zeit unseres Lebens, die Anlässe, Ursachen, Quellen der Freude haben sich geändert, auch wir haben uns geändert: Die Ansprüche zum Auslösen von Freude liegen höher! Der Wunschtraum, sich noch so freuen zu können »wie ein Kind«, bleibt weitgehend unerfüllt. Und äußere »freudige« Anlässe überlagern nur zu oft die Empfindung wirklicher Freude. Lauthalses, künstliches Lachen ist noch kein Beweis von Freude: Freude ist weder erzwingbar, noch kann sie vorgetäuscht werden, wenn sie nicht »von Herzen« kommt – aus einer gesunden Seele.

Echte Freude kommt immer nur vom Menschen, sie allein findet den Weg zur Seele, materielle Freude findet den Weg zu den Augen, zu den Ohren – in den Magen! Der französische Schriftsteller Luc de Clapier (1715-1747) sagt dazu: »Die höchste Vollkommenheit der Seele ist ihre Fähigkeit zur Freude ...!«

96

Die Wege zu diesem Geschenk für die Seele sind oft sehr steil, aber es gibt sie, wenn man sich von allen Hindernissen auf diesem Wege befreien kann und zurückfindet zu einfacherem Denken, Fühlen – Wollen. Dazu könnte auch gehören, sich schon an schlichteren Dingen zu freuen. Es muss nicht alles so »hochgestochen«, so »gelehrt« sein. Ein durchaus »ernst« zu nehmendes Beispiel dafür ist:

Die Albernheit – sie ist gar nicht so »albern«.

Sie tut keinem weh, kann aber seelisch entspannen – zwischenmenschliche Verkrampfungen, Verklemmungen lösen, aus hektischer Stresssituation befreien, das bislang zu wichtig Genommene normalisieren. Das Phänomen dieser befreienden Selbsthilfe lautet: »Albernheit« braucht keinen Anlass.

Natürlich: Nicht jeder kann »albern« sein. Erst wenn man persönliche Ich-Souveränität, seelische Freiheit, »Esprit« besitzt, auch mal dort lachen zu können, wo kein Grund vorzuliegen scheint, ist man »albern« – fröhlich und freundlich! Dieses Albernsein ist ein befreiender Protest gegen formale, stupide Ordnungsprinzipien im unmittelbaren Lebensbereich – in der gesamten Gesellschaft – mit einem hervorstechenden Charakteristikum: Albernheit hat fast etwas Anarchisches. Die Persönlichkeit, die das leben kann, hat ein beneidenswertes Merkmal: Albernheit erfordert Seele *und* Geist! Das heißt: Der Dumme kann nicht albern sein. Man muss also erst mal *Geist haben*, um ihn aufgeben zu können, was halt nicht jeder kann!

Der alberne Mensch tut jedenfalls Gutes für sich. Vielleicht auch für seine Mitmenschen, vor allem am Arbeitsplatz, für die er besser zu ertragen ist als der stets schlecht gelaunte »brummelige« Kollege, die launische Kollegin, der Angst einjagende todernste Chef. Für diejenigen, die gerne »albern« sein möchten, es sich aber nicht trauen, sei zum Trost gesagt, dass sie sich in guter Gesellschaft des Dichters Peter Bamm (1897-1975) befinden:

»Die Albernheit ist Erholung von der Umwelt!«

Und der Volksmund ermutigt zusätzlich: »Menschen, die keinen Spaß verstehen, sollte man auch nicht ernst nehmen!«

Menschen, die weder Humor haben, geschweige denn »albern« sein können, erschweren sich ihr Leben übrigens zusätzlich durch Gedankenausflüge in die Zukunft. Je mehr sich dabei pessimistisch geprägte Gedanken anhäufen können, umso mehr wird dadurch die Kraft positiven Denkens zur Bewältigung aktueller Probleme der Gegenwart geschwächt. Der Dichter Heinrich von Kleist (1777-1811) bemerkt dazu sehr treffend: »Nur wer für den Augenblick lebt, lebt für die Zukunft ...!« An der Realität dieser Erkenntnis führt kein einziger Weg vorbei, denn: Der wichtigste Tag in unserem Leben ist immer »heute«!

Viele Menschen, die von der Qualität der Art ihres Lebens, von dessen Verlauf nicht gerade begeistert sind, die sich mehr Schwung, Ausstrahlungskraft wünschen, die mehr an »gestern« oder »morgen« als an »heute« denken, sollten einmal über die Art bisherigen Denkens nachdenken! Wenn Sie zu jenen Menschen gehören sollten, die sich keine besonderen »Gedanken« über das Denken machen, das Denken als etwas automatisch Ablaufendes sehen, müssen Sie tiefer nachdenken, denn:

Positives Denken ist keine Selbstverständlichkeit.

Tun wir das nicht und geben ständiger Frustration, Ärger und Kränkung zu viel Raum, droht das »Ausgebranntsein« – der »Strom«ausfall der Seele! (Siehe auch Seite 155ff.) Jenes Burnout fürchtet wohl jeder Mensch, der damit Bekanntschaft macht, und das zu Recht:

Wenn das »Feuer der Seele« erlischt, wird es dunkel.

Es wird dunkel in der Ausstrahlungskraft der Seele, dunkel im Gemüt – dunkel im Denken, in Impulsen der Seele für die Aktivität des Körpers. Es fehlt der Energiespender für jegliche Lust, Freude, Zuversicht, Hoffnung – ausgelöscht durch Misserfolg, Mangel an Anerkennung, Missachtung, die stets als seelisches Gift wirkt.

In gleicher Weise wirkt der Sturz aus großer Höhe der Bewunderung, der Verehrung durch den Erfolg. Es ist halt auch hier so, wie Ludwig Erhard zu sagen pflegte: »am erfolgreichsten ist der Erfolg ...!« – und ich möchte hinzufügen: »aber am schmerzhaftesten der Misserfolg« – der Zerstörer positiven Denkens!

Die vorbeugende Maßnahme erfolgreicher Menschen lautet daher: Wer den Erfolg trainiert, muss auch den *Miss*-Erfolg trainieren – das heißt seelisch auf ihn vorbereitet sein! Für alle Wege des Denkens gibt es eine Orientierungshilfe, eine »Dreieinigkeit« der Selbsthilfe für positives Leben:

- Aus den Fehlern der Vergangenheit lernen, lernen, sich von ihnen zu befreien!

- In der Gegenwart *bewusst* leben, dort alle Kräfte positiven Denkens verwirklichen – im Sinne eines Appells des römischen Dichters Horaz (65-08 v.Chr.): »Ernte heute – und vertraue so wenig wie möglich auf das Morgen ...!« – aber es gilt unbedingt auch:

- An die Zukunft glauben – sie beginnt schon heute!

Mit der *Art* seines Denkens trägt jeder Mensch auch Verantwortung für den Mitmenschen, denn:

So wie wir denken, sprechen und – handeln wir.

Es beeinflusst ganz entscheidend die Hilfe in seelischer Not bis hin zur Lebensrettung.

Die raue Wirklichkeit menschlichen Zusammenlebens zwingt aber auch zur Warnung vor Gefahren durch »böses« Denken, das aus nicht mehr beherrschbaren Gefühlen von Missgunst, Neid, Hass, Rachegelüsten entspringt! Vor einem Reflex von höchst gefährlicher Brisanz in der Bedrohung menschlicher Lebens sei gewarnt: vom bösen Denken zum bösen Wort, vom bösen Wort zum bösen Handeln. Im Extremfall reicht dies bis zum »Rufmord« – bis zu »Mord und Totschlag«: Denn alles beginnt im bösen Denken! Der Volksmund erkannte bereits die drohenden Gefahren »bösen« Denkens:

»Vor jeder bösen Tat steht das böse Wort ...!«

Es markiert oft das Ende einer Entwicklung, deren Gefahren in ihrem Frühstadium nicht erkannt worden sind, weil negatives Denken das positive Denken verdrängte. Meist beginnt alles scheinbar ganz harmlos: Abgelenkt durch eigene Hektik, Stress, Lustlosigkeit, »schlechte Laune«, Vorurteil (»den/die kann ich nicht leiden ..., gegen den/die bin ich allergisch ...!«) blockiert man sich den Zugang zum Mitmenschen und denkt völlig vorbei am Ratschlag des Volksmunds:

»Mit dem Hute in der Hand kommt man
durch das ganze Land!«

Dieser »Hut in der Hand«, als Symbol positiven menschlichen Denkens, ist es denn auch, der den positiven Zugang in jeder Art zwischenmenschlicher Begegnung verschafft, es ist die *Selbsthilfe für positive Kontakte durch positives Denken.*

Sogar in den besonders sensiblen nachbarschaftlichen Beziehungen, in allen (neiderfüllten) Arten der Begegnungen am Arbeitsplatz können zerstörerische Vorurteile (»... dieser arrogante Schnösel ..., diese eingebildete Ziege ...!«) ausgeräumt werden. Dagegen sind die grußlose Begegnung, die Nichtabnahme eines Grußes höchster Grad von Kränkung durch Missachtung! Wenige Worte freundlichen Grußes sind stattdessen immer ein Geschenk mit seelischem Bumerang-Effekt!

Wer noch die geringsten Zweifel an der lebenswichtigen Bedeutung des Denkens hat, muss sich von einem führenden »Seelenarzt« seiner Zeit (J.C.A. Heinroth, 1839) bekehren lassen: »Das Denken ist für unser persönliches Leben ebenso notwendig wie das Atmen für unser organisches ...!« Diese Macht des Denkens, des Atmens der Seele kommentiert kompromisslos und als Appell für jeden Menschen *der Talmud – die Sammlung jüdischer Gesetze:*

»Achte auf deine Gedanken – sie werden Worte,
achte auf deine Worte – sie werden Handlungen,
achte auf deine Handlungen – sie werden Gewohnheit,
achte auf deine Gewohnheiten – sie werden dein Charakter,
achte auf deinen Charakter – er wird dein Schicksal!«

Dieses Schicksal wird für jedermann spürbar, denn: »Wer nicht denken will, bekommt einen › Denkzettel‹ «! Der spanische Philosoph Ortega y Gasset (1883-1955) ist hier ein guter Lebensberater, um doch noch zu einer alles entscheidenden Erkenntnis für positives Denken zu gelangen: »Von dem, was heute gedacht wird, hängt ab, was morgen gelebt wird ...!«

oslassen können – Freiheit für das Ich

»Wer etwas loslässt, hat zwei Hände frei ...!« Diese Weisheit des Volksmunds kann symbol- und bildhaft stehen für die persönliche Freiheit der Durchführung von Vorhaben und Handlungen, für deren Verwirklichung einem zuvor »die Hände gebunden« waren. Der recht kluge Volksmund geht hier noch einen Schritt weiter – das Geschenk durch die Kunst des Loslassens verstärkend, und warnt zugleich:

»Wer nicht loslassen kann, legt sich selbst Fesseln an!«

»Loslassen« steht für Freiheit, Menschlichkeit, Toleranz – Klugheit! Alle diese Begriffe greifen tief ein in die Qualität des eigenen Lebens, mit ihrer seelischen Ausstrahlungskraft auf den Mitmenschen, der die Kunst des Loslassens positiv zu spüren bekommt, zum Beispiel im

Loslassen – von familiärer Umklammerung.

Was im ersten Moment vermeintlich menschenfeindlich klingt, kann in Wirklichkeit aber, in einem gewissen Stadium interfamiliärer Beziehungen (mit »zu großer Hautnähe«)

wohl eher menschenfreundlich, kontaktfördernd wirken, denn: »Der beste Weg zu einer guten Beziehung von Mensch zu Mensch ist der Abstand ...« – meint der Volksmund!

Autofahrer verstehen die Bedeutung dieser Formulierung am ehesten: Sie kennen die Gefahren des zu geringen Abstands zur Genüge – die Kollision, der Aufprall! Symbolhaft lässt sich dieser Vergleich auch auf die »Abstände« von Mensch zu Mensch übertragen: Unter Partnern, bei denen jeder gern seinen »Freiraum« hat, damit man sich nicht zu sehr »auf die Pelle rückt«, ganz besonders aber im

Nicht-Loslassen in der »Eltern/Kinder«-Beziehung.

Das meint die »Overprotection«, ein Zuviel an Umsorgung, mit direkten Übergängen zur seelisch schädlichen Bevormundung, Manipulation – die die Entwicklung zur Autonomie, zum Selbstwertgefühl blockiert! Zu besonderer Bedeutung für die Qualität der Beziehungen Eltern/Kinder eskaliert:

Die Kunst des Loslassens in der Pubertät.

Wir betrachten sie als die »zweite Geburt«, die Geburt »aus dem Schoß der Familie« – mit der oft so schweren Durchtrennung der »seelischen« Nabelschnur. Ihr Festhalten ist eine häufige Ursache schwerer Eltern/Kinder-Konflikte. Der diesbezügliche Selbsthilfe-Tipp für Eltern lautet: Alles hören, alles sehen, alles merken, aber – möglichst wenig, mitunter gar nichts sagen ...!

In untrennbarem Zusammenhang beim Loslassen in familiärer Abhängigkeit steht die Bedeutung von Selbsthilfe im Loslassen von einengenden zwischenmenschlichen Beziehungen:

Das Loslassen von drogenähnlicher Abhängigkeit.

Gemeint ist die »Co-dependance«. Je mehr ein Mensch das Gefühl hat, mit seiner Ich-Schwäche, seinem Mangel an Selbstwertgefühl und Identität, sein eigenes Leben nicht – oder nur unter großen Schwierigkeiten – bewältigen zu kön-

102

nen, umso mehr wächst der Drang, sich an einen anderen Menschen anzulehnen, sich an ihn zu binden, im Extremfall – drogenähnlich – sich an ihn zu »ketten«. Der Betreffende lebt in dem Bewusstsein: »Ob ich mich gut fühle, hängt ganz davon ab, ob du mich magst ..., mein ganzes Bemühen konzentriert sich darauf, dir zu gefallen ...!«

Wer als ich-schwacher Mensch versucht, sich aus eigener Kraft – durch Selbsthilfe – zu befreien, wird erkennen müssen, dass Loslassen hier nicht oder nur sehr schwer gelingt. Er braucht Hilfe, um von dieser zwanghaften, drogenartigen Abhängigkeit des Nicht-loslassen-Könnens befreit zu werden: durch den Psychotherapeuten oder durch eine Selbsthilfegruppe (»Co-dependants-Anonymous«).

Eine eindrucksvolle Ermutigung zum Loslassen in allen Arten von zwischenmenschlicher Beziehung hinterließ uns der seliggesprochene Jesuitenpater Rupert Mayer (1876-1945):

>»Distanz ist die größte Nähe:
>Sein lassen,
>gelten lassen,
>leben lassen,
>glauben lassen ...«

Loslassen bezieht sich aber nicht nur auf die Beziehung von Mensch zu Mensch, sondern – für jedermann stets spürbar – auch auf:

Das Loslassen von materiellem Besitz

»Nicht vom Geben – vom Behalten werden wir krank ...!« Mit diesen wenigen Worten gibt Antoine de Saint-Exupéry (1900-1944) wichtige Impulse für die Verwirklichung von Selbsthilfe im befreienden Umgang mit »irdischen Gütern«.

Eine Orientierungshilfe für diesen Weg hinterließ uns auch der Philosoph Immanuel Kant (1724-1804): »Reich ist man nicht durch das, was man hat, sondern mehr noch durch das, was man mit Würde zu entbehren weiß ...!« Kann ein Mensch das nicht, wird es für ihn leicht zum Lebensschicksal:

Die Wurzeln seiner Krankheit, des Geizes, liegen nicht in der Armut, sondern im Reichtum, welcher nicht nur um seine persönliche Freiheit Fesseln legt, sondern auch um seine Hände. Sammler, die für »wohltätige Zwecke« unterwegs sind, können diesbezüglich einiges berichten. Und auch der Volksmund weiß: Der »Geizhals« ist zwar ein unangenehmer Zeitgenosse, aber ein angenehmer Vorfahre! Er hatte es zu Lebzeiten nie gewusst: Wenn man ihn zum Friedhof trägt, nimmt er nicht mit, was er besitzt – sondern was er zurücklässt.

Selbsthilfe durch »Loslassen« ist aber nicht nur materiell zu sehen, sie hat auch enge Bezüge zur

Toleranz – ein »Loslassen« mit Kontrasten.

Vom lateinischen Ursprung (»toleratio«) ausgehend bedeutet sie »Ertragen«, »Duldung«. Immer dann auch im positiven Sinne, wenn sie einem Menschen hilft, mit seinen Schwachstellen, mit seinen Lebens- und Gesundheitsproblemen, mit entwicklungsbedingten Auffälligkeiten im Verhalten (Schule, Pubertät, usw.) menschlich anerkannt zu werden. Für den Mitmenschen gerät diese Toleranz oft zum »Härtetest«, denn »die Toleranz zeigt dort ihre Stärke, wo sie ihre Grenzen hat ...!« Mit diesen wenigen Worten legt der englische Kulturphilosoph Artur Toynbee (1889-1975) den Finger auf eine »wunde Stelle« vom Loslassen durch »Toleranz« – es ist der

Missbrauch von »Toleranz« als Anti-Selbsthilfe.

Gemeint ist damit der Weg einer Erwartungshaltung: ohne eigenes Zutun, ohne erkennbares Bemühen sich aus Handicaps, aus schwieriger Lebenssituation, finanzieller Not etc. befreien zu lassen. Die so erwartete und gewährte »Toleranz« ist schädlich: Sie hilft, missliche Zustände nicht nur zu bewahren – nein, sie fördert sie und blockiert jedes Sichändern. »Toleranz« wird hier zur Dummheit ...!

Die Missverständlichkeit von »Toleranz« hat aber auch noch eine andere Problematik, immer dann, wenn eine Warnung des Schriftstellers William Sommerset Maughan (1874-1965) spürbar wird, wenn »Duldung« zur Bequemlichkeit degeneriert, wenn Toleranz nur »ein anderes Wort für Gleichgültigkeit« wird. Das ist dann genau auch jener Bereich, den Goethe brandmarkte: »Dulden heißt beleidigen ...!«

Davon betroffen fühlt sich jeder Mensch, dessen Not man sieht und unmittelbar miterlebt – aber schweigt, nichts tut. Typisches Beispiel: Der Einstieg eines Menschen in den Alkohol, den man unmittelbar miterlebt und – duldet! Es gehört allerdings auch zur bitteren Wirklichkeit des Alltags: Immer mehr Menschen haben zu »schlechte Nerven« für helfende Toleranz – in der Partnerschaft, in der Familie, zunehmend auch am Arbeitsplatz. Ein hilfreicher, befreiender Weg zum Loslassen könnte sein die

Selbsthilfe zur Gelassenheit.

Sie meint die Übereinstimmung mit sich selbst durch Harmonie von Körper und Seele – alles gesteuert von einem im Gleichgewicht sich befindenden vegetativen Nervensystem, mit einem großen Geschenk: Immunität gegen Hektik, Stress, die so sehr begehrte »stoische Ruhe«. Eine Orientierungshilfe zur Selbsthilfe für Gelassenheit kann lauten: »Herr, gib mir die Kraft, zu verändern, was ich verändern kann, und in Gelassenheit hinzunehmen, was ich nicht ändern kann. Vor allem aber gib mir die Gabe, das eine vom andern unterscheiden zu können.«

Einfacher leben können – Wege zum reicheren Ich

»Ich habe es satt, nur satt zu sein!«, so klagte, recht vorwurfsvoll, eine 16-jährige, an Magersucht erkrankte Schülerin, die dem manipulativen Druck, sich immer »satt« essen zu müssen, nicht ertragen konnte – und floh! So oder ähnlich klagen aber auch immer mehr Menschen in seelischen Nöten. Sie spüren eine penetrante Fesselung ihres Ichs durch Übersättigung, verursacht durch eine menschliche Schwäche, auch trotz erkannter Gefahren den Verführungen zu immer mehr Wohlstand nicht »die Stirn bieten« zu können: »Wo sollte man da anfangen ...?« »Was würden die Leute wohl sagen, wenn wir nun mit einem Mal ...?«

Ja, es sind deren schon viele Ursachen für seelische Nöte durch Übersättigung! In vielfacher Weise werden hier gute Vorsätze für einen einfacheren, unkomplizierteren Weg des Lebens durchbrochen: Man braucht schon ein starkes Ich, um – trotz aller Entschlüsse – nicht doch von einer gerissenen Werbepsychologie »weichgeklopft« zu werden. Die gesellschaftlich angeheizte Konsumsucht, eine Sehnsucht nach »erfülltem« Leben (mit überfülltem Einkaufskorb), der Kaufrausch, sind – bei entsprechender seelischer und charakterlicher Struktur – dann auch die »Trieb«feder für eine krankhafte Störung, die Kaufsucht, gar »Klau«-sucht (Kleptomanie).

Wen wundert das? Denn Werbesprüche, die etwas versprechen, was sie nicht halten können, gibt es viele: »Auch Sie können Millionär werden ..., so einfach ist es, Millionär zu werden ...!« Bedenken eines Kaufinteressenten wegen Geldmangels werden ausgeredet: *»Heute kaufen – morgen bezahlen ...!«* Wer weiß hier eigentlich um die schlaflosen Nächte von Menschen, die durch Verführung zu Schulden nicht nur ihren gesamten Besitz, sondern auch ihre Familie, die Gesundheit verloren, im Extremfall sogar das Leben – der »Bilanz«-Selbstmord. *Todesursache:* »Konsumterror«!

Die Übersättigung durch »Wohlstand« ist Herausforderung!

»Wohlstand« – hier gemeint als umfassender Begriff für eine Vielzahl von Angriffen auf das seelische Gleichgewicht in allen Bereichen unseres Lebens und des Zusammenlebens: Je stärker ihre manipulative Kraft in der Abschwächung der Ich-Immunität, desto spürbarer werden die Folgen an der seelischen Gesundheit. Dies alles vollzieht sich – ob man will oder nicht – über die Eigengesetzlichkeit des Wirtschaftswunders »Wachstum ...«, die in Zugzwang bringt nach dem Motto: »Wachse oder – vergehe ...!«

Eine ernste Warnung des Bischofs von Marburg Kamphaus (Interview, 1982) über den gefährlichen Wachstumsautomatismus in der Verdrängung des »einfachen Lebens« zwingt zum Nachdenken über die scheinbare Aussichtslosigkeit, etwas zu ändern: »Die Wirtschaft lebt vom Wachstum: Was ist das für eine Wirtschaft, die nur um den Preis kranker Menschen und einer kranken Umwelt gesund bleiben kann ...!«

Wer will da schon »aussteigen«, nach Gewöhnung an die *»Geschenke« der Verwöhnung durch Wohlstand*? Irgendwann, irgendwie stoßen aber auch diese scheinbaren Wohltaten durch »Wohlstand« an Grenzen der Erträglichkeit im Sinne von: »Was zu viel ist, ist zu viel ...!« – zumindest dann, wenn die eigene Persönlichkeit sich nicht mehr entfalten kann, wenn eigene Aktivitäten von Seele, Geist einer Passivität geopfert werden, menschliche, soziale Kälte sich zunehmend ausbreiten und der Kränkung, dem Mobbing und Psychoterror immer mehr Boden verschafft.

Ein Naturgesetz lautet: Vom Überfluss zum Überdruss!

»Zu Katastrophen kommt es, wenn ein Überfluss keinen Abfluss mehr hat ...!« Mit dieser eindrucksvollen Warnung zielte der Aphorist Hellmut Walters (1930-1985) auf einen ganz wunden Bereich als Ausgangspunkt für die Unzufriedenheit vieler Menschen mit ihrem Leben, einhergehend mit seelischen Störungen und Depression. Die Betroffenen kommen einfach nicht mehr zurecht mit der Oberflächlichkeit eines Lebens, das dem Lockruf folgt: »Hast du was, dann bist du was ...!«. Dieses Prinzip steht in totalem Gegensatz zu einem wirklichen Gewinn für den Menschen und für dessen Mitmenschen: »*Bist* du was, dann hast du was ...!« Bist du ein menschlicher, guter Mensch – dann bist *du* der Gewinner und auch der Mitmensch!

Es kann nicht übersehen werden, dass die Zahl jener Menschen, die in der Verführung zum Konsum, in Abhängigkeit von Medien oder Technik leben, nicht gering ist, ohne dies statistisch exakt fixieren zu können. Sie möchten ausbrechen aus einer Gesellschaft mit dem krank machenden Lebensstil: Alles haben wollen, auf nichts verzichten ...! Aber wie und wohin ausbrechen ...? Es beeindruckt, dass der Theologe Justus Jonas (1493-1555), ein enger Freund Luthers, in einer Zeit mit ganz anderen Problemen des Lebens auch über neue Lebenswege nachdenken musste: »Viele würden gern ein einfacheres Leben führen, wenn der Weg dahin nicht so kompliziert wäre ...!«

Dies könnte genauso gut für den Menschen von heute gesagt worden sein, und alle, die bislang versucht haben, diesen Weg zu gehen, könnten ihn nur bestätigen, denn:

Es ist gar nicht so einfach, einfach zu leben ...

Dies trifft aber nur dann zu, wenn der Zugang zum Wesen, zum Nutzen des einfachen Lebens, eines Lebens in möglichst großer Unabhängigkeit von einer manipulierenden Wohlstands-, Leistungs- und Ellenbogengesellschaft nicht verstanden wird. Zunächst muss hier ein Vorurteil ausgeräumt werden: *Einfaches Leben ist* nicht *primitives Leben*. Es bedeutet in keinem Bereich ein Verzicht auf das Sich-etwas-Gönnen, auf das Genießen, auf das Sichverwöhnen. Es ist nicht etwa der Zwang, nur noch trockenes Brot essen, nur noch Wasser trinken zu sollen, auf einem Holzbrett, in einem Zimmer ohne Heizung zu schlafen. Es führt auch nicht zum Verzicht auf »Lieblingskinder« des verwöhnenden Wohlstands: des Autofahrens, Fernsehens, des Genusses alkoholischer Getränke – aber bei all dem sollte stets das *»Grundgesetz der Menge«* (nach Paracelsus) kompromisslos verwirklicht werden: »Alle Dinge sind ein Gift, kein Ding ist ohne Gift – allein die *Menge* macht es, daß ein Ding kein Gift ist ...!«

Ebenso ist einfaches Leben kein Verzicht auf modische Bekleidung, Kosmetik oder auf Reisen (zum seelischen »Auftanken«) – denn sie können wichtige Selbsthilfen zum gesunden Ich sein!

Wer durch Selbsthilfe den Weg für sein weiteres Leben am »einfachen Leben« orientieren will, muss zuallererst die Gefahren im Streben nach immer mehr »Wohlstand« erkennen! Wer in suchtartigem Drang meint, seinen »Wohlstand« durch immer mehr Bankkapital, Aktien, Besitz an Häusern, Grundstücken etc. vergrößern zu können, wer dabei gar »den Hals nicht voll genug« bekommt – der irrt: Er stürzt *vom »Wohl«-stand zum »Unwohl«-stand.*

Er hat total abgehoben vom stabilen Fundament des »einfachen Lebens« und auf Höhenflügen gewinnträchtiger Vermehrung des Besitzes die Orientierung für den eigentlichen Sinn des Lebens verloren. In vollem Umfang bekommt er die Warnung des Philosophen Friedrich Nietzsche (1844-1900) zu spüren:

»Je mehr wir besitzen, umso mehr werden wir besessen ...!«

Wir werden besessen von einem »Teufel«, der den inneren Frieden der Seele zerstört, aber auch die Brücke zum Mitmenschen. Der frühere Bischof von Berlin, Kardinal Bengsch. warnte (1979): »Der Aufstieg ... zum Reichtum bedeutet in Wirklichkeit den Abstieg in Neid und Haß ...!« Dies ist auch genau jener Bereich, der die »Freude« am Besitz verderben kann – mitunter einhergehend mit tiefer Sehnsucht nach einem einfacheren Leben, als man sich gegenseitig noch alles gönnen *konnte*, was durch die »Besessenheit« nun zerstört und ausgelöscht wurde! Jeder, der durch eine gute Erkenntnis den Weg zur Selbsthilfe gehen will, kann sich noch einen Impuls vom römischen Dichter Horaz (65 v.Chr.-8 v.Chr.) geben lassen: »Dem wachsenden Reichtum folgt die Sorge ...«

Selbsthilfe für den natürlichen Umgang mit dem Wohlstand könnte lauten: Leisten Sie sich den Luxus, auf Luxus zu verzichten! Eine andere wirksame Maßnahme könnte sein: an den Mitmenschen in Not denken – ihn teilhaben lassen! Und nebenbei noch ein Selbsthilfe-Tipp des Volksmunds: »Glück ist das einzige, was sich verdoppelt, wenn man es teilt ...!« Manchmal erkennt man erst nach vielen Irrwegen, Enttäuschungen, »Nackenschlägen«, nach Einbußen der Gesundheit oder materiellen Verlusten:

»Einfaches Leben« ist ein Schutzwall für das Leben!

Nicht nur gegen primitive Verhaltensarten durch ein Leben an der Oberfläche, einem Leben ohne seelischen Tiefgang, sondern ganz zwangsläufig auch mit einem Versiegen der Quellen eigentlichen Menschseins, von unverzichtbaren menschlichen Werten, um hier – vorsorglich – das kontraproduktive Reizwort einer Wohlstands-, Ellenbogen- und Konsumgesellschaft, die »Tugend«, zu umgehen.

Es klingt fast ein wenig vulgär bzw. provokativ, wenn man zu Recht sagt: *Einfaches Leben ist der Sieg des Kopfes über den* »Bauch«. Dann bekommt auch der Begriff »Luxus« (»Üppigkeit«) eine positivere Dimension und widerlegt zugleich den gesellschaftskritischen Vorwurf Bertolt Brechts (1898-1956): »Erst kommt das Fressen und dann die Moral ...!«

Kompetente Impulse gibt auch Sokrates (470-399 v.Chr.): »Wie Vieles gibt es doch, was ich nicht nötig habe ...«, sagte er – spürbar erleichtert beim Verlassen einer Ausstellung über Luxusgegenstände. Und Friedrich Hebbel (1813-1863) appellierte: »Wirf weg, um zu besitzen ...!« Als Vorbild für diesen Appell könnte der griechische Philosoph und Staatsmann Bias (625-540 v.Chr.), einer der sieben Weisen, gedient haben, der in kriegsbedingt bedrohter Lebenssituation sagte: »Alles, was ich habe, trage ich mit mir ...!« Er wusste, dass er damit sein Leben eher retten konnte als andere, die mit dem Tragen von Lasten auch seelisch überfordert waren.

110

Für jeden Menschen, der sich von der Klugheit des Philosophen Bias anstecken lässt, kann sein Beispiel symbolhaft auch für den Entschluss zur Selbsthilfe gelten, sich vom Tragen krank machender »Überdruss«-Lasten zu befreien – insbesondere dann:

Wenn Konsumzwang die Freiheit des Denkens blockiert.

- Wenn materielles Wachstum zum alles überwuchernden Unkraut, zu einer gespensterartigen, manipulativen Macht in der persönlichen Lebensgestaltung eskaliert;

- wenn kein Platz mehr da ist für neue Bücher, Bilder, aber auch kein Platz mehr für den Menschen;

- wenn Geschenke eher eine zusätzliche Last als Freude bringen (wir alle kennen den neuen Trend kluger Vorsorge: »Bitte nichts schenken – ich habe schon alles!«);

- wenn selbst Kinder einer »Wohlstandsfamilie« sich über ein Geschenk nicht mehr freuen können;

- wenn die Schwelle von Geschenken, die noch »Freude« machen können, immer höher wird!

Diese wenigen Beispiele mögen modellhaft stehen für die irrtümliche Annahme, dass Wohlstand zum seelischem Glücksbringer werde, was Matthias Claudius (1740-1815) schon lange Zeit vor dem »Wohlstandszeitalter« erkannte:

»Und all das Gold und all das Gut
gewährt zwar schöne Sachen,
Gesundheit, Schlaf und guten Mut
kann's aber doch nicht machen …!«

Diese – scheinbar so einfach klingende – Kosten-Nutzen-Bilanz vom »Wohlstand« zwingt uns heute mehr denn je zum Nachdenken und gibt wichtige Impulse zur Erkenntnis eigentlicher Werte für menschliches Leben. Sie führt aber auch zum *Sinn* der Selbsthilfe für »einfaches Leben«: zum Verstehen eigentlicher Werte für das Leben, zum Erkennen wichtiger Ursachen für die stetige Zunahme von partnerschaftlichen, familiären Spannungen und Konflikten, wenn materielle Verlockungen und Verführungen menschliche Werte verdrängen – im Klartext:

3 x »G« (Geld, Gold, Geschenke) als »billiger Ersatz« für 3 x »Z« (Zuwendung, Zärtlichkeit, Zeit)?

Vor Gefahren, in diesen Sog zerstörerischer Wirkung durch *falschen* Umgang mit dem Wohlstand zu geraten, schützt die Verwirklichung einer lebenswichtigen Erkenntnis:

Natürliches Menschsein muss Vorrang haben vor Konsum.

Das ist die Voraussetzung, um vom Konsumzwang, gar Konsumterror zum echten Konsumbedarf zu gelangen – zum Sinn des »einfachen Lebens«. *Einfachheit* ist hier in erster Linie eine Frage der inneren Einstellung zu Werten des Lebens. Das hat auch viel zu tun mit der Klarheit und Einfachheit des Denkens. Viele Menschen stopfen sich nicht nur mit Essen voll und haben dadurch Probleme eigener Art, sondern auch mit Wissen, so dass sich kein eigenes Denken mehr entwickeln kann – sie haben weder Raum noch Zeit für eigene Gedanken. Der Sinn wirklich »gelebten« Lebens, der Weg zu Lebenskultur, zu wohltuendem Lebensstil durch das »einfache Leben« bleibt ihnen verschlossen! Aus der Perspektive der Rangfolge der wichtigsten Lebenselemente führt kein Weg der Veränderung an der Erkenntnis vorbei:

Das Sein muss vor dem Haben stehen.

Das kultivierte Existieren muss den Vorrang haben gegenüber dem bloßen Konsumieren und hier liegen zugleich auch die Chancen einer Harmonisierung zwischen »Haben und Sein«, die Schutzwall bieten kann vor dem jähen Sturz in die so verlockende »Wohlstandsfalle«, vor der Gefangennahme im

»Goldenen Käfig« und vor einer Vielzahl von »Wohlstands-krankheiten«!

Der wichtigste Weg, um diese Chancen auch für sich selbst zu verwirklichen, ist ein *Lernprozess der Selbsthilfe zum »Sein«.* Das heißt, sich bewusst zu machen: Was will ich eigentlich für mein Leben, was brauche ich dafür? Bin ich glücklich? Was macht mir Freude? Bin ich eigentlich auch mit mir selbst zufrieden, sind es auch die Menschen, mit denen ich zusam-menlebe?

Die Antworten auf diese – und viele andere Fragen – bilden das Fundament zur Erkenntnis der *echten* Bedürfnisse am »Segen des Wohlstands« für Gesundheit und Lebensqualität, um nicht durch krank machenden »Überfluss« seelisch leiden zu müssen. Gelangen wir dorthin, erhalten wir ein »unbezahl-bares« Geschenk:

Ohne Überfluss zufrieden zu sein!

Dieses Geschenk bringt Befreiung in allen Bereichen des Denkens und Handelns, vergleichbar dem Beschneiden von Wildwuchs im gepflegten Garten oder der Ordnung im Bü-cherschrank, wo man – nun endlich – jedes gewünschte Buch, auch das schon längst vermisste, findet: Nun »findet« man auch sich selbst wieder – seine *eigentliche* Art des Lebens. Nun braucht man auch nicht – nicht mehr – die suggerierende, manipulierende Art des Werbungs»denkens«, welches eigenes Denken brutal verdrängt bzw. auslöscht. Ein Kreis schließt sich ...! Es stimmt schon, was der Mathematiker und Wirt-schaftswissenschaftler Helmar Nahr (geb. 1937) uns hier klar zu machen versucht:

»Die Einfachheit ist der Mut zum Wesentlichen!«

Sie ist Voraussetzung für kritisches Denken und für den klaren Blick. Beides braucht jeder Mensch – mehr als je zuvor – für den guten Weg durchs Leben, aber nicht nur für sich allein, denn:

Es weist auf die Zukunft menschlichen Lebens, der Erde insgesamt! Doch mehr und mehr wird spürbar: Unsere Wohlstands-, Konsum- und Ellenbogen-Gesellschaft hat nicht nur nichts übrig für »Askese«, für Übung enthaltsamer Lebensweise, sondern – um einen bildlichen Vergleich heranzuziehen: Die ganze Menschheit sitzt – eng zusammengerückt – auf einem Floß: Dieses Floß ist essbar. Immer größer wird nun die Gefahr, dass dieses »Floß«, auf dem diese Menschheit sitzt, aufgegessen wird!

Unüberhörbar klingt hier der mahnende Appell des Philosophen und Religionshistorikers Hans Jonas (1899-1993), die Verantwortung für jeden einzelnen Menschen, für die Menschheit insgesamt, für die Zukunft der Erde spürend: »Entschließt euch zur Einfachheit, ehe es zu spät ist ...!«

Und: »Seit 200 Jahren sind wir dabei, die Natur zu erobern. Jetzt fangen wir an, sie totzuschlagen ...!«, mahnte im Juni 1988 der kanadische Umweltminister Tom McMillan die Teilnehmer der »Großen Klimakonferenz« in Toronto. Worte, die nicht nur zum Nachdenken, sondern zum spürbaren Sichändern zwingen müssten, auf der ganzen Welt, an jedem Tag – aber ...?

Solange die Grenzen erzwungenen »Wachstums« noch nicht erreicht sind, werden sich immer noch viele Menschen damit schwer tun, Verantwortung für die Umwelt zu erkennen, beginnend bei sich selbst! Sie brauchen dringend eine Schubkraft zur Selbsthilfe: für eine neue Erkenntnis; eine Motivation zum Umdenken, zum natürlicheren Denken in Maßstäben der Wirklichkeit des Lebens und erhalten diese von Leo Tolstoi (1828-1910). Er lässt das tragische Ende eines Menschen im Streben nach immer mehr Besitz, eines »Nimmersatt«, in eine zunächst harmlos erscheinende Frage einfließen: *»Wie viel Erde braucht der Mensch?«*

Die Antwort könnte schockieren – doch sie ist Realität: »Gerade so viel, wie er für sein Grab braucht!« Eine Antwort, die manchen Menschen vielleicht doch noch helfen kann, eine Korrektur der Wertmaßstäbe für ihr Leben vorzunehmen – für ein Leben, das sich zu sehr abhob vom wirklichen *Sinn* des Lebens und gar nicht *so* glücklich machen konnte, wie man eigentlich erwartet hatte!

ensch ärgere dich nicht! – Befreiung vom Wut-Ich

Während des gesamten Lebens wird für jeden Menschen oft schmerzhaft spürbar: »Wer sich ärgert, büßt für die Sünden anderer ...!«

Mit dieser Warnung hat der Volksmund die zerstörerische Sinnlosigkeit von Ärger als eine gegen sich selbst gerichtete Waffe eindrucksvoll erkannt: Unmissverständlich warnt er damit jeden vor der Gefahr, willkürlich zum Opferlamm von Launen, Aggressivität oder Bösartigkeit eines anderen zu werden, denn:

Nichts ist ärger als Ärger.

Schon wenige Sekunden Ärger können den ganzen Tag, sogar die Gesundheit zerstören! Dies muss aber nicht so sein. Schutz bietet die *Verwirklichung der Ärger-Selbsthilfe:* »Mach kaputt, was dich kaputtmachen kann!« (Siehe auch Seite 194ff.) Das heißt, dem geschluckten »granatigen« Ärger keine Chance geben und so früh wie möglich das »Anti-Ärger-Verhalten« lernen – »spielend«! Hilfreich kann hier übrigens bereits ein Lernprozess in der Kindheit sein – und zwar im Familienspiel »Mensch ärgere dich nicht«. Der Erfolg aller Anti-Ärger-Lernprogramme basiert auf der Erkenntnis:

Erfolgreiche Selbsthilfe gegen Ärger beginnt **vor** dem Ärger!

Eine Motivation für diesen Lernprozess verdanken wir dem Philosophen Friedrich von Schlegel (1772-1829): »Es ist unmöglich, jemandem ein Ärgernis zu geben, wenn er es nicht nehmen will!« Aber wer hat dafür stets die seelische Kraft in einer akuten Ärgersituation? Kein Weg der Selbsthilfe führt daher am lebenswichtigen Weg eines Lernprozesses vorbei:

Lernen, dem Ärger vorzubeugen – sich Ärger ersparen!

Denn: Ärger ist teuer! Er kostet nicht nur die »letzten Nerven« – er kostet auch, wie bereits erwähnt, wertvolle körperliche Energie: Eine Stunde Ärger verlangt mindestens ebenso viel Kraft wie acht Stunden Arbeit und raubt außerdem noch den Schlaf. Für jeden Zweifler gibt es eine *Warnung:* Die Kosten-Nutzen-Bilanz von Ärger ist stets katastrophal, gesundheitlich zerstörerisch.

Das »Ampelgesicht« des Ärgers signalisiert Gefahren.

Zuerst grün und gelb, wenn vor Wut die Galle überläuft, dann rot vor Zorn (mit Anschwellen der »Zornesadern«), wenn der Ärger sich in der Seele festkrallt! Dann allerdings kann es recht gefährlich werden: Vom Herzjagen über extremen Anstieg des Blutdrucks (»mich trifft der Schlag ...!«) bis zum Herzanfall (Angina pectoris »nervosa«!), sogar Herzinfarkt (»das stach mir ins Herz ..., das zerbrach mein Herz ..., das brachte mein Herz zum Bluten ...!«). Im Extremfall von Ärger besteht auch die Gefahr von Herzversagen – durch einen herzlosen Menschen, der einem Ärger bereitet: Er missachtet in diesem Fall auf brutale Weise einen lebensrettenden *Appell der Menschlichkeit in einer Ärgersituation:* »Drum wäge deine Worte, jedes könnte das allerletzte gewesen sein: Für den Mitmenschen, für dich selbst ...!«

Die umfassenden Gefahren von verdrängtem, »verschlucktem«, von unverdautem Ärger zwingen zur

Selbstverteidigung des Ichs.

Alles beginnt mit einem »Ä« wie »Ärger«, hier aber mit einem »Ä« = *Ändern* – das heißt das bisherige Verhalten bei Ärger ändern!

Ziele: Ärger abwehren, nicht in sich hineinlassen, nicht gleich alles in den »falschen Hals« bekommen! Wenn all dies nicht gelingt: Ärger herauslassen oder Ärger »verdauen«. (Siehe auch Seite 205ff.). Auch in der Gluthitze von Ärger nicht Amboss, sondern Hammer sein, nicht derjenige sein müssen, auf dem willkürlich herumgetrampelt wird. Dies wirklich zu können und die »Nerven« nicht zu verlieren erfordert *seelische Schützenhilfe zur Aktivierung von Selbsthilfen.* Das sind vor allem:

● Verzicht auf die primitive Retourkutsche: »Wie du mir, so ich dir ...!«

● Auch in extremer Situation der Provokation nicht »außer Fassung« geraten ... und nur noch »rot« sehen, nicht die Kontrolle über den Verstand verlieren.

Warnung: Wer in extremer Ärgersituation die Geduld, gar die Selbstbeherrschung verliert, verliert auch die Würde als Mensch – seine Persönlichkeit!

Und wenn alles in dieser Abwehr von Ärger ohne Erfolg bleibt, gibt es immer noch einen allzu oft vergessenen Weg:

Das »entwaffnende« Lächeln

Es verunsichert den Ärgerpartner – durch Ausstrahlung von Selbstsicherheit. Es verblüfft ihn, macht ihn sprachlos. Ein verhaltenstherapeutisch wirksamer Trick wird somit wirksam: »Lächeln ist die eleganteste Art, seinem Gegner die Zähne zu zeigen!«

In der Überwindung letzter Hemmschwellen hilft oft auch eine *autosuggestive Befreiungsformel,* beispielsweise: »Seine Strafe soll sein, dass ich ihm vergebe ...« Dieser Weg autosuggestiver Befreiung bewirkt außerdem eine Art von Genugtuung: »Wenn ich mich von dem nicht ärgern lasse (worauf der andere sich ja mit seinen Rachegelüsten so gefreut hätte!), dann ärgert ihn das am meisten!« Diese Art des Verhaltens in

einer Ärgersituation hat zudem eine recht positive mitmensch-
liche Seite, etwa nach dem Motto: »Liebe deinen Feind, aber
– sei klüger als er!«

Gewiss, nicht allen Menschen gelingt in einer akuten Ärgersituation dieser Weg selbstschützender Abwehr. Niemals aber
dürfen wir den Ärger schlucken, denn geschluckter Ärger ist
Gift für die Seele. Deshalb:

Seinem Ärger »Luft machen!« – Ärger rauslassen!

Auch bei dieser Formulierung hat der Volksmund ein gutes
Gespür für wirksame Selbsthilfe, um vor Ärger nicht »platzen«
zu müssen, gar »blind« zu werden. Ziel der Selbsthilfe ist hier
die Verwirklichung eines äußerst wirksamen Ratschlags: *Beim
nächsten Ärger nicht mehr »in« die Luft gehen,* sondern »an«
die Luft, um dort dem Ärger »davonzulaufen« – die durch den
Ärger frei gewordene seelische Energie zur Befreiung positiv
nutzen. Jeder, der das einmal erprobte, erlebte ein befreiendes
Phänomen: Durch den wohltuenden »Endorphin-Effekt«
beim Laufen schmilzt der Ärger wie die Butter in der Sonne.
In krassem Gegensatz dazu steht der Rückzug in den Schmoll-
winkel, der Ärger wuchert weiter – wie Unkraut!

Nicht jeder kann in akuter Ärgersituation dem Ärger »davonlaufen«. Aber auch hier gibt es einen *»Zebrastreifen« der
Selbsthilfe:* Anstatt Öl in das Streit-Feuer zu gießen und mehr
und mehr die Kontrolle über sich selbst zu verlieren, kann man
auf Abstand gehen.

Die Notbremse des Schweigens ziehen!

Dieses Schweigen wird vom anderen besser »gehört« und
verstanden als kränkendes Brüllen, das alles nur noch schlimmer macht. Schweigen ist hier »Gold« – Retter in höchster
Not. Denn es kann aus dem Clinch völlig verfahrener Ärgersituation befreien. Die *Pause zum Überlegen* macht überlegen
– auch im Ärger!

Zuallererst »abschalten« durch einen kleinen Trick: bis zehn
zählen. Dann nachdenken über die Sinnlosigkeit von Ärger,

der alles noch schlimmer macht, als es zuvor war, und Gesundheit und Kontakte zerstört – und in der dritten Stufe: Handeln! Ganz im Vordergrund steht hier der Selbstschutz durch

Rückzug aus dem Schussfeld des Ärgers.

Wer dies tut, ist weder feige noch dumm. Er ist vergleichbar einem klugen Menschen, der sieht, dass jemand einen Stein auf ihn werfen will und sich duckt: Menschen, die dem Ärger ausweichen, sind keine »Duckmäuser«. Es sind lebenstüchtige Menschen, die es verstehen, Gesundheit und Leben zu schützen, um dann – aus einer Position der Sicherheit heraus – sich vom Ärger zu befreien. Sie wissen natürlich und werden auch dementsprechend handeln:

Wut durch Ärger gehört auf die Zunge – nicht in den Bauch!

Kein einziger Weg der Ärger-Selbsthilfe, der nicht nur die Beziehung von Mensch zu Mensch, sondern auch die Gesundheit zerstören kann, führt vorbei an einer alten Weisheit des Volksmunds:

»Es ist immer besser, sich halb totzulachen,
als sich totzuärgern ...!«

Stell dich der Angst – Gelassenheit für das Ich

»Die Angst – eine Pest der Neuzeit ...!« »Die Angst steht auf der Tagesordnung ...!« »Die Angst sitzt mit am Tisch ...!« – Medienslogans dieser oder ähnlich klingender Art werden mehr und mehr zu bedrückender Wirklichkeit im »Angst einjagenden« Angriff auf Gesundheit und Lebensqualität bei einer Vielzahl von Menschen: Angstsensibilität und Angstursachen sind angestiegen – Angst ist Begleiter auf allen Wegen unseres Lebens, aber:

Zwei grundverschiedene Arten von »Angst« mit unterschiedlichen Ursprüngen und gesundheitlichen Auswirkungen zwingen zur Trennung zwischen zwei Grundformen:

1. *Die natürliche Angst, die »Realangst« – die »Furcht«*
Sie ist auf Gefahren gerichtet, deren Abwehr den menschlichen Körper, die Gesundheit insgesamt, vor Gefahren für »Leib und Leben« schützen soll! Ihr verdanken wir unser Leben – bis zum heutigen Tag. Ohne Beachtung der stets warnenden Schutzwirkung dieser Art von Angst (»Signalangst«) wären wir längst zum Opfer lebenszerstörender Einwirkungen (Wasser, Feuer, Straßenverkehr, Gewitter ...) geworden. Das heißt also: Je weniger Signale der Realangst beachtet werden, desto größer sind die Gefahren für das Leben! In so mancher Situation muss man aber auch Angst haben vor Menschen, die keine oder zu wenig Angst haben!

2. *Die Angst vor der Angst – das Gespenst »Angst«:*
Dabei handelt es sich um jene Angst, die weiterbesteht, wenn die Signale für die Abwehr von Gefahren längst verschwunden sind. Es ist eine Art von »Angst«, die man sich nicht erklären kann: »Angst« degeneriert hier selbst zur Ursache von Angst – als Angst vor Angst, dass ... usw. und provoziert so einen Teufelskreis von Ängsten mit gesundheitlich spürbarer Gewalt undefinierbarer Angst vor der Angst, die wir wohl alle kennen: Das Herz, das »in die Hose sinkt ...«, die Angst, die scheinbar bewegungsunfähig macht (»ich bin wie gelähmt ...!), der Angstschweiß (»schweißgebadet ...!«), vielleicht sogar die Panik der »Todesangst«, mit der – alles noch verschlimmernden – Angst, sterben zu müssen.

Den »von Haus aus« ängstlichen Menschen bezeichnet der Volksmund als »Angsthase«, »Schisshas« oder »Hasenfuß« – und meint damit jemanden, der »mehr Angst als Vaterlandsliebe« hat, dessen Angst größer ist als der Mut zur Verteidigung seines Vaterlandes: Nur Angst prägt sein Handeln!

Neben diesen »diffusen« Formen einer Angst vor der Angst gibt es noch eine abnorme Objekt- und Situationsangst, eine gespenstische Art von Angst vor der Angst:

Die Phobie – eine »frei flottierende« Angst.

Sie ist eine besondere Art von Angst, die an Situationen und Vorstellungen geknüpft ist. Neben erhöhter Ängstlichkeit findet man bei den »Phobikern« auch verstärkt zwanghafte Züge mit der Unfähigkeit, sich von der – sie gefangen nehmenden – Angst zu lösen, obwohl sie das Widersinnige einsehen: von der Angst vor Menschen (besonders durch Angst vor dem Erröten), Insektenangst über Höhen- und Platzangst, Angst vor Krankheit (»Krebsangst«!) bis zur Angst vor Scheintod, Sterben (»Thanatophobie«).

Diese – und noch eine ganze Anzahl anderer – Phobien sind von der Vernunft her nicht erklärbar. Es sind »unvernünftige Ängste«, die erheblich auf die Lebensqualität drücken!

Die Betroffenheit von Gesundheit und Lebensqualität durch Ängste aller Art, einschließlich der Phobien, wirkt lähmend und kann auch zur Depression führen. Daher stehen am Beginn der Hilfen gegen Angst oft Fremdhilfen: die ärztliche Zuwendung durch das Gespräch (Hausarzt, Arzt für Psychiatrie) oder psychotherapeutische Entspannung vom unerträglichen Druck der Angst. Nicht immer kann auf den Einsatz auch medikamentöser Therapie verzichtet werden.

Zwei Arten von Medikamenten stehen hier zur Verfügung:

- »Anxiolytika« – die medikamentösen »Angstlöser«: Sie greifen die seelischen Komponenten der Angst an und regulieren die Angst begünstigende Erregung. Die dabei bevorzugt angewendeten Präparate entstammen der Wirkstoffgruppe der »Benzodiazepine«. Wegen ihres Abhängigkeitspotentials können sie jedoch nur unter ärztlicher Beobachtung und auch nur zeitlich begrenzt eingenommen werden.

- »Beta-Blocker«: Ihr Ansatzpunkt ist die Übermittlung der körperlichen Phänomene von Angst über die beta-adrenergen Rezeptoren (Empfänger) im Nervensystem. Sie reduzieren damit die körperlichen Begleiterscheinungen. Sie erzeugen zwar keine Abhängigkeit, erfordern aber wegen ihrer Wirkung auf Blutdruck und Herzfrequenz ebenfalls ärztliche Überwachung.

Wie überall bei der Behandlung von seelischen Störungen und Krankheiten durch Fremdhilfen gilt auch hier der Grundsatz:

Fremdhilfen sind nur Wegbereiter zur Selbsthilfe.

(Siehe hierzu Kapitel 4) Es gibt aber kein »Patentrezept«, das von allen Arten einer Angst befreien könnte. Es gibt jedoch eine Anzahl von Wegen, die den Umgang mit der Angst »vernünftiger« machen, sich durch Ängste und Phobien Gesundheit und Lebensqualität nicht zerstören, die Ängste nicht chronisch werden zu lassen.

Ein »Lohn« der Angst wie bei der lebensrettenden Realangst existiert hier nicht – sehr wohl aber ein »Lohn« der Hilfe gegen Ängste durch Selbsthilfe! »Es ist schließlich ein Unterschied, ob ein Mensch unter der Last seiner Angst zusammenbricht oder ob er lernt, diese Last so zu (er)tragen, daß er damit aufrecht und ungebrochen durchs Leben gehen kann ...« – mit diesen Worten gibt Hans-Ulrich Wittchen (Max-Planck-Institut für Psychiatrie in München) eine ermutigende Motivation für Wege und Sinn einer Anti-Angst-Selbsthilfe. Allen jenen Menschen jedoch, die Schwierigkeiten damit haben, sich gegen ihre Ängste zu wehren, die die Einengung einer Angstspirale verspüren, die trotz aller Bemühungen bislang keinen Erfolg einer Anti-Angst-Selbsthilfe sehen, kann vielleicht ein indisches Sprichwort neue Impulse bringen:

»Wer die Gefahr fürchtet, ist immer in Gefahr ...!«

Dies gilt auch, wenn diese Gefahr – angstbedingt – illusionär wäre! Für die Abschwächung, für die Überwindung von diffusen Ängsten, von der Angst vor der Angst, von Phobien, von akuten Angstanfällen (»Panik«) gibt es gewiss viele Angebote für Hilfen. Im Folgenden werden daraus einige bewährte Wege genannt für das

Anti-Angst-Selbsthilfe-Programm

Wie bei allen Wegen der Selbsthilfe steht auch hier am Beginn:

- *Seelische Entspannung:* Sie ist bei jeder Art von Angst von höchstrangiger Bedeutung. Allerdings lassen sich anfänglich hochgradige Angst-Unruhezustände damit meist nicht »in den Griff« bekommen, was oft erst nach Hilfe von außen (Arzt, anxiolytisch-medikamentös) gelingt. Danach kommt der Zeitpunkt entspannender Selbsthilfe (zum Beispiel Meditation, Autogenes Training – siehe auch Seite 77ff., 80ff.).

- *Kontakte pflegen:* Isolation fördert Ängste! Auch hier ist der »Mensch des Menschen beste Medizin«, aber nur jener Mensch, der nicht zusätzlich noch Angst »einjagt« (»da kommt noch was auf dich zu ...!«). Denn Kontakte in engem zwischenmenschlichen Zusammenleben bergen auch Möglichkeiten eines Negativ-Effekts in sich: *Angst ist ansteckend wie Masern.* Die Angst der Mutter bleibt nicht ohne »infektiöse« Wirkung auf ein sensibles Kind, die Ängste eines Partners können auch partnerschaftlich »abfärben«. Dies zu wissen ist eine Chance, direkt eine Notwendigkeit, sein Ich dagegen zu »immunisieren«!

- *Stabilisierung des Ichs* mit der Fähigkeit, einen Teufelskreis zu sprengen: Ich-Schwäche ist der beste Nährboden für Ängste aller Art, Ängste machen das Ich noch schwächer (was dagegen zu tun ist, erfahren Sie auf Seite 194ff. und 198f.)! Daher:

- *Keine »Gespenster« mehr »an die Wand malen ...!«* Gemeint sind die künstlich »eingejagten Ängste« nach dem Motto: »... wenn das passiert, dann ...«. Es gibt praktisch keine

Grenzen, um seine Abwehrkräfte gegen »Angst« zu lähmen. Hier liegen aber auch Chancen der Selbsthilfe durch »normales« (positives!) Denken mit dem Appell, der Angst ins Auge zu schauen.

- *Konfrontation mit der Angst.* Ziel ist, sich der Angst zu stellen – Angst überwinden! »Wenn du eine Gefahr siehst, dann nimm dein Schwert und versperre ihr den Weg ...!« (Alexander Lebed am 16. Januar 1997 in einer Rede vor Politikern in Bad Godesberg) Dieses »Schwert« ist die seelische Kraft rettender Erkenntnis, zerstörerischen Gefahren für Gesundheit und Leben den Weg zu versperren – es auch wirklich zu tun, notfalls mit psychotherapeutischer Hilfe! Ein hilfreicher Appell auf diesem Weg lautet: »Stell dich der Angst – sie wird dir nichts tun ...!«

Ein unübertroffener psychotherapeutischer Lehrmeister ist hier J.W. von Goethe, der selbst unter Höhenängsten litt und überzeugend (in *Dichtung und Wahrheit*) schilderte, wie er sich durch Besteigen des Straßburger Münsterturms davon befreite: »Dergleichen Angst und Qual wiederholte ich so oft, bis der Eindruck mir ganz gleichgültig ward ...« Damit ist Goethe eigentlich der Begründer der »Konfrontationstherapie«, die heute als aussichtsreichstes Verfahren bei Angstzuständen eingesetzt wird!

Insgesamt gilt:

- *Angstkonfrontation schützt vor Gefahren einer Vermeidung!* Sie allein kann verhindern, dass Ängste in die Tiefe des Bewusstseins vordringen, wo Angsterinnerung und Angstphantasie in aller Ruhe sich ein Nest bauen: »Das war gefährlich – das kannst du nicht (nie) mehr!« Solche Aussagen sind oft die Ursache für so manchen Verzicht auf Faktoren für bessere Lebensqualität – erkennbar an zwei Beispielen:

- *Nach einem Autounfall:* »Ich fahre nie mehr ...!« Jeder Tag, der hier – unter der Voraussetzung des Fehlens unfallbedingter Beeinträchtigung der Fahrtauglichkeit – vergeht, führt zur Chronifizierung von Ängsten, die immer schwerer zu beheben sind.

- *Der Reitschüler:* »Nach diesem Sturz kriegt mich keiner mehr aufs Pferd« – wenn nicht der Reitlehrer dafür sorgen würde, dass er möglichst sofort wieder aufsteigt.

- *Der ängstliche Prüfungskandidat:* »Jetzt gebe ich auf ..., ich schaffe es nie mehr ...!« – nachdem er durchgefallen ist. Wer so denkt, hat auch beim nächsten Prüfungstermin das Gespenst »Angst« neben sich sitzen, den Miesmacher des Vertrauens in sich selbst. »Angst« (aus dem lateinischen »angustus«) macht »eng« – auch in der Beweglichkeit des Denkens. (Siehe hierzu auch den Gegensatz, das positive Denken, Seite 82ff.)

Doch jeder Mensch, der von Ängsten geplagt und gerüttelt wird, hat einen oft ungenutzten Helfer in der Not:

Das Prinzip »Hoffnung«!

Wenn schon Ängste die Gegenwart zerstören, so hat man in der Hoffnung einen Verbündeten für die Zukunft. Wer allerdings – wie so mancher angstgeplagte Mensch – zu allem Unglück auch noch alle Hoffnungen »zu Grabe trägt«, muss sich vom alternativen Nobelpreisträger (1986) und Zukunftsforscher Robert Jungk (1913-1994) belehren lassen: »Hoffnung ist so wichtig wie das Atmen ...!«

Es ist jedoch direkt fatal, dass die Angst auch die Hoffnung auszulöschen versucht, denn *»Hoffnung« ist unersetzbare Selbsthilfe gegen Angst.* Hoffnung und Angst vertragen sich wie Feuer und Wasser: Dort, wo Hoffnung sich ausbreitet, schwindet die Angst, je stärker die Angst, umso geringer die Hoffnung! Daher ermahnt der Philosoph Ernst Bloch (1885-1977): »Es kommt darauf an, das Hoffen zu lernen ...!«

Fast klingt es wie ein Widerspruch: Wo keine Hoffnung mehr zu sein scheint, hat die Hoffnung erst recht ihren Platz. Ein altes Bibelwort gibt hier einen heilenden Impuls: »*Sperare contra spem* ...« – *Hoffen gegen alle Hoffnung!* Es gibt nämlich keine Alternativen gegen diesen Rat! Die Verwirklichung dieser Aufforderung ist allerdings eine andere Sache. Gar mancher fragt sich sogar: Kann ich, darf ich überhaupt hoffen – in meiner »Lage«? Für jeden Zweifler, noch Zögernden gibt es nur eine Antwort: »Ja – und sofort ...!«

Wer dann allerdings gleich »die Sterne vom Himmel« holen will, muss enttäuscht werden. Alles beginnt – wie bei jeder noch so großen Reise – mit dem ersten Schritt. So kann deshalb schon eine kleine Hoffnung zum »Hoffnungsschimmer am Horizont« werden. Die Wirklichkeit des Alltags bestätigt es uns: Es sind fast immer die »kleinen Hoffnungen« (das Erwachen in einen neuen Tag, gesund aufstehen, zur Schule, zur Arbeit gehen zu können ...), die aus Hoffnungslosigkeit eher herausführen als die riesengroßen, unerfüllbaren Hoffnungen (das »erhoffte Millionending« im Toto/Lotto, das meist doch nicht eintrifft).

Doch vergessen wir bei all dem nicht: Hoffnung für Menschen in seelischer Not, selbst für den Angstgeplagten, kann auch vom Mitmenschen kommen, er kann auch hier die »beste Medizin« sein. Wer will diesbezüglich dem französischen Philosophen Jean Jaurès (1859-1914) widersprechen:

»Die größten Menschen sind diejenigen,
die anderen Hoffnung geben können ...!«

om Chaos zur Ordnung –
Freie Fahrt für das Ich

»Ordnung ist nur das halbe Leben ...!« Mit dieser Redewendung erweist sich der Volksmund auch im Prinzip »Ordnung« als ein diplomatischer Ratgeber, ohne damit gleichzeitig einen Freibrief für Unordnung und Chaos in der anderen Hälfte des Lebens erteilt zu haben. Schon konkreter ist hier die Aussage eines russischen Sprichwortes: »Überflüssige Ordnung ist auch Unordnung ...!« Diese Formulierung zwingt zum Nachdenken über den Hang zum Perfektionismus. Davon können zum Beispiel »ein Liedchen singen ...«:

- Jeder Mensch, der nach dem Weggang einer ordnungsliebenden Raumpflegerin auf dem mustergültig aufgeräumten Schreibtisch verzweifelt nach einem wichtigen Brief sucht und – nicht mehr findet ...;

- der ortsunkundige Verkehrsteilnehmer, für den die Straßenverkehrs-»Ordnung« durch einen unordentlichen Schilderwald zur Straßenverkehrs-»Un-ordnung« pervertierte;

- jener Ehemann, dem der extreme Ordnungssinn seiner (frustrierten) Frau mit ihrem Hobby (»putzen von früh bis spät«, an allen »Ecken und Enden«) auf die Nerven geht. Wie heißt es doch gleich? Frauen, die zu viel putzen, kann ihr Mann nicht »verputzen ...!«

Es stimmt schon, was der Volksmund auch hier sagt: »Ordnung muss sein!« – aber nicht nur der Ordnung zuliebe! Ordnung stößt immer dort an Grenzen der Vernunft, an die Grenzen vom Sinn der Ordnung, wo sie selbst zum Inhalt, zum Ziel des Handelns wird – und zwar dann, wenn Ordnung zum Zwang wird! Sie führt zur seelischen Belastung, wenn dieser Zwang die Freiheit des Denkens und Handelns zerstört, wenn der Zwang zur Ordnung die Schwingungsfähigkeit der Seele lähmt! Es ist erkennbar, für jeden Menschen auch spürbar:

Einerseits gibt es Menschen mit einer – oft sogar bewunderten, beneideten – äußeren Ordnung: vom gepflegten, gestylten »Outfit« über den stets aufgeräumten Schreibtisch, die »blitzblanke« Küche, die staubfreien Nebenfächer in Regalen bis hin zur Zahnbürste, die »wie neu« aussieht. Aber – sie haben häufig Probleme mit der inneren Ordnung, weil der gleichartige Perfektionismus dort nicht genau so funktioniert. Sie erkannten nicht – oder konnten nicht erkennen –, dass die seelische Ordnung nicht vom Perfektionismus des Denkens, Fühlens, Wollens und Handelns, sondern von der Freiheit der Seele, aus der Tiefe des Gemüts gesteuert – geprägt wird!

Andererseits gibt es zunehmend mehr Menschen – vor allem jüngere –, die zur zweiten Hälfte der »Ordnung« eine liberalere Beziehung haben. Ihre »Ordnung« bewegt sich in Extrembereichen von äußerer und innerer Ordnung: Art und Qualität dieser Ordnung werden von individuellen situativ beeinflussten Wertmaßstäben geprägt – und bieten nur zu oft ein Spiegelbild aktueller seelischer Situation dar, worüber mancher Blick auf den Schreibtisch eines Kollegen/einer Kollegin, mancher Blick der Mutter in das »Kinderzimmer« diagnostischen Aufschluss geben kann. Im Extrembereich ist dann

Chaos – ein Symptom auch seelischer Unordnung!

Es wäre jedoch falsch – und ist in zwischenmenschlichen Beziehungen oft genug Ursache von »Missverständnissen« (»Schlamperei«, »Sauladen«) –, daraus ausschließlich auch auf ein seelisches Chaos zu schließen. Hier muss man sich die Mühe machen, zu differenzieren, sich auch mit den Ursprüngen für »chaotisch« wirkendes Verhalten zu befassen und sich auch aus sozialpsychologischer Sicht (H.Chr. Röglin) informieren lassen: »Auch das Chaotische hat sehr viel Kreatives, Liebenswertes an sich ...!«

Beeindruckend sind darüber hinaus die Worte, mit welchen der Künstler Joseph Beuys (1921-1986) seine eigene Kreativität zu erklären versucht: »... Mir lag daran, daß alle im Unterbewußtsein vorhandenen Residuen aufgebrochen und in Form eines chaotisch lösenden Vorganges regelrecht in Turbulenz versetzt werden, denn – der Anfang des Neuen findet stets im Chaos statt ...« Dies geht einher in auffallender Übereinstimmung mit einer Erfahrung des Volksmunds als Empfehlung zur Selbsthilfe einer neuen Orientierung: »Wo kein Weg mehr ist, ist des Weges Beginn ...« – eines neuen Weges!

Wenn man von der eigentlichen Bedeutung des griechischen Ursprungs von »Chaos«, dem »unendlichen, leeren Raum«, einer »gestaltlosen Urmasse (des Weltenraums)«, ausgeht, ist »Chaos« gar nicht so »chaotisch«, wie es in unserer Umgangssprache klingt. Dies setzt allerdings voraus die

Trennung zwischen äußerem und innerem Chaos

Wenn inneres (seelisches) Chaos auch zu äußerem Chaos führt, ist der Extrembereich von Chaos erreicht – eines Chaos' mit Zerstörung der Persönlichkeit des davon betroffenen Menschen. Er programmiert einen Teufelskreis der weiteren Bedeutung von »Chaos« – der »Auflösung aller Ordnungen«! Streng davon zu trennen ist:

Äußeres Chaos bei seelischer Ordnung.

Dies meint eine Art von Lebensstil erfolgreicher Menschen, die den Zwang zu äußerer Ordnung als Bremse ihres schöpferischen Denkens, Fühlens, Handelns empfinden. Symbolhaft wirkt hier das Gefühl seelischer Freiheit durch das sofortige Ablegen des gesellschaftlich, beruflich »vorgeschriebenen« Bekleidungs-»Outfits« beim Betreten der eigenen Wohnung!

Die Toleranzbreite für äußeres Chaos endet dort, wo sie zur Gefahr für innere Ordnung werden kann – wenn Denken, Fühlen, Handeln nicht mehr harmonisieren!

Es beeindruckt, dass schon lange vor unserer Zeit (1813) ein damaliger berühmter »Seelenarzt«, J.C.A. Heinroth, Professor für Psychiatrie an der Universität Leipzig, ein Buch über »Die Lehre vom richtigen Leben«, von ihm »Orthobiotiotik« genannt, schrieb. Er begründete bereits damals die lebenswichtige Notwendigkeit einer Ordnung im Zusammenspiel von Seele und Körper und gab ihr eine

Rangfolge der Werte für die innere Ordnung.

»Wir befinden uns nämlich gleichsam in einer Kunstschule – und das richtige Leben ist von jeher für eine Kunst, ja für die höchste aller Künste angesehen worden – in welcher nicht diejenige Kraft oder Neigung, die zuerst im Menschen hervortritt, berücksichtigt wird, sondern diejenige Tätigkeit, die dem Zwecke am angemessensten ist: So möchte jemand, der gern malen will, sich sogleich der Farben bemächtigen. Aber der Meister führt den Schüler zuerst durch die trockene und strenge Schule des Zeichnens ... Was für die Malerei das Zeichnen ist, das ist für die Lebenskunst das Denken ... Vor jeder That ist unser Thun selbst zu bedenken, d.h. durch Einsicht, Erkenntnis und Urteil zu bestimmen, ob es gut oder nicht gut, zweckmäßig oder zweckwidrig, ausführbar oder unausführbar sei: – Was gut oder nicht gut sei, zeigt uns die Vernunft, das übrige der Verstand!«

Wer dieses »Rezept« J.C.A. Heinroths für sich verwirklichen kann, hat zugleich eine:

Wirksame Selbsthilfe für die »innere Ordnung«.

Sie schenkt seelische Gesundheit durch ein stabiles Ich. Im alltäglichen Leben ist – mehr als im Allgemeinen vermutet – der Verlust der inneren Ordnung eine Krankheitsursache!

Die Bedeutung dieser Ordnung im Ich hatte eindrucksvoll auch Sebastian Kneipp (1821-1897) erkannt: Als »Ordnungs-Therapie« ist sie eine der fünf tragenden Säulen der gesamten »Kneipp-Therapie«. Kneipp berichtete selbst über seine Erfahrungen auf diesem Gebiet – von dem zu wünschen wäre, dass es in allen Bereichen der Medizin für den Zugang zum Kranken zum Allgemeingut gehöre. »Erst als ich daranging, Ordnung in die Seele meiner Patienten zu bringen, da hatte ich vollen Erfolg ...!« – den er sich – zu Recht – verdiente!

Jedes Streben nach innerer Ordnung kann jedoch erschwert werden durch den Mangel an Orientierung – der Weg in das Chaos. Man kann sich noch so bemühen, sein Leben zu bewältigen, seelisch gesund zu bleiben bzw. es wieder zu werden – ohne Orientierung für diesen Weg erleidet man unweigerlich »Schiffbruch«, genauso wie ein Schiff auf hoher See, dessen Navigationsgeräte ausgefallen sind.

Die Verwirklichung von innerer Ordnung, dem Fundament seelischer Gesundheit, die Orientierung für das erstrebte Lebensziel, sind also die sichersten Begleiter, um nicht auf Holzwegen, gar auf Irrwegen gehen zu müssen! Eindrucksvoll warnt hier der Lebensphilosoph Morgenstern (1871-1914):

>»Wer das Ziel nicht weiß,
> kann den Weg nicht haben,
> muß im gleichen Kreis
> all sein Leben traben ...!«

chach dem Stress! – Gute Nerven für das Ich

»Unser Leben Streß, Streß ist Leben, Freisein von Streß ist der Tod ...!« Mit dieser Definition von »Stress« brachte Hans Selye (1904-1980) einen aufschlussreichen Zugang zum Verständnis eines Begriffes, der allzu oft auch missverstanden wird, besonders von sich geplagt fühlenden Menschen, die klagen: »Ich bin gestresst ...!« und darunter auch seelisch leiden. Hier wird bereits erkennbar: »Stress« ist kein einheitlicher Begriff. Daher schuf Selye eine

Trennung zwischen »Eu«-Stress und »Dis«-Stress.

Damit wird unterschieden zwischen dem »guten«, wohltuenden »Eu«-Stress und dem krank machenden »Dis«-Stress mit seinem Angriffsziel: Vegetatives Nervensystem. Dieser Dis-Stress ist es denn auch, der uns das Leben so schwer machen kann: Am Morgen steht er mit uns auf, frühstückt mit uns, liest die Zeitung mit, begleitet uns auf dem Weg zur Arbeit, sitzt mit uns vor dem Fernsehschirm, um dort mitzuhelfen beim »Zappen«, geht mit ins Bett und raubt uns den Schlaf!

Für immer mehr Menschen wird spürbar: »Stress« greift nach allen Menschen: Hier und nachfolgend steht »Stress« für »Dis-Stress«. Aber nicht jeder Mensch wird von Stress krank gemacht, denn:

Es gibt Menschen mit natürlicher Stress-Immunität.

Das ist jener Zeitgenosse mit dem oft beneideten Typ-B-Verhaltensmuster der Stressforschung. Diese Menschen haben ein »gutes Nervenkostüm«, Nerven »wie Schiffstaue« oder »Drahtseile«, besitzen ein »dickes Fell« oder eine »Elefantenhaut«. Nichts kann sie »aus der Ruhe« bringen, sie sind neidlos, zeigen Toleranz und Geduld! Im krassen Gegensatz dazu stehen

Menschen mit Stress-Immunschwäche.

Schon geringfügige Anlässe und Belastungen machen sie »stressig«. Dazwischen gibt es natürlich alle Arten von Zwischenstufen – endend im Extrembereich *Stresssucht*. Sie erfasst jene Menschen,

- die Stress in immer höherer Dosierung brauchen, um aus ihrer »Matschigkeit«, die durch Absinken des abhängig machenden endogenen Endorphinspiegels entsteht, herauszugelangen;

- die Stress suchen (zur Ausfüllung seelischer »Löcher«); die sich im Stress wohl fühlen – durch das seelische Vitamin »Anerkennung« (»... bewundernswert, was Sie da so alles leisten ..., vorbildlich ...!«).

In allen diesen Bereichen findet man:

Die »Stress-Persönlichkeit« – der Typ-A-Mensch,

Hierbei handelt es sich um Menschen,

- die überdurchschnittlich ehrgeizig sind;
- die nach Anerkennung streben (und sie brauchen);
- die alles »hundertprozentig« machen wollen und es durch Drang, Hang, durch den Zwang zum Perfektionismus wohl auch müssen ...!;
- die sich für unersetzbar halten, die schockiert sind, wenn es auch »ohne sie« klappt;
- die »action« brauchen (»keine Feier ohne Meier!«);
- die wie »besessen« arbeiten, für die Arbeit »ein und alles« ist.

Ihr Verhängnis: »Schwachsein« kennen sie nicht! Und dies ist dann oft der Einstieg in den gesundheitlichen »Keulenschlag« – beispielsweise »Herzinfarkt am Schreibtisch ...!« Die oft viel zu spät erkannte Penetranz von Stress und seiner Gefahren für Gesundheit und Leben zwingen zum Handeln, ausgehend von einer Enttäuschung für jeden Gestressten:

Es gibt kein einziges Medikament gegen Stress.

Im Gegenteil: Das chemische Zudecken lebensrettender Warnsignale (»Nervosität«, Unruhe, Konzentrationsstörung, Reizbarkeit, Schlafstörung ...) macht alles nur noch schlimmer! Wirksam helfen, Gesundheit und Leben retten kann nur:

Das Selbsthilfe-Trainingsprogramm gegen Dis-Stress.

Es lässt sich – wie so manche andere Selbsthilfen für das Ich – nicht einfach so »aus dem Ärmel« schütteln. Es erfordert Entschlossenheit und – Geduld bei der Verwirklichung eines motivierenden, rettenden Appells der Selbsthilfe:

Ganz im Vordergrund für den Erfolg zukünftigen Anti-Dis-Stress-Verhaltens steht auch hier das *Grundgesetz jeder Art von Selbsthilfe: Sich ändern.* Das bedeutet die Verabschiedung von liebgewonnenen, aber schlechten Gewohnheiten (z.b. Rauchen!), vom Sichgehenlassen im persönlichen Handeln, im familiären oder beruflichen Leben, um Schwerpunkte, Haltegriffe für den eigentlichen Sinn, für den entspannenden Rhythmus des Lebens zu schaffen – stressfreie Inseln für seelisches Auftanken! Daher:

Zuerst mal zur Ruhe, zur Besinnung zu kommen, um die Gedanken, das Denken, das hier und nachfolgend dringend gebraucht wird, verfügbar zu haben – was ja bisher nicht so war: Für viele gestresste Menschen ging der Tagesablauf bislang »drunter und drüber«, »wie Kraut und Rüben durcheinander«.

So paradox es klingen mag, doch für sie war *das einzig Beständige das Un-beständige* – verursacht durch ständiges Wechseln von Szenarien im Tagesablauf, in der Systematik eines Arbeitsvorganges, mit totaler Zerstörung des lebenswichtigen Gefühls von Rhythmus: Wer hier wieder auf den Boden der Wirklichkeit – der Vernunft – zurückkehren will, hat eine gute Chance durch:

Das anti-hektische Verhaltenstraining.

Ziel: Überwindung von allem, was bisher so stresste, was die Zeit »stahl«. Viele Wege führen zu diesem Ziel.

Lernziel: Von der Hektik zur Gelassenheit. Von der Gelassenheit zur inneren Ordnung. Von innerer Ordnung zur Entspannung. – Die Entspannung sollte zum Gewinn an Zeit führen, sie ist wichtiger als Geld, denn keine einzige Minute ist käuflich! Daher gilt also:

Den Dieben der Zeit »die Maske vom Gesicht reißen ...«!

Diebstahl an Zeit ist nämlich oft schwerer zu verkraften als Diebstahl von Geld. Geld lässt sich notfalls ersetzen – die verlorene, vergeudete, sogar »zum Fenster herausgeworfene Zeit« aber niemals. Es ist schon merkwürdig: Wenn uns Geld gestohlen wird, gehen wir zur Polizei. Wer uns jedoch eine Stunde Zeit stiehlt, dem drücken wir noch die Hand ...! Je mehr Zeit man verplempert bzw. sich stehlen lässt, umso größer wird die Gefahr, mit der »knapp« gewordenen Zeit nicht mehr zurechtzukommen – der Weg in die Hektik ist gebahnt! Eine wirksame Bremse gegen Zeitvergeudung lautet:

Training der Zeitverteidigung.

- *Schwerpunkte für Zeitplanung setzen:* einschließlich selektiver Zeitwahl durch gezielte Fernsehprogrammwahl – notwendiger Schutz gegen den unheimlichen, raffinierten Zeitdieb »Fernsehen«!;

- *Annahme von Verpflichtungen, Einladungen etc. erst nach dem Blick auf den Terminkalender:* Und wer absagen muss und sich deshalb entschuldigt, wer sich seiner Familie widmen will (sollte!), hat – ohne zu lügen – auch eine »Entschuldigung«. Entscheidend ist hier immer die menschliche Pflicht!

- *Vorsicht bei Zusagen für Aufträge:* In wenigen Minuten kann ein unbedachtes »Ja« die Zeitreserve eines ganzen Tages, einer Woche, gar eines ganzen Jahres rauben (man bräuchte sich beispielsweise »nur« bereit erklären, ein Buch zu schreiben ...).

- *Telefonierverhalten überprüfen:* Unvorbereitetes, unüberlegtes (emotionales!) Telefonieren kostet nicht nur Gebühreneinheiten und »Nerven« (durch Ärger), sondern auch Zeit (zum Abschalten von Ärger).

Dieses Training der Zeitverteidigung erhält seine Krönung durch Verwirklichung eines Appells:

Nichts mehr »auf den letzten Drücker« machen!

Eine kluge Zeiteinteilung ist nämlich der wirksamste Schutzwall gegen die Macht von Hektik und Stress, um das verwirklichen zu können, wozu der Volksmund rät: »Eile mit Weile ...!« – zum Schutz der Nerven. Es mag noch so paradox klingen, es ist aber wahr: *Langsam geht es schneller!* Dies wird jeder Mensch bestätigen (müssen), der in der Hektik Fehler über Fehler machte – Fehler, deren Behebung mehr Zeit (und »Nerven«) kostete als die ganze Arbeit.

Wer könnte hier dem Dichter Gotthold Ephraim Lessing (1729-1781) widersprechen: »Der Langsamste, der sein Ziel nicht aus den Augen verliert, geht noch immer geschwinder als der, der ohne Ziel herumirrt ...!« Auch Goethe verteilt eine »Abmahnung« an den hektischen Menschen: »Wer beim Zuknöpfen der Jacke den ersten Knopf verfehlt, kommt mit dem ganzen Zuknöpfen nicht mehr zurecht ...!«

Oft wird reichlich spät erkannt, dass der falsche Umgang mit der Zeit stets eine gegen sich selbst gerichtete Waffe ist: Man verstrickt sich wie ein zappelnder Fisch im Netz und gerät dabei immer mehr in Verstrickung und Hilflosigkeit. Der Volksmund meint es auch hier gut mit allen Menschen und gibt

Appelle, die zum realistischeren Denken zwingen.

Sie bewegen oft mehr für den besseren Umgang mit der Zeit als trockene Ermahnungen: »Keiner kann auf zwei Hochzeiten gleichzeitig tanzen ...!« – (der Hektiker würde es tun, wenn es nur ginge!) – »Wer gleichzeitig auf zwei Hasen schießt, erledigt keinen von beiden ...!« – »Über einen Graben kann man nie mit zwei Schritten springen ...!« – Selbst der noch Zögernde wird erkennen:

Selbsthilfe im Umgang mit der Zeit ist lebenswichtig!

Nur dann fällt auch die Arbeit »auf fruchtbaren Boden«. Ein Vergleich aus der Natur warnt vor Hektik und Stress: Auf einem Acker, der ständig umgepflügt wurde, kann nichts wachsen!

»Ich habe einfach keine Zeit!« – so hört man oft Menschen klagen und jammern – Menschen, die dafür gar noch bedauert werden wollen. Für sie wird es höchste Zeit, sich wieder Zeit zu verschaffen, sonst sind sie selbst bald »geschafft« und ernten dafür noch nicht einmal Anerkennung, eher Bedauern oder sogar Spott. Sie müssen sich von dem Lebensphilosophen G.Chr. Lichtenberg (1742-1799) belehren und – bekehren lassen: »Leute, die niemals Zeit haben, tun oft am wenigsten!«

Der Mensch, der keine Zeit mehr hat, der zeitlich »total ausgebucht« ist (mitunter auch noch mit sichtlichem Stolz), der hektische, sich gestresst fühlende Mensch, ist mit dem Verlauf seines Lebens *vergleichbar einer Kerze, die an beiden Enden brennt.* Aber auch ihm kann – in Erweiterung des Anti-Hektik-Programms – geholfen werden, wenn er entsprechend motiviert ist: Rasch wird er eine Erleichterung seines seelischen Leidensdrucks verspüren – er muss nur eines lernen:

Prioritäten setzen!

Lernen, das Wichtige vom Unwichtigen zu unterscheiden, ein Gespür für sensible Vorgänge zu gewinnen – für Vorgänge, deren »Liegenlassen« mit Sicherheit Probleme bringen wird. Der römische Philosoph Seneca warnte schon vor 2000 Jahren: »Der größte Verlust für das Leben ist das Hinausschieben ...!«

Ergänzend motiviert dazu auch der Volksmund: »Was du heute kannst besorgen, das verschiebe nicht auf morgen!« Natürlich rettet eine beliebte Flucht für den Moment: »Morgen ist auch noch ein Tag ...«, aber dann kommen schon wieder neue Probleme: Kein Wunder, wenn Menschen dieser Denkungsart »keine Zeit haben«! Vorbeugend wirkt auch hier der Ratschlag des Volksmunds: »Nichts auf die lange Bank schieben«, um sich vom Druck des Stapels unbeantworteter Briefe zu befreien, sich endlich für das Geburtstagsgeschenk zu bedanken, den längst fälligen Krankenbesuch zu machen.

Es mag merkwürdig, fast etwas ironisch klingen – und doch ist es von großem Nutzen:

Lernen, auch mal faulenzen zu können.

Eine Motivation zu dieser Art von Selbsthilfe für den Schutz unseres Ichs vor Hektik und Stress gab uns der französische Dramatiker Jean Anouilh (1919-1987): »Die Anzahl der Menschen, die um jeden Preis etwas tun wollen, ist beängstigend: Glücklicherweise wird die Welt von Faulenzern zusammengehalten ...!«

In der Tat, es wäre bedrückend, wenn wir gezwungen wären, in einer Gesellschaft zu leben, die exklusiv aus Strebern, aus Menschen mit dem Typ-A-Verhaltensmuster, aus Aktionisten bestünde. Da bliebe nicht mehr viel Raum für ein gemütliches, beschauliches Leben, für einen entspannten Feierabend (ohne Arbeit!), für das »Baumelnlassen« der Seele, mal »alle Viere von sich strecken« zu können. Das Ziel des Anti-Hektik-Verhaltenstrainings ist durch die Verwirklichung des Grundgesetzes seelischer Ordnung erreicht:

Vom Chaos des Tages zum Rhythmus des Lebens.

»Wenn ich zuhöre, dann höre ich, wenn ich lese, dann lese ich, wenn ich esse, dann esse ich, wenn ich sitze, dann sitze ich – und das wohl Schwerste: wenn ich denke, dann *denke* ich!«

Obligate Bedingung für die Verwirklichung dieses lebenswichtigen »Rhythmus des Lebens«, zugleich von höchstgradiger Anti-Stress- und Anti-Hektik-Wirkung, ist eine

Konzentration des Denkens und Handelns auf das »Heute«.

Das Heute ist der *wichtigste* Tag unseres Lebens – der nächste wichtigste Tag ist übermorgen. Die altindische Gelehrtensprache, das »Sanskrit«, hilft auf den Weg der Selbsthilfe zur Ordnung unserer Zeit:

»Achte gut auf diesen Tag,
denn er ist das Leben.
Das Leben allen Lebens ...,
denn das Gestern ist nichts als ein Traum
und das Morgen nur eine Vision.
Das Heute jedoch recht gelebt,
macht jedes Gestern zu einem Traum voller Glück
und jeden Morgen zu einer Vision voller Hoffnung.
Darum achte gut auf diesen Tag!«

Das Anti-Hektik-Verhaltenstraining erhält ein wichtiges Fundament durch das

Training von Geduld – die Hektik-Bremse!

Geduld ist ein wunderbares Geschenk, eine Gnade, die uns zumeist gerade dann fehlt, wenn wir sie am meisten bräuchten, wenn wir beispielsweise entnervt feststellen: »Der Teufel sitzt im Detail!«, wenn unter Zeitdruck der – viel zu dünne – Geduldsfaden reißt, weil wir »die Nerven verlieren«, was mit einem merkwürdigen, infektiösen Phänomen einhergeht:

Un-Geduld ist übertragbar.

In der Familie, am Arbeitsplatz, beim Einkaufen, an der Kasse des Supermarkts, im Wartezimmer – überall, wo wir Menschen begegnen, die scheinbar »keine Zeit« haben, wobei wir feststellen können: *1 Ungeduldiger »erzeugt« 10 Ungeduldige!* Doch gerade in diesen Situationen sich ausbreitender Ungeduld steht die Qualität der Menschlichkeit auf dem Prüfstand ihrer Bewährung: Da weiß man jenen Menschen zu schätzen, der durch seine besonnene Art Wogen der Ungeduld zu glätten versteht – wovon man sich ein Beispiel nehmen sollte, denn:

»Wer die Geduld verliert, verliert auch die Würde ...«

Dieses indische Sprichwort gibt zu denken, denn ein Mensch, der in zwischenmenschlichen Begegnungen durch

Ungeduld »außer Fassung« gerät, seine »Contenance« seine sonst so eindrucksvolle menschliche Haltung verliert, ist nicht nur ungeduldig, sondern zeigt in diesem Moment auch sein »wahres Gesicht«, das er zuvor durch den »guten Menschen«, den »Gentleman« überdeckte.

»Ist man in kleinen Dingen nicht geduldig, bringt man die großen Vorhaben zum Scheitern!« Diese warnende Weisheit des chinesischen Philosophen Konfuzius (551-479 v.Chr.) ist von umfassender Bedeutung für jeden Menschen, der in Situationen körperlicher Belastung, ja seelischer Herausforderung nicht versagen will. Und auch der Volksmund erkennt: »Kleine Ursachen – große Wirkung ...!«

Welche Auswirkungen die Ungeduld haben kann, insbesondere wenn sie sich emotional »hochschaukelt«, kennen wir aus dem Straßenverkehr: Das höchst gefährliche »Abbremsen«, welches als Rache für das »Zeigen eines Vogels« gelten soll, oder bedrohliches Auffahren mit Hupen und irritierenden Lichtsignalen bzw. lebensgefährliches Überholen in völlig unübersehbaren Verkehrssituationen – überall sind es wenige Sekunden von Ungeduld durch Zeitdruck oder Unbeherrschtheit durch Rachegelüste, die zu schwersten Katastrophen führen können.

Wir sollten daher beherzigen, dass Geduld eine Tugend ist, die zu pflegen sich lohnt, denn sie kann Gefahren für Leib und Leben vorbeugen – bei sich selbst und anderen. Geduld schenkt uns Gelassenheit, beginnt aber stets bei der eigenen Disziplin, denn – so sagt der hl. Franz von Sales (1567-1622): »Hab Geduld in allen Dingen, vor allem aber mit dir selbst!«

Zentraler Bereich aller Wege einer Selbsthilfe gegen gesundheitliche Gefahren durch Hektik und Stress ist auch die

Befreiung vom Irrtum der Unentbehrlichkeit.

Dies betrifft die bereits erwähnten Menschen (siehe auch Seite 133), die meinen, dass ohne sie nichts ginge. Sie wirken zwar wie der »Hans Dampf in allen Gassen«, der für seinen

Aktionismus gelobt, bewundert, sogar oft beneidet wird: In Wirklichkeit aber ist er gar nicht zu beneiden, sondern eher zu bedauern. Denn solange alles reibungslos funktioniert und Anerkennung, Bewunderung, Erfolge zum weiteren Engagement stimulieren, ist alles noch »okay«, wenn aber – und diese Entwicklung ist vorprogrammiert – der Elan nachlässt, die drogenähnliche Wirkung von Erfolg und Bewunderung absinkt, hat krank machender Stress auch hier sein Opfer gefunden: von der Beeinträchtigung des Herzens, des Blutdrucks (Schlaganfall), des Magens (Stress-Ulkus) über die der Seele, des Gemüts (Stress-Depression) bis hin zum Todesfall. Er geschieht oft »wie der Blitz aus heiterem Himmel« – entweder am Arbeitsplatz oder aber auch in Ruhezeiten, wenn die alles zusammenhaltende Droge »Arbeit« nicht mehr wirken kann: die »Wochenendpathologie« des Herzinfarkts!

Der sonst so humorvolle Wilhelm Busch (1832-1908) klingt alles andere als humorvoll, wenn er sagt:

>»Ohne ihn war nichts zu machen
>keine Stunde hatte er frei
>und gestern – als sie ihn begruben,
>da war er auch dabei ...!«

Es gibt viele, die aufgrund ihrer Arbeitssucht auf dem Friedhof landen, der bereits voll ist mit Verstorbenen, die sich ebenfalls für unentbehrlich hielten. (Und: die Toten werden zunehmend »jünger«.)

Diejenigen, die es nicht so weit kommen lassen wollen, müssen rechtzeitig eine Kehrtwende in ihrem Leben einleiten und dafür aber auch Ursachen und Verlauf ihrer krank machenden Entwicklung erkennen können.

Zunächst scheint ja alles recht harmlos anzufangen: Man hat Freude an der Arbeit, sie tut körperlich und seelisch gut. Doch je mehr die Arbeit anerkannt wird, umso mehr wird sie – unbemerkt – zu einer Droge. Wenn sie außerdem noch hilft, persönliche, partnerschaftliche, familiäre Lebensprobleme zu »vergessen«, bahnt sie häufig den Weg in:

Drei charakteristische Stadien prägen diesen Verlauf:
1. *Stadium:* Arbeit, Akten werden mit nach Hause genommen. Die Zeit für sich selbst, für Gespräche in der Familie wird knapper.
2. *Stadium:* Die Abhängigkeit von der Arbeit engt Freizeit und Kontakte immer mehr ein. Nicht nur das Wochenende, auch Partnerschaft und Familie geraten in Gefahr!
3. *Stadium:* Alle Freiräume werden für die Arbeit genutzt. Man verbringt mehr Zeit im Büro als in der Familie, selbst die Zeit des Schlafes wird verkürzt, allenfalls gibt es nur noch Kurzurlaub (mit Akten und »schlechter Laune«!).

Diese Art eines Verlaufs ist – wenn nicht rechtzeitig gegengesteuert wird – der direkte Weg zur Zerstörung der Gesundheit. Wer sich hier wiedererkennt, muss sich neu besinnen, um den wirklichen Sinn seines Lebens wieder zu finden. Denn die bittere Wahrheit lautet: *Wenn Arbeit »ein und alles ist«, hat man von allem nichts!*

Der Psychoanalytiker Sigmund Freud (1856-1939) gibt bezüglich der Verstrickungen in die Arbeitssucht eine wertvolle *Orientierung für befreiende Selbsthilfe.* »Man muß lieben können, man muß zu arbeiten verstehen, man muß spielen lernen ...!« Dies ist im eigentlichen Sinn ein Patentrezept für eine gute Gesundheit des Körpers und der Seele, das die Proportionen eines lebenswerten Lebens bestimmt. Im Vordergrund der Erreichbarkeit dieses Ziels steht das Prinzip:

Lernen, abgeben zu können!

Nach dem Motto: Lieber rechtzeitig abgeben, als gesundheitlich aufgeben (müssen)! Dies ist zumindest dann der Fall, wenn man »alle Hände voll« zu tun hat – also keine Hand mehr frei hat, total hilflos ist (eben wie ein Mensch ohne Hände). Denn zwangsläufig macht man dann auch Fehler über Fehler, man bekommt Ärger, der möglicherweise »aufs Herz« schlägt – ein Teufelskreis!

142

Ein kleiner Tipp zur Erleichterung des Abgebens: Man sollte auch anderen Leuten (am ehesten seinen größten Kritikern) mal die Chance geben, Fehler zu machen ...! Wer dann immer noch Probleme im Abgeben hat und lieber weiter »wurstelt«, holt sich einen Verweis von G.Chr. Lichtenberg (1742-1799): »Alles auf einmal tun zu wollen, zerstört alles auf einmal ...!«

Wie viel gesundheitliches, persönliches, familiäres Unglück hätte sich manch arbeitssüchtiger, sich für unentbehrlich haltender Mensch ersparen können, wenn er rechtzeitig die Bedeutung eines Appells erkannt und verwirklicht hätte:

Barmherzigkeit mit sich selbst üben!

Wichtigstes Ziel ist hier die Wandlung vom Menschen mit dem Typ-»A«-Verhaltensmuster zum Typ-»B«-Menschen: Vom leistungsbesessenen, erfolgsorientierten Pflichtmenschen – dem »100-%«-Menschen, dem Menschen des Perfektionismus und der Allgegenwärtigkeit zum gemütvollen Menschen, der in seelischer Harmonie mit sich auch mal »fünfe« gerade sein lassen kann – sich durch Toleranz und Menschlichkeit auszeichnet. Er besitzt keine zwanghaften Züge im Streben nach Erfolg – nein, er hat sogar mehr Erfolg als der Typ »A«: Er schont seine Gesundheit, seine »Nerven« und die des Mitmenschen – *ihn* mag man! Es scheint fast so, als ob Leonardo da Vinci (1452-1519) ihn beraten hätte: »Wer nicht kann, was er will, muß das wollen, was er kann ...!«

Ein wahrlich überzeugendes Angebot zur Verwirklichung von »Barmherzigkeit« mit sich selbst, die die eigenen Grenzen der Belastbarkeit anerkennt – eine Chance zum Schutz vor Zerstörung von Gesundheit und Leben durch den unheimlichen Killer »Stress«! Doch mit diesem Wissen allein können wir den Stress nicht besiegen, sondern nur durch die Verwirklichung dieser Weisheit in allem, was wir denken und – *tun!*

Von Langeweile zur Kurzweil – Burnout–Schutz für das Ich

»Unser größter Feind ist die Langeweile ...!«, warnte vor bereits 200 Jahren der französische Dichter Voltaire (1694-1778) vor einem gefährlichen Angriff auf Gesundheit und Leben durch ein Zuviel an Zeit, das zum Gift und zur Lähmung der Seele wurde, jegliche Impulse zerstörend. Der Volksmund weiß hier nicht nur vor »gähnender« Langeweile zu berichten, sondern auch von einer sogar lebensgefährlichen, indem man sich »zu Tode langweilt«, verursacht durch die seelische Giftwirkung von Frust oder »Null-Bock«.

Hier ist nicht der so viel beklagte Zeitmangel durch Stress, der seelisch krank macht, sondern jenes merkwürdige Zuviel an Zeit, mit dem man nichts anfangen kann, das völlig brachliegt – und zur seelischen Last wird – gemeint.

Ein Zuviel an Zeit gerät zur Plage.

Alle Menschen – gleich welchen Alters –, die mit dem bisherigen Verlauf ihres Lebens nie so richtig zufrieden sind, die sich oft lustlos, »matschig«, müde, depressiv fühlen, die deshalb zu gern andere Menschen beneiden (ohne je geprüft zu haben, ob dies zu Recht geschieht!), dürfen auf der Suche nach den wirklichen Ursachen nie das Gespenst »Langeweile« vergessen.

Es ist penetranter Begleiter für jeden Menschen, der die ihm geschenkte, verfügbare »freie Zeit«, die Zeit außerhalb von Pflichten, nicht sinnvoll, seelisch anregend, erfrischend, stimulierend zu nutzen versteht und vor Langeweile direkt »vergeht«. Überall steht dieses Gespenst geistiger, seelischer Inhaltslosigkeit in Lauerstellung, um zum Angriff auf eine ohnehin schon abwehrschwache Seele anzusetzen – sie krank zu machen!

Eine besonders heimtückische Wegbereiterin in dieser Richtung ist:

Jene – widerstandslos hingenommene – Unfähigkeit eines Menschen, Gefahren von »Frust« für die Seele zu erkennen und erfolgreich abzuwehren. Ihre Wurzeln liegen in der *Störung des Gleichgewichts von Spannung und Entspannung*. Wir alle wissen, dass ein Zuviel an Spannung auf Dauer schädlich ist für Körper und Seele. Aber auch das Gegenteil – ein Zuviel an *Ent*spannung – bewirkt negative Folgen für den Menschen, weil wichtige Kräfte seelischer, geistiger und auch körperlicher Motivation brachliegen. Sie bereiten den Weg von der »gähnenden« zur »tödlichen« Langeweile – ein im wahrsten Sinne gesundheitlich gefährlicher Prozess für die Lebensqualität, sogar für das Leben selbst. »Wer nichts zu schaffen hat, dem macht das Nichts zu schaffen …!«

Genau auf diesen Bereich zielt eine höchst eindrucksvolle, alle Ursachen erfassende *Definition von »Langeweile«* durch Blaise Pascal, dem bekanntesten Naturwissenschaftler und Religionsphilosophen seiner Zeit (1623-1662) – bemerkenswerterweise aus einer Zeit, in welcher man noch ganz andere Beziehungen zu Begriffen wie »Arbeit«, »Freizeit« hatte und Wörter wie »Stress«, »Frust« und »Null-Bock« noch nicht existierten: »… Dann spürt er seine Nichtigkeit, seine Verlassenheit, sein Ungenügen, seine Abhängigkeit, seine Ohnmacht – seine Lebensleere. Also: Gleich wird dem Grunde seiner Seele die Langeweile und die Finsternis und die Trauer, der Kummer, die Verzweiflung entsteigen …!«

Sie macht begreifbar, dass der Mensch »nicht vom Brote allein lebt«. Nun kann man auch den Volksmund recht gut verstehen, der den Wert der Arbeit nicht nur als Brotverdienst sehen will – er weiß auch hier, was er sagt: »Nach getaner Arbeit ist gut ruhen …!« Jetzt kann man – wirklich guten Gewissens – entspannen, die Freizeit genießen, ja – man könnte, wenn es nur gelänge, sich den heimlichen, den unzu-

frieden, gereizt stimmenden, seelisch lähmenden Freizeit-
»Frust« vom Halse zu halten, um die freie Zeit zur Erholung
an Körper, Seele und Geist für sich zu nutzen.

Die immer rühriger werdende Freizeit-»Industrie«, mit
nicht mehr bremsbaren Ablenkungsmanövern aus dem Me-
dienbereich, macht es allerdings immer schwerer, den falschen
Weg zu meiden. Zwangsläufig werden dadurch die Kontakte
gestört, Probleme in der Partnerschaft, in der Familie, am
Arbeitsplatz bleiben unausgesprochen, ungelöst – sie werden
verdrängt. Genau in diesen Bereich zielt eine Warnung von
fachpsychiatrischer Seite (Erwin Ringel, einem renommierten
Suizidforscher):

»Erholung sollte nicht dazu dienen, sich auszuweichen ...!«

Denn bei diesem Ausweichen, dieser Flucht aus Langeweile
mit sich selbst, werden alle Probleme, die man längst loswerden wollte, mitgenommen: mit »Fernsehen rund um die Uhr«
ebenso wie bei Reisen »rund um die Welt« oder an jedem
freien Tag. Es beeindruckt, dass der bereits genannte Blaise
Pascal schon vor über 300 Jahren seine Zeitgenossen davor
warnte, welch schlimme Folgen die Flucht aus der häuslichen
Langeweile habe: »Das ganze Unglück des Menschen kommt
aus einer einzigen Ursache: Nicht ruhig in seinem Zimmer
bleiben zu können!« Übertragen auf die heutige Zeit bedeutet
dies unter anderem auch die Flucht in den Massentourismus!

Die seelisch zerstörerische Wirkung jeder Art ungenutzter,
verplemperter Zeit durch Langeweile, durch Sinnlosigkeit von
Langeweile, hat der Volksmund längst erkannt – er warnt:

Müßiggang ist aller Laster Anfang!

»Dem Müßiggänger fehlt es stets an Zeit zum Tun. Und nie
an einem Grund, warum er es lasse ruh'n ...!« Mit diesen
unmissverständlichen Worten zielte der Dichter Friedrich
Rückert (1788-1866) auf Menschen, die nicht nur Schwierigkeiten mit sich selbst haben, sondern sie auch anderen bereiten: Sie leiden unter einer Leere ihres Lebens, denn alles, was

sie tun, was sie tun sollten, aber doch nicht tun, ist ohne Ziel, Inhalt und Sinn. Das macht sie unzufrieden, unglücklich und hat zerstörerische Auswirkungen auf ihre Lebensfreude und auf ihre Beziehungen zum Mitmenschen, mit denen sie rasch in Konflikte geraten. Fast muss man meinen, sie brauchen Konflikte zum Ausgleich von Löchern in ihrer Seele – dem eigentlichen Ursprung für die Vielzahl aller durch Müßiggang provozierten »Laster«, etwa nach dem Motto:

Von eigener Unzufriedenheit zum Unfrieden mit anderen.

Gar mancher Konflikt am Arbeitsplatz oder mit dem Nachbarn kann Wurzeln in diesem Bereich haben! Was immer man unter »Lastern« durch Müßiggang verstehen mag – stets sind diese »Laster« eine seelische Last. Eine Last, die niederdrückt und die durch einen Power-Defizit den Weg durchs Leben schwer macht. Bildlich vergleichbar dem Fahren mit einem Fahrrad, dessen Reifen nur halb mit Luft gefüllt sind!

Fast schockierend warnte der Dichter Jean Paul (1763-1825) vor seelischen Gefahren durch Müßiggang als einem »Kopfkissen des Teufels ...«! Ein psychotherapeutischer Ratgeber der Vorsorge von Müßiggang ist der philosophierende Dichter G. Ch. Lichtenberg (1742-1799) mit seinem Appell zur Selbsthilfe gegen Gefahren durch Müßiggang: »Man sollte sich nicht schlafen legen, ohne zu sagen, an dem Tage etwas gelernt zu haben...!« – um dem, was man sagt, wie man sich verhält, was man tut, positive Inhalte, einen Sinn geben zu können!

Ein Extrembereich paradoxen Umgangs mit »Langeweile« ist das »Vertreiben«, das »Totschlagen« von zu viel Zeit!

Dies meint den Drang, dem seelisch so drückenden »Frust« durch inhaltslose Verlockungen des »Zeitvertreibs« auszuweichen – Langeweile wegzudrücken, was aber nie gelingen kann: Sie verhält sich nämlich wie ein Luftballon, den man ins Wasser drückt, der aber sofort wieder auftaucht, wenn der Druck nachlässt. Recht beliebt ist die Flucht in die Anti-Langeweile-Droge »Alkohol«, statt zu erkennen:

147

Denn: Jede Art von Langeweile greift immer auch nach der Gesundheit! Das Zuviel an Zeit, das schmerzhaft auf die Seele drückt, kann auch dort seinen Schaden anrichten: durch viel zu viel Zeit zum negativen Denken, den Einstieg in das Grübeln, gar in die Grübelsucht und die Entwicklung einer Depression fördert bzw. eine bereits bestehende Depression verschlimmert.

Mehr und mehr lässt sich auch ein psychosomatisches Phänomen der »gähnenden« Langeweile beobachten, das aus der Tiefe des Unterbewusstseins gesteuert wird:

Flucht in die Krankheit.

In der Finsternis seelisch erdrückender Langeweile kann diese sogar als nicht unangenehme Abwechslung empfunden werden: Sorgen und Probleme zur Wiederherstellung der Gesundheit bringen eine neue Orientierung für die lähmende, »tötende« Monotonie des bisherigen »Alltagstrotts«. In der Art eines Umkehrschlusses findet diese These ihre Bestätigung durch den philosophierenden Schriftsteller und Staatsmann Th.G. v. Hippel (1741-1796): »Jede Krankheit hat tiefe Achtung vor der Entschuldigung: › Ich habe keine Zeit, krank zu sein‹ !« Unmissverständlich zielte v. Hippel damit aber auch auf

Krankheit als »Erlösung« von Langeweile!

»Sie (die Krankheit) sucht nur dort Wohnung, wo sie mit aller Bequemlichkeit auf- und angenommen wird, wo man sie hegt und pflegt ...!« In direkter Beziehung dazu steht eine gefährlich klingende Steigerung, die uns Goethe hinterließ: »Unnütz sein, ist tot sein ...!« Dieses »Totsein« zeigt sich oft als eine äußerst lästige Art von *Müdigkeit*, eine – trotz vieler Untersuchungen – nicht erklärbare Erschöpfung. Auch hier bestätigt sich eine Weisheit des Volksmunds: »Man kann müde werden durch das, was man tut, aber auch durch das, was man tun möchte, jedoch nicht tun kann ...!«

148

Sehr oft fällt in diesen Bereich auch jene »Müdigkeit« von Menschen, die nach einer langen Zeit erfüllender beruflicher Tätigkeit (»für ihn/für sie war die Arbeit ihr Leben ...!«) zu gern noch etwas tun möchten, aber keine sinnvollen Chancen dafür erkennen können:

Wenn der »Ruhestand« zum »Stillstand« wird!

Hier rächt es sich bitter, dass Selbsthilfe zur Vorbereitung auf diese »schönste Zeit des Lebens ...«, die man sich herbeisehnte (»nun kann ich endlich tun, was *ich* will ...!«) nie zur Diskussion stand und eine Art von Sozialneid auf jene ehemaligen Kollegen/Kolleginnen entsteht, die sich mit dem »UN-Ruhestand« brüsten können! Alle anderen spüren das krank machende Gefühl: »Ich werde nicht mehr gebraucht ...!« Und das Grundgesetz der Inaktivität körperlicher und seelischer Kräfte wird spürbar: »Was nicht gebraucht wird, wird unbrauchbar ...«

Je weniger ein davon betroffener Ruheständler fähig bzw. auch dazu entschlossen ist, durch Selbsthilfe sich aus der seelisch erdrückenden Leere von Langeweile durch Nichtstun zu befreien, umso größer wird seine Enttäuschung, *wenn der Traum vom Freisein von Arbeit zum Alptraum wird.* Das ist das jähe, ernüchternde Erwachen gleich am ersten Morgen nach der Verabschiedung »in die Rente«, in den »Ruhestand«, wenn auf die Frage: »Was nun ...? Was mache ich jetzt ...?« keine befreiende Antwort kommt. Der von einem Tag zum anderen einsetzende Entzug von jahrzehntelanger Arbeit kann wie beim Entzug einer Droge seelische Bedrückung, Depression provozieren – und bahnt den Weg:

Vom »Pensionärsschock« zur »Pensionärskrankheit«.

Jeder Arzt, der Pensionäre schon innerhalb der ersten Tage nach dem Wegfall der Arbeitsanforderungen mit einer Vielfalt von psychosomatischen Krankheitssymptomen zu behandeln hat, weiß: Je mehr Arbeit und Beruf das »Ein und Alles« waren, je weniger an eine sinnvolle Gestaltung der Zeit »nach der

Rente« gedacht wurde, desto schwächer wird nun die positive Sicht zukünftigen Lebens; umso spürbarer wird jetzt eine – bislang nicht bekannte – Anfälligkeit für Krankheiten aller Art, vor allem in Richtung *Herz* (bis zum Herzinfarkt), *Blutdruck* (Bluthochdruck als Symptom seelischen Leidensdrucks), *Gehirn* (Nachlassen des Gedächtnisses, Hirnschlag, psychogener Schütteltremor) und *Seele* (Depression, Schlafstörung). Und auch der plötzliche »Pensionärstod«, der »Rentnertod« sind nicht ausgeschlossen.

Hier rächen sich oft bitter Versäumnisse in der rechtzeitigen Vorsorge für das Alter: Wer sich nicht schon lange Zeit *vor* dem Ende des Berufslebens auf die Zeit des Lebens *nach* der »Arbeit« vorbereitet hat, bringt dafür stets ein großes Opfer an Gesundheit und Lebensqualität – er opfert manchmal sogar das Leben!

Doch vergessen wir nicht: Es ist nie zu spät, Versäumnisse nachzuholen – durch die Selbsthilfe mit dem Ziel:

Leben den Jahren, nicht Jahre dem Leben hinzufügen.

Goethe, der selbst ein hohes Alter erreicht hatte, warnt: »Wir leben, solange es Gott bestimmt hat! Es ist aber ein großer Unterschied, ob wir jämmerlich wie alte Hunde leben oder frisch und froh ...!« Wege für ein »positives Alter« vermittelt:

Das 5-Punkte-Selbsthilfe-Programm der Altersvorsorge.

1. *Förderung der geistigen Aktivität:* Auch hier wird unbrauchbar, was nicht mehr gebraucht wird – das Akut-Gedächtnis! Hilfreich sind stets Gedächtnis- und Konzentrationsübungen, Auswendiglernen von kleineren Gedichten. Auch das so beliebte Lösen von »Kreuzworträtseln« kann die Hirnleistung fördern! Immer nützlich sind das Lesen eines Buches bzw. konzentratives Lesen der Zeitung.

2. *Kontaktpflege:* Ohne Kontakte geht nichts mehr. Man gerät in die depressiv machende Isolation – der bekannte Psychotherapeut Bruno Bettelheim warnte: »Kein Mensch ist eine Insel ...!«
   Im Übrigen: Für »Einsamkeit« gibt es keine Ausrede – der nächste einsame Mensch wohnt gleich um die Ecke!
3. *Körperlich:* Auch im Alter ginge manches besser, wenn man mehr ginge. Wer nicht mehr gehen kann, hat immer noch die Chancen einer Gymnastik (siehe auch Seite 165ff.). Der Volksmund ermutigt: »Fürchte dich nicht, langsamer zu gehen, fürchte dich, stehen zu bleiben ...!«
4. *Seelisch:* Zentraler Inhalt guter seelischer Gesundheit auch im Alter ist die Kunst positiven Denkens (siehe auch Seite 82ff.), hier vor allem mit der Gabe des Loslassen-Könnens – nicht nur materiell, sondern vor allem vom seelisch zermürbenden Grübeln über die »gute alte Zeit«. Denn: Auch im Alter ist immer der wichtigste Tag »heute«! Hier gibt die Dichterin Marie-Luise Kaschnitz jedem noch Zögernden eine Ermutigung: »Das Alter ist für mich kein Kerker, sondern ein Balkon, von dem aus man weiter und genauer sieht, denn das Leben ist nur nach vorwärts interessant ...«
5. *Kreativität:* Hier gibt es eine Vielfalt von Möglichkeiten der geschickten Hand, die mehr als nur ein »Werkzeug« ist und ganzheitlich auf Körper und Seele wirkt: vom Häkeln, Stricken über Töpfern, Malen bis hin zum Musizieren!

Auch für die Verwirklichung dieses Selbsthilfe-Programms gibt Marie-Luise Kaschnitz einen Impuls, dem wohl kaum jemand widerstehen kann: »Wohl denen, die gelebt, ehe sie starben!«
Gewiss ein Idealfall für das Leben eines jeden von uns.

Doch weit früher als in der Zeit der Rente bekommen manche Menschen schmerzhaft die Bremswirkung der »freien Zeit« zu spüren:

Es ist stets ein persönliches Schicksal mit seelischer Tiefenwirkung, wenn bei dem Willen zur Arbeit die Arbeit verhindert wird. Seelische Bedrücktheit, Anstieg von Reizbarkeit, Empfindlichkeit gegenüber Kränkungen, Absinken des Selbstwertgefühls bis hin zur reaktiven Depression: Dies alles bleibt nicht ohne »ansteckende« Wirkung auf die Familiengemeinschaft, die sich zum Beispiel mit der Langeweile des Familienernährers oft nur schwer arrangieren kann – sie leidet mit!

- *Schutz des Selbstwertgefühls:* Durch Versuch positiven Denkens alles tun, um die »Kündigung«, den Verlust des Arbeitsplatzes nicht mit dem Wert des Ichs, dem Glauben an sich selbst mit einem Verlust an Ansehen zu identifizieren. Die »Schuld« nicht bei sich suchen (»ich bin nicht okay ...!), sondern sich als schicksalhaftes Opfer einer betriebswirtschaftlichen Misere sehen – eine Art von »Sündenbock« wirtschaftlicher Fehlplanung, die am Selbstwertgefühl nichts beschädigen kann!

- *Verwirklichung eines »Anti-Langeweile-Programms«:*
Der Resigantion den Kampf ansagen – ein Programm seelischer, geistiger, körperlicher Entspannung verwirklichen, sich Hobbys widmen, für die man bislang nie Zeit hatte. Denn: Wer die Hände »in den Schoß legt«, hat auch keine Hand zur Verfügung, um die »Sorgenvögel«, die um den Kopf herumfliegen, zu verscheuchen – sie können sich ein Nest im Kopf bauen: Das Nest der Depression!

Doch nicht immer reicht Selbsthilfe aus, um sich von persönlicher, familiärer und gesundheitlicher Betroffenheit zu befreien:

Gemeint ist nicht nur der Arzt oder Psychotherapeut, sondern auch der Mitmensch – und zwar nicht der mit dem: »Ach, Sie tun mir ja so Leid ...!«, sondern derjenige, der Verständnis zeigt, der Ermutigung, also spürbare Hilfe gibt! Die raue

Wirklichkeit der Zunahme von Langeweile macht deutlich: *Selbsthilfe gegen Langeweile wird immer dringlicher!* »40% (der deutschen Arbeiter und Angestellten) langweilen sich und wissen nicht, was sie mit ihrer Freizeit anfangen sollen ...!«, berichtete bereits 1981 eine medizinische Zeitschrift (*Praxis-Kurier*) *Tendenz:* Steigend!

Für jeden, der sich diesem Trend nicht ausliefern will, sei zur Orientierung nochmals zusammengefasst:

Das Lernprogramm der Selbsthilfe gegen Langeweile.

1. *Freie Zeit nicht vergeuden:* Mit der Freizeit geizen – es ist der einzige »Geiz«, der dem Menschen wirklich nützt! Denn »Zeit ist Geld!« weiß der Volksmund. Und es wird zum brachliegenden Vermögen, wenn man der Langeweile Raum gibt. Deshalb: Die gewonnene Zeit positiv nutzen – durch geistige Aktivität, seelische und körperliche Entspannung. Nebenbei gesagt: Das Anschalten des Fernsehers bedeutet nicht Abschalten von Langeweile – sie schaut mit!

2. *Die Zeit auch mit Menschen teilen können:* Kontakte pflegen. In allen Arten partnerschaftlicher, familiärer, kollegialer Beziehungen sich nicht mehr gegenseitig »anöden«, nicht übereinander, sondern miteinander sprechen!

3. *Nicht mehr »Trübsal blasen!«:* Die dadurch freigewordene Zeit nutzen, um kritische Bilanz mit sich selbst zu ziehen – bisherige Langeweile als Chance, sich selbst kennen zu lernen: Fehler erkennen, über neue Wege nachdenken.

4. *»Die Seele baumeln lassen ...«:* Nichtstun hier als Weg der Entspannung von Seele und Geist – Die Mitte des Ichs finden!

5. *Heraus aus seelischer Lähmung durch Monotonie:* Durch geistige Aktivität seelisch auftanken, eigenes Denken, Fühlen, Handeln mobilisieren, beispielsweise durch Lesen (siehe auch Seite 157ff.), durch Kreativität (Malen, Musizieren, Basteln etc.), Begabungen nutzen! Es kommt nicht unbedingt darauf an, *was* man tut, sondern *dass* man etwas tut, um den lähmenden »toten Punkt« zu überwinden.

6. *Lernen, auch in der Ruhe, in der Stille sich auszuhalten:* Schweigend – ohne Radio, ohne Fernsehen: Je mehr spürbar wird, dass dies zur Unruhe führt, umso dringlicher ist dieser Lernprozess, um sich selbst im Innersten begegnen zu können und sein seelisches Gleichgewicht wieder zu finden.

7. *Durch körperliche Aktivität der Langeweile »davonlaufen«:* Seelische Probleme durch Langeweile verbrennen »im Feuer der Muskelwärme«. Das Freisetzen körpereigener »Tranquilizer« (endogenes Opioid ß-Endorphin) führt von depressiv machender Lustlosigkeit zum Stimmungshoch (»runners high«)! *Doch Vorsicht:* Auch hier ist das rechte Maß angezeigt. Denn zu viel Laufen kann zur drogenartigen Abhängigkeit führen – wie es bei vielen »Dauerjoggern« bereits der Fall ist.

8. *Verwirklichung des eigentlichen Sinnes von Arbeit:* Wir leben nicht, um zu arbeiten, wir arbeiten, um zu *leben!*

Im Aufbegehren gegen die Langeweile mit entsprechenden Selbsthilfe-Maßnahmen dürfen wir nicht vergessen, dass der Zustand der Langeweile samt seinen psychischen und physischen Auswirkungen eng verwandt ist mit einem anderen Phänomen, das ebenfalls ein Gefühl der Leere erzeugt:

»Langeweile« hat viele Gesichter!

Es muss nämlich nicht unbedingt nur ein brachliegendes Zuviel an Zeit sein, das zum seelischen lähmenden Gefühl durch Langeweile führt: Auch ein »Frust«, das vergebliche Hoffen auf eine seelisch positive Rückkopplung vom Sinn, vom Erfolg der Arbeit, vom Engagement im Dienste eines Menschen oder einer Sache können eine »Langeweile«-Symptomatik provozieren, es ist:

Der lähmende »tote Punkt«.

Wer kennt es nicht – jenes Gefühl des Nachlassens körperlicher Frische, mentalen Schwungs, das auch nach mehreren

154

Tassen starken Kaffees nicht schwinden will. Man kann sich bemühen, wie man will – es geht nichts mehr so richtig »von der Hand«. Alles, was man anfasst, ist »praktisch für die Katz«. Je stärker dieses lähmende Gefühl des »toten Punktes« ist, je länger es anhält, umso spürbarer wird das Absacken der seelischen Schwungkraft einer flügellahm gewordenen Seele.

Es geht einher mit dem Nachlassen der Impulse im zielbewussten Einsatz der körperlichen Kräfte – bis hin zur völligen Erfolglosigkeit in der Bewältigung des gesteckten Zieles bzw. der gestellten Aufgabe und vermischt sich mit apathischer, depressiver Stimmung, die die Willenskraft lähmt. Es meldet sich:

Das »Ausgebranntsein« – das Burnout-Syndrom ...

Es greift nach allen Menschen, die in ihrer jeweiligen Lebenssituation etwas leisten, etwas »bringen« müssen, von denen man etwas erwartet, was greifbar, spürbar – was erfolgreich ist. Aber wehe, wenn dies alles nicht oder nicht feststellbar verfügbar ist! Denn dann entsteht zusätzlicher, ungesunder Leistungsdruck. Besonders zu spüren bekommt dies

- *Der Schüler*, der keine ermutigende Rückkopplung für seinen Fleiß, sondern eher Tadel erfährt (»du bist doch viel zu dumm ..., du bist ein Versager ..., nimm dir ein Beispiel an den anderen ...!«) und nun eine Arbeit nach der anderen »versaut«!

- *Die Hausfrau und Mutter*, die Jahr für Jahr »kocht« und nun seelisch »kocht«, weil ihre Arbeit »rund um die Uhr« als »ganz selbstverständlich« gilt – und sie vergeblich auf Dank und Anerkennung wartet, die positive seelische Impulse geben würden. Wenige Worte (»das hast du gut gemacht ..., das schmeckte gut ..., ich danke dir ...!) könnten hier Wunder wirken!

- *Der Mensch in der Partnerschaft, in der Ehe*, wenn man sich nichts mehr zu »sagen« hat; wenn nur noch geschwiegen, wenn mehr gestritten als miteinander gesprochen wird;

wenn »das Feuer der Liebe« erloschen, »ausgebrannt« ist und nichts mehr übrig bleibt, was noch verbinden könnte. Alarmsignale des »Ausgebranntseins« läuten das Ende der Beziehung ein!

- *Der Arbeitnehmer*, der sich für seinen Betrieb nach besten Kräften einsetzt und vergeblich darauf hofft, auch mal zu hören, dass der Chef mit seiner Arbeit zufrieden ist. Derartige Worte können seelisch mehr helfen als eine wortlose »Gratifikation« in Geld!

- *Der Arzt, die Krankenschwester, der Altenpfleger*, die in ihrem Engagement für den kranken, hilfsbedürftigen Menschen keine positiven Auswirkungen ihrer Hilfe spüren, sondern eher Klagen der Resignation, Undankbarkeit oder Unzufriedenheit zu hören bekommen.

- *Der erfolgverwöhnte Spitzensportler*, der stets in »mentaler« Gefahr durch einen höchst sensiblen Reflex ist: von der Verwöhnung (durch den Erfolg) zur drogenartigen Gewöhnung an immer neue Erfolge mit »Applauditis«!

Je mehr das dadurch verursachte »High«-Gefühl eines Selbstwertgefühls *exklusiv* von einer Anerkennung, Verehrung und Bewunderung getragen wird, umso schmerzhafter wird der seelische Leidensdruck sein, wenn der Erfolg nicht mehr verfügbar ist. Das potentiell vielleicht noch vorhandene körperliche »Können« wird aber durch die gelähmte geistige (»mentale«) Kraft, dem Impulsgeber für den Willen und Glauben zum Erfolg blockiert (»Es ist für mich unbegreiflich, wie ich so versagen konnte ...!«). Genau in diesen Bereich zielt die Erklärung für eine Serie von Niederlagen eines renommierten Fußballklubs: »Wohl wahr: Verlieren mag verzeihlich sein, *willen*los verlieren, ist es nicht ...!« (*Badische Zeitung*, 1.4.1997). Ursache dieser Willenlosigkeit war nicht ein einzelner Spieler, sondern die ganze Mannschaft, in welcher der »Mannschaftsgeist« ausgebrannt war. Es klappte nichts mehr. Ursache:

Um dessen Behebung darf man den verantwortlichen Trainer wahrlich nicht beneiden! Wirksamste Selbsthilfe wäre für ihn: eine neue Mannschaft. Analoge Beziehungen ergeben sich von hier aus für jeden Menschen in einer Führungsposition, der realistisch erkennen muss, mit der ganzen Kraft seiner »Ausstrahlung« im Burnout gelandet zu sein: Es geht nichts mehr oder – *er* geht!

»Unser größter Feind ist die Langeweile ...!«, so warnte zu Beginn der französische Dichter Voltaire. Würde er heute leben, müsste er dieser Warnung allerdings noch einige Worte hinzufügen: »... und das Burnout – das Ausgebranntsein ...!«

ie Kunst des Lesens – Gymnastik für das Ich

»Lesen ist für den Geist, was Gymnastik für den Körper ist ...!« – mit diesem Appell erkannte der philosophierende Staatsmann und Schriftsteller Joseph Addison (1672-1719) schon lange Zeit vor dem Einsatz des Lesens als Behandlungsmethode bei seelischen Störungen und Krankheiten (»Bibliotherapie«) eine Wirkung des Lesens, die weit über die bloße visuelle Wahrnehmung von Lesestoff hinausreicht – in voller Bestätigung eines alten französischen Sprichworts:

»Gute Bücher bilden Geist und Seele ...!«

Einen eindrucksvollen, zugleich zu kritischem Nachdenken anregenden Kommentar dazu gab der Medizinhistoriker Heinrich Schipperges – zu lesen im Geleitwort zu seinem Buch *Lesen verändert* (1987): »Ein Buch schreiben ist nicht viel – ein Leben zu führen wäre weitaus besser. Viel mehr noch könnte sein: ein Buch schreiben, gemäß dem man ein Leben führen kann. Und was nicht alles könnte das werden, wenn wir ein Leben führen würden, über das einmal ein Buch zu schreiben sich lohnen würde ...«

Das Lesen eines Buches hat also ganz unmittelbar mit dem Leben zu tun, auch mit der Bewältigung des Lebens, und das Lesenlernen mit dem Lebenlernen. Passiv-konsumierendes Lesen würde hier allerdings (außer »Zeitvertreib« der Langeweile) nichts bringen können. Im krassen, stets positiven Gegensatz dazu steht *das konzentrative, gedanklich »mitgehende« Lesen*, ein kreatives, die Textvorlage mitgestaltendes Lesen. Hier können wir dem Philosophen Schopenhauer (1788-1860) folgen, wonach »... zu Papier gebrachte Gedanken überhaupt nichts weiter sind als die Spur eines Fußgängers im Sande: man sieht wohl den Weg, welchen er genommen hat. Aber um zu wissen, was er auf dem Wege gesehen hat, muß man seine Augen gebrauchen!«

Lesen ist lebenswichtige Selbsthilfe.

Lesen verändert – positiv; die Stimmungslage (»Frust«, Depressivität, Wut ...) ebenso wie Irrwege in der Art des Denkens, Fühlens, Wollens und – Handelns, es verstärkt das Wissen: *Lesen gibt seelische Kraft für das Leben!*
Dies alles geschieht aber auch nur in untrennbarer Abhängigkeit von der *Qualität* des Lesens. Alles, was wir lesen, was wir uns als Lektüre beschaffen, prägt uns – im Guten wie im Schlechten; im ungünstigsten Extremfall gar mit schicksalhafter Bedeutung: Geistige, seelische, menschliche »Unreife« können zur manipulativen Beeinflussung sogar zur Identifikation mit einer höchst problematischen »Meinung« des Autors verführen – im Extremfall bis zur Imitation krimineller Handlungen, für die man zuvor (noch) nicht disponiert war.
Es muss schon beeindrucken, dass Wilhelm Hauff (1802-1827) – ein sozialkritischer Autor (*Das kalte Herz*) – vor Gefahren aus diesem Bereich eindringlich warnte, und zwar trotz seiner jungen Jahre mit überzeugender Lebenserfahrung: »Der Umgang mit schlechten Büchern ist oft gefährlicher als mit schlechten Menschen ...!« Das provoziert zu der Frage: Was würde Hauff wohl erst zu den Gefahren durch »schlechtes Fernsehen« für viel mehr Menschen zu sagen

haben? Entscheidend ist also, *wie* und *was* gelesen wird. Wir sollten uns also üben in der

Kunst des Lesens.

Sie umfasst die Fähigkeit, nicht nur konzentrativ, sondern auch *selektiv* lesen zu können – denn auch diese Art von »Kunst« kommt von »können«. Und wer dies kann, verspürt die Wahrheit einer Lebenserfahrung von W.S. Maugham (1874-1965): »Lesen ist Erholung und eine Lebensnotwendigkeit!«

Den Wert des Lesens für die Seele, für die Psyche, erkennt jeder Mensch in ganz besonders eindrucksvoller Weise in der Zeit der Krankheit, insbesondere bei längerer Bettlägerigkeit. In dieser Situation ist *Selbsthilfe durch Lesen eine Art von »Psychotherapie«.* Sie dient nicht nur zur Überbrückung von sonst unausweichlicher Langeweile, vom »Trübsal blasen ...«, sondern bewirkt auch seelischen Halt. Jeder von uns hat wohl schon einmal erfahren:

Bücher sind Freunde!

Bedrückend aber ist, dass gerade in einer Situation, in welcher ein Mensch diese Freunde bräuchte, er sich nur schwer oder gar nicht für sie öffnen kann, weil das Lesen – beispielsweise inmitten einer Depression – nicht mehr funktioniert: Es wird zum Opfer der »Interesselosigkeit« innerhalb des allumfassenden »Lustlosigkeitsbündels« der depressiven Verstimmung. Wer jedoch weiß, dass ihn diese Trübung des Gemüts immer mal wieder packen kann, hat eine Chance im Vorfeld:

Lesen als Vorsorge von seelischen Störungen.

Dies meint nicht durch das Lesen an sich, sondern es ist auch das beste Anti-Grübel-Medikament – weil es durch andere, bessere Gedanken ablenkt! Aus seelischer Sicht gibt es aber noch eine andere Chance der Selbsthilfe durch Lesen, nämlich Ärger zu »vergessen«! Nicht im Sinne von Verdrängung, sondern um seiner penetranten Verfolgungskraft zu entgehen.

Der Schriftsteller und Verleger Adolph Spemann (1896-1964) merkt hierzu an:»Wer sich viel mit Menschen herumärgern muß, erholt sich davon am besten in Büchern ...!«

Es ist beeindruckend und zugleich auch ein Kompliment für den im Bildungsstreben oft disqualifizierten Menschen unserer Zeit, dass die»Kunst des Lesens« nicht in der Medienflut unterging. Solange es – erfreulicherweise – immer mehr junge Leser (»Leseratten«) und Buchliebhaber, den»Bücherwurm«, sogar den»Büchernarren« gibt, besteht in unserer Bevölkerung ein nicht hoch genug einzuschätzender Schutzwall gegen intellektuelle Verflachung, gegen seelische Störungen durch geistigen»Frust« einer inhaltslosen, geistlosen Langeweile – gegen das Burnout im Denken. Das Lesen aktiviert Kräfte, die unser Immunsystem stärken, und kann also ideale Selbsthilfe für ein gesundes Ich sein. Der»Lesemuffel« muss sich anderweitig darum bemühen!

Musik: Helferin der Seele – Balsam für das Ich

»Die Medizin heilt die Seele auf dem Wege über den Körper; die Musik aber den Körper auf dem Wege über die Seele ...« Es beeindruckt, mit welcher Klarheit schon vor 500 Jahren der Florentiner Philosoph Pico della Mirandola (1463-1494) die seelisch heilende Kraft der Musik erkannt hatte – eine Wirkung der Musik, die sich bis in die frühesten Zeiten der Entwicklung der Menschheit zurückverfolgen lässt.

Im Ursprung besaß sie große Bedeutung als magisches Werkzeug zum Kampf gegen Naturkräfte, zur Besänftigung von Dämonen, zur Abwehr von Schäden für die Gesundheit, zur Linderung von Todesangst. In jeder Epoche menschlichen Lebens hatte Musik stets ihre auch von Einflüssen und Strömungen der Zeit geprägten Besonderheiten in ihrer Wirkung auf das Gemüt. Eines der ältesten überlieferten Beispiele für seelische Wirksamkeit von Musik ist die Heilung der Schwermut des ersten israelischen Königs David (ca. 1000 v.Chr.) durch das Harfenspiel von Saul, der als Musikant an den Hof Davids berufen worden war.

Musikgeschichtlich ebenso wie medizingeschichtlich beeindruckende Beispiele der Wirksamkeit von Musik als seelisches Arzneimittel sind die *Goldberg-Variationen*: »die Clavierübung, bestehend aus einer Arie mit verschiedenen Veränderungen ...«: Johann Sebastian Bach schrieb sie (1742) auf Bestellung des seelisch kranken Grafen H.C. Kayserlingk für den Cembalisten J.G. Goldberg, einem Schüler Bachs. Durch das Vorspielen dieser Variationen konnte dem depressiven Grafen, der auch unter schweren Schlafstörungen litt, wirksam geholfen werden.

Zwischenzeitlich ist selbst in breiten Kreisen der Medizin das Interesse an der Einbeziehung von Musik in den Behandlungsplan von Krankheiten aller Art dynamisch gewachsen, sicherlich auch unter dem – nicht unbedingt zugegebenen – Druck, dass die Behandlungserfolge der konventionellen Schulmedizin bzw. Apparatemedizin an ihre Grenzen stößt. Bei vorhandener Neigung, Begabung und entsprechender Motivation ist von hochkarätiger Wirkung die

Selbsthilfe durch aktive Ausübung von Musik.

Sie empfiehlt sich nicht nur als Vorbeugung bei sich anbahnenden Störungen der seelischen Balance, depressiver Verstimmungen und dergleichen, sondern auch im Sinne seelischer Heilung: Die Vertiefung in den Klang der Musik kann hier als besonders hilfreicher, ausgleichender Weg bei seelischen Belastungen, drückenden Sorgen, Problemen etc. wirksam werden – auch durch das Gefühl, nicht weiterhin ohnmächtiger Passivität ausgeliefert zu sein.

Aktive und rezeptive Wirkungen durch das »Nur«-Hören können hier durchaus ineinander greifen und sich gegenseitig aktivieren. Im Rahmen der aktiven Musiktherapie kann auch die Ermutigung zur Improvisation (»Spielen Sie einfach, was

Ihnen in den Sinn kommt!«) von besonders befreiender Wirkung sein, mit der Möglichkeit aufdeckender (analytischer) Zugänge.

Ein besonders interessanter Weg der Selbsthilfe durch aktive Ausübung von Musik ist:

Das Singen – ein idealer Weg seelischer Selbsthilfe!

Eindrucksvoll hatte schon Martin Luther zu diesem Weg motiviert, der die Befreiung von Angriffen auf die Seele ermöglicht: »Singen ist die beste Kunst und Übung, Singen hat nichts mit der Welt und nichts mit Gericht und Streitsucht zu tun. Wer singt, der sorgt sich nicht viel. Er ist fröhlich und schlägt die Sorgen mit Singen in die Flucht ...!«

Singen ist echte Selbsthilfe: Es öffnet eine unter krank machenden Druck stehende Seele. Ist der Druck aber zu groß, dann fällt auch das Singen schwer und scheint gar nicht mehr zu klappen: »Mir ist die Kehle wie zugeschnürt ...!«, klagt der seelisch Kranke. Für Menschen, die oft schwer unter Vereinsamung, unter Mangel an Kontakten leiden, ist das Singen in einer Gemeinschaft, in einem Chor die wirksamste *Selbsthilfe zur Befreiung aus der Vereinsamung*! Durch Einbettung in eine Gemeinschaft mit gleichgesinnten Menschen wirken diese für den vereinsamten Menschen als des Menschen beste Medizin – gemeinsames Singen als Brücke von Mensch zu Mensch!

Ausgehend von ihrer therapeutischen Wirksamkeit bei besonderen Arten von seelischen Störungen und Krankheiten lässt sich feststellen:

Musik ist mit der Wirkung von Medikamenten vergleichbar.

Im übertragenen und erweiterten Sinne kann man – wie es zunehmend zu hören ist – auch von einer »musikalischen Pharmakologie« sprechen, als Hilfe durch Musik, als *»Musiktherapie«*.

Dies meint die zusammenfassende Bezeichnung für unterschiedliche musiktherapeutische Konzeptionen, die in ihrem Wesen, in ihrer Wirkung als »psychotherapeutsich« zu klassifizieren sind – von pharmakologischer Wirkungsart sich abgrenzend. Musiktherapie wird nun auch wissenschaftlich begleitet wie zum Beispiel durch die Gründung des Heidelberger Instituts für Musiktherapieforschung (1994), in Verbindung stehend mit der Forschungsstelle für Psychotherapie der Universität Ulm.

Die therapeutische Wirkung von Musik ergibt sich aus einem regelkreisartigen Wechselbezug mehrerer Faktoren, nämlich von:

- *Musikbeschaffenheit,* die sich auf melodische, harmonische, rhythmische, formale klangliche Strukturen bezieht;

- *Musikvermittlung,* die die *Art* der Wieder- und Weitergabe durch den Interpreten, die Interpretin betrifft;

- *Ziel der Funktion* – die therapeutische Indikation: Hier liegt zugleich das Schwergewicht musiktherapeutischer Beratung, um für die jeweilige seelische Störung und Krankheit den optimalen Zugang durch Musik zu erreichen. Sie berücksichtigt psychosomatische, psychosoziale, depressive oder angstgeprägte Indikationen ebenso wie auch soziale, situative und milieugeprägte Besonderheiten. Von Bedeutung für den erhofften Erfolg ist die

- *Objektivierung der therapeutischen Wirkung* – die seelisch-körperliche Reaktion auf Musik. Das heißt, jeder Mensch hat »seine« Musik, die ihn stimuliert und fröhlich macht, die »vom Stuhl reißt ...«, aber auch Musik, die bedrückt, deprimiert.

Tieferen Einblick in das breite Wirkungsspektrum geben Indikationen für Selbsthilfe durch Musik.

163

Sei es aktiv durch das Spielen eines Instruments, durch das Singen für sich allein oder in der Gemeinschaft, sei es durch konzentratives Hören – ein seelisch helfender Bereich, der nicht nur immer mehr Menschen zugänglich wurde (durch Musikkassetten, CDs), sondern auch in der Tonqualität (»Quadrophonie«) kaum noch Wünsche offen lässt. Die Wirkung der Musik erfasst nahezu alle Bereiche seelischer Störungen:

- *Starthilfe* bei allgemeiner Antriebsschwäche, Morgenmuffeligkeit;

- *Stimulans* zur Förderung der Konzentration;

- *Sedativum* bei »Nervosität«;

- *»Releaser«* in einer Situation von Ärger, Wut;

- *Tranquilizer* bei Unruhe durch Stress;

- *Antidepressivum* für den Weg aus dem »tiefen Loch«;

- *Angstlöser* – mit Befreiung aus der Gefangenschaft der Angst über ein »Sich-gefangen-nehmen-Lassen« von Musik; Musik hier als Natur-»Anxiolytikum«!

- *Hypnotikum (»Schlafmittel«)* – mit besserer Wirkung als »Schäfchenzählen«, als Vertreiber des zerstörerischen Grübelns, das den Weg für Depression bereitet!

- *Balsam für die kindliche Seele* – weil es Ängstlichkeit lindert und von Kümmernissen befreit!

Aber: *Nicht jede Musikart »passt« zu jedem Menschen*, auch nicht zu jeder Krankheit. Dafür ist die individuelle Ansprechbarkeit zu reich an Kontrasten: Jeder Mensch hat hier seinen eigenen seelischen Resonanzbereich, der maßgeblich ist für die therapeutische Wirksamkeit. Im optimalen Fall erhält diese ein breiteres Spektrum durch die *beratende Hilfe eines Musiktherapeuten*, der zunehmend als wichtiger Begleiter in ambulanten oder stationären Therapieplänen beansprucht und geschätzt wird!

Die Wirksamkeit von Musik, die »Musikpharmakologie«, erreicht mitunter Erfolge, die denen der chemischen Pharmakologie nicht nachstehen und eindrucksvoll von musikwissenschaftlicher Seite (Ch. Rueger, Berlin) erklärt wurden: »Die Musik überträgt sich auf unseren Biorhythmus, läßt Körper und Seele aufleben. Es ist, als öffne sich ein Fenster zum Unbewußtsein …« – und genau von dort erhalten Erfolge der Musiktherapie ihre Impulse: Was Worte nicht schaffen, schafft der Klang!

Körpertraining – Muskeln für das Ich

Durch Einseitigkeit des Denkens wird allzu oft vergessen: Wir haben nicht nur einen Kopf, sondern auch Beine! Aus gutem Grunde warnt daher der »Physiotherapeut« Volksmund:

»Rast ich, so rost ich …!«

Aber nicht – wie meist angenommen wird – nur körperlich, sondern auch im Gehirn: im Denken, im Geist, im Gemüt, im Gefühl – in der »Seele«! Dieses »Rosten« ist stets begleitet von spürbaren Einbußen an seelischer Kraft, Aktivität und Schwingungsfähigkeit in der Qualität des Ichs.

Zwar ist es keine Erkenntnis und Erfahrung erst seit heute – aber es wird doch allzu oft vergessen: »Es ginge manches besser, wenn man mehr ginge …!«: So warnte schon vor langer Zeit der Lebensphilosoph Arthur Schopenhauer (1788-1860). Dieses »Gehen« war allerdings von ihm ebenso wenig nur »körperlich« gemeint, wie es unüberhörbar auch anklingt in der Allerweltsbegrüßungsformel: »Wie geht es …?« Wer so fragt, zielt wohl kaum auf die Art körperlichen Gehens, sondern auf das seelische Er-»gehen«! Und das »Es« in dieser Frage meint das Seelische, das zwar auch Bedeutung für die Art des Gehens haben kann (zum Beispiel der schleppende Gang, die gebeugte Haltung bei Depression), aber damit pflegt man sich im Allgemeinen nicht so gern zu befassen.

Hier und auch nachfolgend steht »gehen« symbolhaft für alle Arten körperlicher Bewegung und Aktivität.

Seelische Selbsthilfe durch den Körper ist vielgestaltig.

Sie hängt natürlich jeweils von der aktuellen Kondition ab – aber irgendwie ist für jeden etwas »drin«, so dass Ausreden (von aktuellen seelischen Blockaden für jede Art körperlicher Aktivität einmal abgesehen) nur Nachteile für sich selbst bringen können: von schonender Gymnastik (notfalls auch im Bett) über Spaziergänge, Wandern (»Walking«) bis zum Schwimmen, Radfahren, Ski-Langlauf, Tanzen – um nur einige bewährte Wege einer Entspannung der Seele genannt zu haben. Je nach Kondition und Trainingszustand gibt es alle Arten von Steigerungsmöglichkeiten, jeweils auch mit seelischen Impulsen: vom »Trimm-dich« über Jogging bis zu Berg- und Langstrecken-läufen. Bei dieser sportlichen Bestätigung lässt sich der seelische Entspannungseffekt durch körpereigene »Tranquilizer« wohltuend verspüren – allerdings kann sie auch eine drogenartige Abhängigkeit von körperlichem Bewegungsdrang provozieren. Mehr Zwang durch »Sucht« als »Lust«? Aber:

Körperliche Selbsthilfe für die Seele stößt an Grenzen!

Immer dann, wenn Extrembelastungen (bis zum »Gehtnichtmehr«, bis zum Umfallen) auch seelisch eher schaden als nützen: Im Idealfall muss jede Art körperlicher Aktivität mit der jeweiligen körperlichen *und* seelischen Belastbarkeit harmonieren – das ist die Voraussetzung für den Erfolg jeder Art von Selbsthilfe des Körpers für die Seele, die weder Überforderung noch Hektik verträgt! Allzu oft wird auch vergessen:

Nicht nur der Körper, auch die Seele ist trainierbar.

Diese Wechselwirkung ist jedem Hochleistungssportler zur Genüge bekannt. Er weiß: Körperliche Kondition allein reicht nicht aus für den Erfolg – er wird ganz wesentlich auch *mental* vom Denken, vom Geist, von der Seele her bestimmt: *Muskelpakete allein machen noch keine gute Psyche, keinen Sieg!*

Die *Qualität des Denkens,* der Konzentration, der Harmonie mit sich selbst, mit seinem vegetativen Nervensystem sind wichtigste Erfolgshelfer! Nochmals: Hinsichtlich der Wirkung körperlicher Aktivität als Selbsthilfe für die Seele kann man davon ausgehen, dass jede Art körperlichen Trainings der Seele hilft, wenn sie mit der aktuellen Belastbarkeit des Körpers harmonisiert.

Ein Problem besonderer Art entspringt aus der Qual der Wahl der besten Methode, denn:

Das Spektrum seelisch entspannender Übungen ist unübersehbar!

Im Folgenden sollen nur einige gegenwärtig besonders bekannte und beliebte Beispiele wirksamer Übungen genannt werden, die Körper und Seele gleichermaßen entspannen:

- *Yoga,* praktiziert als »mystische Psychotechnik«, mit dem Ziel, durch völlige Beherrschung des Körpers, unter Einbeziehung des vegetativen Nervensystems, die geistige Konzentration zu steigern – über den Körper der Seele zu helfen.

- *Tai Chi:* Eine ebenso sanfte wie effektive Bewegungsform, die ihre Ursprünge in der alten chinesischen Kampfkunst hat und heute zur Harmonisierung des Körpers und der Lebenskraft (Chi) eingesetzt wird. Die rollenden und fließenden Bewegungen des Tai Chi sind für jedes Alter geeignet.

- *Qi Gong:* Die (ebenfalls aus dem alten China stammenden) energetisierenden Körperübungen bewirken Ausgewogenheit im Lebensfluss und aktivieren u.a. mittels Imagination und Atemtechniken den Energiekreislauf und stärken die körperliche und geistige Gesundheit.

Auf größtes Interesse stößt nach wie vor ein von Moshé Feldenkrais (1904-1974) beschriebener Weg seelischer und körperlicher Hilfe, die:

- *Feldenkrais-Methode* – »Bewusstheit durch Bewegung«: »Das Hauptanliegen besteht nicht darin, bereits bekannte Dinge einzuüben, sondern unbekannte Reaktionen zu entdecken und dadurch eine bessere, angemessenere Handlungsweise zu erlernen ...!« (M. Feldenkrais, 1964)

- Über Meditation und das Autogene Training wurde bereits ausführlich auf den Seiten 77ff. und 80ff. berichtet.

Körperliche Selbsthilfe beschenkt die Seele reichlich:

- von der Entspannung des Körpers zur Entspannung der Seele, durch Mobilisierung der körpereigenen Droge ß-Endorphin (»Valium«-Effekt). Das heißt auch:

- durch Abbau seelisch krank machender Verdrängung; sie ist zugleich eine wichtige Hilfe zum Abbau von »geschlucktem« Ärger, von Wut, Kränkung.

Sie ist wichtige Begleittherapie seelischer Entspannung und Stärkung der seelischen Immunität in Prävention und Rehabilitation:

- nach Abklingen blockierender depressiver Symptomatik;

- nach Entzug von Medikamenten, Drogen, Alkohol (»Lieber laufen statt saufen ...!«);

- durch Überwindung der seelischen zerstörerischen »tödlichen« Langeweile: Unter körperlicher Belastung Abbau der »Grübelsucht« durch ablenkende – natürliche Ermüdung;

- durch Förderung der Qualität des Denkens mittels Bewegung: über nicht-medikamentöse Verbesserung der Hirndurchblutung zum »kinästhetischen Gedächtnis«! Motivation durch Goethe: »Mißtraue jedem Gedanken, der im Sitzen entstanden ist«, und der Volksmund bestätigt: »Wer etwas bewegen will, muss sich erst mal selbst bewegen!«

Für jedermann wird deutlich erkennbar: Die Seele dankt dem Körper in reichlichem Maße für das Geschenk der Bewegung!

Von immer größerer Bedeutung wird Bewegung aber auch durch die Zunahme der Lebenserwartung – für die »Senioren«. Jeder, der nicht auf das Alter vorbereitet ist, bekommt schmerzhaft eine Warnung Goethes zu spüren: »Keine Kunst ist es, alt zu werden, eine Kunst ist es, es zu ertragen ...!«

Selbsthilfe im Alter: Sich nicht mehr gehen lassen, sondern – gehen.

Das Grundgesetz lautet auch hier: *Hilf der kranken Seele durch körperliche Selbsthilfe!* Eine eindrucksvolle Motivation für diesen Weg hinterließ uns die spanische Heilige Theresa von Avila (1873-1897):

> »Sei freundlich zu deinem Leib,
> damit die Seele Lust hat, darin zu wohnen ...!«

7 Durch Selbsthilfe zur seelischen Gesundheit!

Es stimmt schon, was der Lebensberater Volksmund gerne sagt, wenn er auf Menschen zielt, die ständig nur klagen, jammern, die sich unglücklich, gesundheitlich unzufrieden fühlen:

»Wie man sich bettet, so liegt man!«

Er meint hier – wie allgemein bekannt – nicht das kuschelige Liegen in einem weichen Bett, sondern das Bett der Geborgenheit für die Seele! Doch selbst wenn wir den Körper meinen, gilt: Er selbst mag noch so gut gelegen haben, wenn dies nicht auch für die Seele zutrifft, hat er gar nichts davon: »Ich fühle mich wie gerädert ...!« »Ich habe die ganze Nacht kein Auge zugetan ...!«

So oder ähnlich hört man Menschen stöhnen, deren Seele in dieser Nacht gar nicht gut »lag«, weil sie einfach nicht »abschalten« konnte. Versuche, dies künstlich (mittels Schlaftabletten, Psychopharmaka) zu erzwingen, müssen enttäuschen, denn:

Beim seelischen Sichbetten ist stets Selbsthilfe gefragt!

Die Verwirklichung der 12 Wege des »Lernprogramms der Selbsthilfe« (siehe Kapitel 6) ist dafür ein stets erfolgversprechender, für jedermann realisierbarer Weg, der lebenswichtige, seelische Selbstheilkräfte mobilisiert.

Doch eines der wichtigsten Fundamente für seelische Gesundheit ist der Kontakt zu anderen, ist die Bereitschaft, seine Seele sprechen zu lassen, wie die folgenden Abschnitte zeigen werden.

Öffnung der schweigenden Seele durch das Gespräch

»Ach – das ist eine lange Geschichte, da muss ich erst mal überlegen, wo ich überhaupt anfange ...!« So oder ähnlich beginnt bei den meisten Menschen – verbal ziemlich übereinstimmend – der verzweifelte Versuch, die Seele zu öffnen, weil sie alles, was ihre Seele bedrückte, belastete, kränkte und krank machen konnte, verdrängten. Der daraus – ganz zwangsläufig – sich entwickelnde Druck auf die Seele, auf die Psyche, ist eine häufige Ursache von

Krankheiten der Seele und des Körpers durch Verdrängung!

Von »Nervosität«, Schlafstörungen, Unruhe über die Vielzahl von psychosomatischen Krankheiten (»wenn die Seele schweigt, schreit der Körper ...«), reaktive Depression bis hin zur Problemkrankheit »Neurose« (»Konversionsneurose«).

Wer nun trotzdem noch Schwierigkeiten im Verständnis der zerstörerischen Gewalt von verdrängten seelischen Verletzungen hat, muss – als Voraussetzung für Selbsthilfe – wissen:

Unsere Seele hat ein gutes Gedächtnis für Verdrängungen.

Sie behält alles, was sie verletzte, und auch die dadurch verursachte seelische Wunde (»Mir blutete das Herz!«). Doch der Betreffende sagt dies wohl, handelt aber nicht entsprechend: »Das traf mich ins Herz, das kann ich nie vergessen, das quält mich Tag und Nacht, verfolgt mich überall hin ...« – weil in der Tiefe des Unbewussten, in der Seele der »Wurm drin« ist – die krank machende Verdrängung (»das wurmt mich«, »das nagt in mir«). Diese offenbar schon sehr alte Art der Klage seelischen Schmerzes hat eindrucksvoll der ostpreußische Liederdichter Simon Dach (1605-1659) in einem Lied (»Der Mensch hat nichts so eigen ...«) vermittelt: »Der kann sein Leid vergessen, der es von Herzen sagt, der muss sich täglich fressen, der insgeheim sich nagt!« In diesem Lied mit beeindruckender psychoanalytischer Aussagekraft wird auch etwas anderes, zu oft Vergessenes spürbar, der

Griff der Verdrängung nach dem Gewissen.

Ein Griff nach dem nicht manipulierbaren Über-Ich der klassischen »Instanzentheorie« Sigmund Freuds (1856-1939): Mit dieser in jeder Hinsicht unbestechlichen Kontroll- und Strafinstanz für unser Tun, für unser Verhalten, für alles, was eine Seele krank machen kann, steht jeder Mensch, der eigene Fehler, eigenes Versagen ebenso verdrängt wie Kränkungen aller Art, *im Brennpunkt durch Verdrängung aus zwei Richtungen:*

- Er büßt einerseits für die Sünden eines Menschen, der ihn seelisch verletzte, kränkte, weil er unfähig war, sich dagegen zu wehren.

- Andererseits zahlt er seelisches »Bußgeld« für sein verdrängendes Fehlverhalten: Er ist ein seelisch unzufriedener, unglücklicher Mensch – es »wurmt« in ihm, es »nagt« an seinem Gewissen: Je »gewissenhafter« jemand ist, umso mehr schmerzt es ihn seelisch (»Gewissensbisse«).

Der wirksamste, erfolgreichste Weg einer Selbsthilfe kommt aus dem Wort Ge-»wissen« selbst, mit einer logischen Konsequenz im zukünftigen Verhalten:

Das »Wissen«, die gute Erkenntnis, positiv nützen!

Das heißt: Im Umgang mit seelischen Belastungen, mit dem eigenen Verhalten in allen Arten zwischenmenschlicher Beziehungen, selbst in den provokantesten Situationen, nicht mehr die alten, seelisch krank machenden Fehler machen, sondern mit der Kraft des Wissens, des Verstands, neue, bessere Wege suchen und sie dann auch gehen:

- Alles tun, um nicht mehr verdrängen (»schlucken«, in sich »hineinfressen«, »unter den Teppich kehren«) zu müssen.

- Durch gewissenhaftes Verhalten in allen Arten zwischenmenschlicher Begegnung die Schwelle für Kränkung und Konflikte spürbar senken.

Für diese Wege seelischer Selbsthilfe gibt es keinerlei Ersatz. Ja, der Volksmund hat auch hier in jeder Hinsicht Recht:

»Ein gutes Gewissen ist ein sanftes Ruhekissen!«

Dies wird aber keinem geschenkt – jeder muss es sich verdienen: Niemand kann es manipulieren, gar bestechen, denn »*das Gewissen betrügt uns nicht!*«, lehrte bereits 1818 F.C.A. Heinroth (Leipzig), ein berühmter »Professor der Seelenheilkunde« seiner Zeit, der damals das Wort »psychosomatisch« prägte. Er gab auch einen eindrucksvollen Kommentar zum Wert des Gewissens: »Auf jedem Schritte, wo wir ihm folgen, entwickelt sich in uns eine wundersame Harmonie unseres Inneren mit uns selbst und der Welt …, eine Einheit, Ruhe, Klarheit, Heiterkeit … wie sie auf den niederen Stufen des Bewusstseins nicht denkbar ist …«

Nur eines verträgt diese wunderbare Wirkung des Gewissens ganz und gar nicht: die Störung seiner Funktion durch Verdrängung von seelischem »Grobmüll« und seelischem Gift. »Gewissensbelastung« wird dann zum Störenfried der seelischen Gesundheit – »rund um die Uhr«. Ziel der Selbsthilfe ist daher *die »Katharsis« – Reinigung von Verdrängungs-»Müll«:* Befreiung des Gewissens durch Läuterung der Seele, deren Geduld im Ertragen von Verletzungen, Vergiftungen durch geschluckte seelische Risikofaktoren, durch Kränkung nicht unbegrenzt ist.

Wenn die Seele streikt, wird es bitterernst.

Die Seele streikt, wenn durch Verdrängung seelischer Giftmüll unkontrolliert, unbegrenzt auf ihr abgeladen wurde, wenn ihre Hilferufe nicht verstanden, überhört wurden: Sie protestiert gegen die Missachtung ihrer Existenz, was in unmissverständlichen Redewendungen zum Ausdruck kommt:

- »Mir blieben die Worte im Halse stecken.«
- »Das schnürte mir die Gurgel zu.«
- »Das verschlug mir die Sprache ..., den Atem.«
- »Das liegt mir zentnerschwer auf der Brust.«
- »Das ging unter die Haut.«

Diese – und noch eine Anzahl anderer – Redewendungen sind Signale einer Hilflosigkeit, eine Kapitulation. Rote Blinklichter einer – zumeist noch nicht erkannten – psychosomatischen Krankheit (siehe dazu auch die nebenstehende Übersicht). Alles wird noch viel schlimmer, wenn man vor seelischen Gefahren sogar »die Augen verschließt«:

- »Ich will nichts hören, nichts sehen!«
- »Den Kopf in den Sand stecken« – der Volksmund warnt: »Wer heute den Kopf in den Sand steckt, knirscht morgen mit den Zähnen.«

Schon wesentlich deutlicher klingen Hilferufe der Verzweiflung in seelischer Not:

- »Ich habe die Schnauze (restlos) voll.«
- »Es ist zum Kotzen« – wenn man es nur tun würde: Schimpfen, Brüllen, Schreien ..., auch eine Form der Selbsthilfe!
- »Dem/der werde ich was husten« – und man hüstelt in der vergeblichen Hoffnung, (seelisch) gehört zu werden. (Eher wird man missverstanden: »Sind Sie erkältet?«)
- »Es ist zum Davonlaufen!« – und man läuft den Problemen, die schneller laufen, hinterher ...

KÖRPERSPRACHE Körperbezogene Redewendungen	DIAGNOSTISCHER HINWEIS AUF:	
	Körperstelle Organ	Art der Gesundheits- störung
»Es brennt mir auf den Nägeln, es juckt mir in den Fingern.«	Fingernägel Finger	Nägelkauen Nägelreißen
»Mir sind Hände und Füße gebunden.«	Handflächen Fußsohlen	Triefhände
»Ich fühle mich nicht wohl in meiner Haut, am liebsten möchte ich aus der Haut fahren.«	Haut	Haut-»ausschlag« Hautrötung Juckreiz
»Es schnürt mir die Kehle zu, ich habe einen Kloß im Hals.«	Speiseröhre	Krampf der Speiseröhre, »Kloß im Hals«
»Ich habe mir ein Loch in den Bauch geärgert, ich fresse alles in mich hinein.«	Magen Zwölffinger- darm	Magen-/ Zwölffinger- darmgeschwür
»Mir läuft vor lauter Wut die Galle über, ich habe mich über ihn/sie grün und gelb geärgert.«	Gallenblase	Provokation einer »Gallenkolik« »Gallenattacke«
»Das gab mir einen gewaltigen Stich ins Herz.«	Herz	Angina pectoris Provokationen eines Herzinfarkts
»Ich fühle mich permanent unter Druck gesetzt.«	Vegetatives Nerven- system und Arterien	Bluthochdruck Blutunterdruck
»Es verschlägt mir den Atem, ich habe die Nase voll, der/die stinkt mir.«	Nase, Bronchien, Lungenbläs- chen	Krampf im Bronchial- und Alveolarsystem Bronchialasthma
»Mir wächst alles über den Kopf, die Decke fällt mir auf den Kopf, ich zerbreche mir den Kopf.«	Gehirn Schlagadern	Spannungskopf- schmerz Migräne Depression

Körpersprache als psychosomatischer Wegweiser (Köster, 1996)

Mehr und mehr wird zur bitteren Realität: Unser Leben in Hektik, Stress, Ablenkungen durch die Medienflut macht es zunehmend schwerer, all das, was seelisch bedrückt, was krank macht, abzuwehren, loszuwerden – ein »offenes Ohr« zu finden – weder in der Partnerschaft oder Familie noch in anderen zwischenmenschlichen Beziehungen. Jeder hat mit sich selbst genug zu tun!

Doch wir *müssen* einen Weg nach außen finden, um alles, was wir an seelischer Verletzung, Kränkung und Konflikten verdrängt haben, was uns krank macht (und sich auch durch Medikamente nicht beheben ließ), loswerden zu können. Im Idealfall:

Öffnung der Seele im Gespräch – aber wie?

Jeder weiß aus eigener Erfahrung: Es ist keine Kunst zu sprechen – einfach so –, »wie einem der Schnabel gewachsen ist«, was einem gerade so einfällt. Jeder sollte aber auch wissen, dass solches Sprechen nicht ausreicht, um einem anderen Menschen in seelischer Not zu helfen, geschweige denn sich selbst. Für diesen Bereich seelischer Hilfe gibt es keinen Ersatz, denn *das Gespräch ist der wichtigste Weg seelischer Selbsthilfe.*

Es ist das wichtigste Arzneimittel seelischer Eigenmedikation! Dort, wo dieses Arzneimittel fehlt, braucht man Medikamente. Doch jeder, der sich selbst und auch dem Mitmenschen in seelischer Not helfen will, muss wissen:

Seelische Selbsthilfe durch das Gespräch ist lernbar!

Sie ist der wichtigste Weg, sich aus seelischer Not durch Verdrängung zu befreien bzw. gar nicht erst verdrängen zu müssen!

Um dieses, durch nichts ersetzbare seelische Arzneimittel optimal für sich nutzen zu können, müssen allerdings elementare Bedingungen für den Aufbau des Gesprächs, für das Gesprächsverhalten, erfüllt werden. Unerlässliche Orientierungshilfe dafür ist das:

Drei-Stufen-Fundament des Gesprächs

1. Sprechen und sprechen lassen

Jenes hochsensible Wechselspiel zwischen dem »du« und dem »ich«, zwischen dem Geben und dem Nehmen, das nicht nur gutes Einfühlungsvermögen, sondern oft auch Geduld erfordert: Je besser dieses Wechselspiel funktioniert, umso größer ist die Wirkung auf eine bislang zum Schweigen gebrachte Seele. Die Chance offenen, freimütigen, ungehinderten Sprechens bietet – nun endlich! – einen Weg, sich von krank machenden Verdrängungen durch bisherige Sprachlosigkeit zu befreien. Der Volksmund ermutigt dazu recht eindrucksvoll:

- Sich etwas »von der Seele reden«.

- Sein Herz »ausschütten«.

- »Den Kropf leeren (mitsamt »der Kröte im Hals).«

- »Frei weg von der Leber sprechen«, auch um »die Laus« zu vertreiben, die »über die Leber« lief.

Oft wird allerdings erst reichlich spät, in der Tiefe einer seelischen, einer psychosomatischen Krankheit, erkannt: *In seelischer Not gibt es keinen Ersatz für das Gespräch!* Dieses Gespräch ist nicht nur, wie erwähnt, ein hochwirksames Arzneimittel, es ist auch ein Geschenk der Menschlichkeit.

Den hochkarätigen Wert dieses Geschenks erfährt auch jedes Kind, das so sprechen kann, »wie ihm der Schnabel gewachsen ist«, dem man nicht ständig »über den Mund fährt«, gar »den Mund verbietet«, es schließlich »mundtot«, seelisch krank macht: Es besteht die Gefahr der Flucht in einen Protest, in das »eiserne Schweigen«, in den Mutismus, ein schwer zu behandelndes psychosomatisches Krankheitsbild des Kindes, das »die Schnauze voll hatte.«

Das Sprechen und Sprechenlassen können nur dann eine Wirkung haben, wenn es nicht nur akustisch, sondern auch seelisch verstanden wird. (Siehe auch mein Buch *Das gute Gespräch*. Vandenhoeck & Ruprecht, 1996.)

2. Die Kunst des Zuhörens

Es ist wirklich eine Kunst, denn das Zu-hören ist weitaus wertvoller und wichtiger als das Hören: Zuhören bedeutet hoher Grad von Zuwendung – es ist Hinein-hören in einen Menschen, in dessen Seele:

- Wenn die Mutter ihrem Kind zuhört, erkennt sie rasch dessen »Problemchen« oder gar einen seelischen Kummer.
- Wenn man sich in der Partnerschaft (ohne äußere Ablenkungen!) konzentriert zuhört, versteht man sich auch in jenem Bereich, der in der letzten Zeit so manchen Ärger, manchen Streit verursachte.

- Und der Arzt, der seinem Patienten wirklich zuhört, schaut ohne irgendein technisches Hilfsmittel in dessen kranke Seele: Der diagnostische »Röntgen«-Blick – ohne Röntgengerät! Rasch wird er dann auch die Ablagerungen von seelischem Giftmüll auf der Seele entdecken.

Mancher Konflikt in der Partnerschaft, manche Familienkrise, viele Kränkungen wären vermeidbar gewesen, wenn man – siehe Geburtstage, Weihnachten etc. – mehr menschlich als ideen- und gedankenlos materiell geschenkt hätte, zum Beispiel:

Einem Menschen »Gehör schenken«.

Gewiss, zuhören ist schwerer als sprechen, aber umso notwendiger für die Wirkung des Sprechens. Die Schöpfung hat dies gut erkannt und vorgesorgt: Wir haben nämlich nur einen Mund, aber zwei Ohren. Wer dieses Naturgesetz missachtet, weil er lieber spricht, als zuhört, erhält eine Verwarnung durch den Volksmund: »Wer nicht hören will, muss fühlen!«

Betroffen vom Vorwurf, ein »schlechter Zuhörer« zu sein, muss sich jeder Mensch fühlen, der »zu viel um die Ohren hat ...«, nur »mit halbem Ohr« zuhört«, seinen Gesprächspartner bewusst »überhört«, der gar – was schwere Kränkung bedeutet – »weghört«, die »Ohren auf Durchzug stellt« nach dem Motto: »Da rein, da raus.«

Diese und eine Anzahl weiterer Verhaltensstörungen im konzentrierten Zuhören sind nicht nur unhöflich, sie sind auch unmenschlich – seelisch verletzend. Ein philosophischer Rat könnte hier etwas ändern. »Die einfachste Art, einen Menschen zu ehren, ist, ihm zuzuhören!« Untrennbar verbunden mit der Kunst des Zuhörens ist aber auch:

3. Der Augenkontakt – vom Blickkontakt zum Gesprächskontakt
Die Augen sind zwar der am tiefsten liegende Bereich unseres Gesichts, zugleich aber der hervorstechendste, denn Augen sind durch ihren Ausdruck, ihre Ausstrahlungskraft die ehrliche Sprache des Gesichts. In unmittelbarer Verbindung zum Gehirn stehend, projizieren sie das Gefühlsleben direkt nach außen. Daher hat auch der Blickkontakt in allen Gesprächsarten einen hohen Stellenwert für die Aussagekraft des Wortes. Das Fehlen dieses Kontakts macht sich deshalb bei Telefonaten oft nachteilig bemerkbar, denn:

Die Augen sprechen stellvertretend für die Seele.

Sie strahlt über die Augensprache ebenso Sympathie aus wie Missachtung durch Wut, Zorn oder Hass. Diese Sprache zu verstehen ist eine wichtige Kontrollfunktion für das Gefühlsverhalten im Gesprächsverlauf. Im negativen Sinn kann dies auch bedeuten: »Aus den Augen, aus dem Sinn.« Eine Warnung vor Geringschätzung der Augensprache, die uns Goethe hinterließ, zwingt zum Nachdenken über bisheriges Verhalten:

>»Was ist das Schwerste von allem?
>Was dich am leichtesten dünkt:
>mit den Augen zu sehen, was vor dir liegt ...«

Im Gesprächskontakt sind dies stets die Augen des Gesprächspartners: Sie sind ehrlicher als die »Sprache« des Gesichtes und sagen oft mehr als das gesprochene Wort!
Die Verwirklichung des systematischen Gesprächsaufbaus durch die genannten drei Säulen: 1. Sprechen und sprechen

lassen – 2. Die Kunst des Zuhörens und 3. der Augenkontakt – ist der eine Bereich für das gut funktionierende Gespräch. Der andere Bereich prägt *die Qualität des Gesprächs:* Von der *Art* der Vermittlung des gesprochenen Wortes (»Beziehungsaspekt«) bis zum »Gewicht« des Inhalts des gesprochenen Wortes (»Inhaltsaspekt«), denn das Gespräch ist mehr als nur »sprechen«. Die daraus sich ergebende Qualität des Gesprächs bestimmt auch den Wert des Gesprächs als wirksame seelische Selbsthilfe. Der wichtige Weg zu diesem Ziel ist wiederum in drei Schritte unterteilt:

Drei-Stufen-Programm der Selbsthilfe durch das Gespräch

Stufe I: Erst denken, dann sprechen!

»Ich denke, also bin ich« – ein Appell des Philosophen René Descartes (1596-1650), der uns zwingt, mit allem, was wir denken, uns auch an einer Weisheit Buddhas (ca. 560-480 v.Chr.) zu messen: »Was du denkst, das wirst du!« Bezogen auf unser Gesprächsverhalten bedeutet dies: »*Wie du denkst, so sprichst du!*«, was aber auch mit der logischen Konsequenz eines Naturgesetzes des Sprechens einhergeht: »*So wie du sprichst, so geht es dir!*«

Die Missachtung der untrennbaren Partnerschaft von Denken und Sprechen zwingt bei Versagen durch gedankenloses Sprechen zu später, gar zu später Reue über den angerichteten Schaden: an sich selbst, an der Gesundheit, aber auch am Mitmenschen, den man kränkte, vielleicht sogar verlor. »Wie konnte ich bloß so etwas sagen ..., so blöd sein ..., wo habe ich nur meinen Verstand gelassen ..., ach, hätte ich doch bloß den Mund gehalten!«

Für eine vorbeugende Maßnahme kommt uns der Volksmund zu Hilfe: »Was könnten wir alle für ein ruhiges Leben führen, wenn die Leute ihren Mund ebenso sparsam öffnen würden wie ihren Geldbeutel!« Wirksamster Selbstschutz:

Das Lernziel lautet: Seiner Zunge »Meister sein«. – Die Zunge zähmen, im Zaum halten. – Der Zunge Zügel anlegen. – Sich eher auf die Zunge beißen, sie eher »abbeißen«, als gedankenlos das »böse Wort« über die Zunge »rutschen« zu lassen.

Dieser Lernprozess ist lebenswichtig – für die eigene Gesundheit ebenso wie für die des Mitmenschen, denn: Eine »böse Zunge« vermag mehr Menschen zu verletzen, gar zu töten, als das Schwert es je vermochte. Daher: Worte erst aussprechen, wenn sie die Kontrollstelle »Denken« passiert haben und »reif« sind für das Sprechen.

Die Verwirklichung dieser Art von Selbsthilfe ist auch Nächstenhilfe, und diese Besonnenheit wird mit einem Geschenk für die Seele belohnt. Der Volksmund hat dies gut erkannt: »Wer überlegt, der ist überlegen«, weil nicht der Zufall bzw. Gedankenchaos, sondern der Verstand unser Denken und Nachdenken regieren. Der Autofahrer weiß, dass das Versagen der Bremse seines Autos lebensgefährlich sein kann. Wie schwer fällt es aber im Gegensatz dazu, sich die Folgen eines Bremsversagens »Denken« im Gesprächskontakt vorzustellen? Der Philosoph Bertrand Russell (1872-1970) sagt hierzu: »Manche Menschen würden eher sterben, als nachdenken. Und sie tun es auch ...«

Denken bzw. Nachdenken allein genügen allerdings noch nicht für die optimale Qualität eines Gesprächskontakts. Untrennbar gehört dazu der folgende Schritt:

Stufe II: Kritisch abwägen, urteilen.

In diesen Bereich fällt hauptsächlich die Verwirklichung des Denkens durch das Nachdenken über den besten Weg im aktuellen Gesprächsverhalten – ein äußerst *wichtiger Bereich für den Erfolg von Selbsthilfe!* Hier immer gleich den richtigen, seelisch befreienden Weg zu finden fällt oft recht schwer. Orientierungshilfen dafür bieten:

181

Sie sollen jedem Gespräch die gewünschte Richtung geben, es von missverständlichen Formulierungen ebenso freihalten wie von Inhaltslosigkeit und Orientierungslosigkeit. Wichtige Inhalte sind aber auch die paritätische Fairness im Gesprächsverlauf und der äußere Rahmen, in welchem ein Gespräch erfolgt:

1. Was sage ich?

Dieser Bereich entscheidet bereits weitgehend über Gesprächsverlauf und Gesprächsqualität: *Alles, was wir sagen, ist unsere persönliche Visitenkarte*, das »Kleid unserer Gedanken«, mit dem wir uns ja nicht blamieren sollten – wie mit schmutzigen Kleidern!

Lieber mal schweigen, als »dummes Zeug daherreden«, so lautet der Ratschlag des römischen Philosophen Boethius (426-524):»Wenn du geschwiegen hättest, wärest du ein Philosoph geblieben« – ohne unbedingt »klug« sein zu müssen!

Nur sagen, was »Hand und Fuß« hat, was zur Dynamik des Gesprächs beiträgt, zum Ziel des Gesprächs führt. Daher: Keine »Phrasen«, auch kein »leeres Stroh« dreschen, um nicht als »Phrasendrescher« missachtet zu werden. Kein »Blabla« und »Worthülsen« von sich geben und auf diese Weise ins »Geschwafel« kommen.

Das gute Gespräch ist auch nicht der richtige Ort, um über einen nicht Anwesenden Gerüchte (»ich habe gehört, dass ...«) zu verbreiten, auch nicht »unter dem Siegel der Verschwiegenheit« – denn er wird es in jedem Falle erfahren. Dadurch hat man aber nicht nur einen Menschen gekränkt, sondern sich – bei Verleumdung – auch selbst geschadet, mit einem Wiedersehen vor Gericht: »Vom Gerücht zum Gericht ...«

Was wir sagen, muss *wahr* sein: Ist das Gesagte auch das wirkliche Gemeinte? Unwahrheiten, Lügen, Halbwahrheiten (oft brisanter als Lügen) sind stets gesprächszerstörend und vertrauensmindernd. »Wer einmal lügt, dem glaubt man nicht!« – ein hohes Opfer an persönlicher Glaubwürdigkeit! (Siehe auch Seite 31ff.)

2. Wer sagt etwas?

Es ist nur schwer möglich, sich seinen idealen Gesprächspartner auszusuchen. Wenn man großes Glück hat, ist es ein sympathischer, »pflegeleichter« Partner, bei dem man sich so geben kann, wie man wirklich ist, mit dem man gerne spricht. Schon weniger Glück hat man mit einem sich überheblich, überlegen fühlenden, arroganten Partner, aber auch mit einem Partner von mimosenhafter Überempfindlichkeit, der gleich alles »in den falschen Hals« bekommt:

Ohne ein einziges Wort miteinander gesprochen zu haben, können sich Ablehnungsmechanismen entwickeln, die von vornherein jeglichen Gesprächskontakt gefährden bzw. unmöglich machen: »Wenn ich deren/dessen Stimme bloß höre, dann sehe ich nur noch rot ..., platzt mir der Kragen ..., krieg ich das Kotzen!«

3. Wie sage ich etwas?

»In der rechten Tonart kann man alles sagen – in der falschen nichts!« Es muss überraschen, wie gedankenlos viele Menschen mit dieser Warnung Georg Bernhard Shaws (1856-1950) in ihren Gesprächskontakten umzugehen pflegen. Sie vergreifen sich lieber »im Ton«, als ein Gespräch in guter Tonart zu führen und missachten dabei auch eine alte Volksweisheit: Der Ton macht nicht nur die Musik, er macht auch das Gespräch!

4. Wem sage ich etwas?

»Trau, schau – wem!« – diese Warnung des Volksmunds ist eine recht brauchbare Orientierungshilfe zum Selbstschutz gegen »Einbrüche« in das persönliche, familiäre, berufliche Leben. *Testfragen müssen hier zum Prüfstein werden:* Kann ich dem anderen wirklich vertrauen, oder täuscht er Vertrauen nur vor? Zu verführerisch ist hier ein innerer Drang, unbedingt etwas Persönliches von sich sagen zu müssen, etwa nach dem Motto: »Wessen Herz voll ist, dessen Mund läuft über!« Da sagt man dann Dinge, die man besser nicht gesagt hätte, die man bitter bereut, die einen ärgern, die einen nicht mehr schlafen lassen, die gar »aufs Herz schlagen«.

Der Volksmund warnt deshalb vor fahrlässigem Umgang mit dem Wort: »Gebe ich ein Geheimnis preis, bin ich *sein* Gefangener!« Er warnt aber auch jene Menschen, die aufgrund einer kontaktzerstörerischen »Logorrhöe« die Geduld und Zeit ihres Gesprächspartners über Gebühr strapazieren: »Rede weniger – lebe länger!«

5. Wo sage ich etwas?

Es bedeutet Achtung vor dem Menschen, mit dem man ein Gespräch führen will, wenn einige – scheinbar belanglose – Äußerlichkeiten beachtet werden, denn *auch die »Gesprächsatmosphäre« bestimmt das Gesprächsklima!* Das Gespräch zwischen »Tür und Angel«, mit den »Händen in den Hosentaschen« ist zum Beispiel kein Gespräch persönlicher Achtung und Zuwendung. Einige besondere Gesprächskonfrontationen mahnen:

- Für partnerschaftliche, familiäre Gespräche, Diskussionen über strittige Begebenheiten im Verlauf des Tages ist der Platz vor dem Fernseher der denkbar schlechteste – eher der Start in neue Probleme!

- Der Streit mit der Nachbarin, mit dem Nachbarn, mit dem Untermieter sollte keinesfalls im Treppenhaus ausgetragen werden. Ein Naturgesetz der Streitstrategie warnt: Streit verträgt keine Zuhörer! (Siehe auch Seite 214f.)

- Ja, auch mancher Arzt kann Probleme mit dem »Wo« haben: Die Übermittlung eines Untersuchungsergebnisses an den Patienten, dessen Ängste vor schwerer Krankheit nun bestätigt werden, gehört nicht auf den Flur, sondern in das »Sprech«-zimmer. Allzu leicht kommt sonst zur Krankheit noch die Kränkung: Die scheinbaren Kleinigkeiten des »Wo« sind also oft von großer menschlicher Problematik bzw. Dramatik!

Stufe III: Was wir sagen, muss die Menschenwürde achten!
Zu Sokrates, dem großen griechischen Philosophen (470-399 v.Chr.), kam ein stadtbekanntes Klatschmaul, um sich mit ihm über einen Bekannten zu unterhalten. Sokrates machte es diesem Klatschmaul aber nicht leicht, dies alles unkontrolliert loszuwerden. Er stellte eine Bedingung: »Lass uns das, was du sagen willst, durch drei Siebe geben.«

- *Sieb der Wahrheit:* »Hast du alles, was du mir erzählen willst, geprüft, ob es wahr ist?« »Nein, ich hörte es erzählen, und ...« »Soso, aber sicher hast du es mit dem zweiten Siebe geprüft«, mit dem

- *Sieb der Güte:* »Ist das, was du mir erzählen willst, wenn schon nicht als wahr erwiesen, wenigstens gut?« Nur zögernd kam die Antwort: »Nein, das nicht gerade, im Gegenteil!« »Dann«, unterbrach der Weise, »lass auch das dritte Sieb uns noch anwenden«:

- *Sieb der Notwendigkeit:* »Lass uns fragen, ob es notwendig ist, mir das zu erzählen, was dich so erregt.« Höchst verlegen kam die Antwort: »Notwendig nun nicht gerade ...« Lächelnd sagte Sokrates: »Also, wenn das, was du mir erzählen willst, weder wahr noch gut, noch notwendig ist, so lass es begraben sein und belaste dich und mich nicht damit!«

Die Verwirklichung dieser alten philosophischen Weisheit, der Einbau der drei Siebe als Filter für die Zurückhaltung von seelischem Gift, ist eine Krönung im Lernprozess für das gut funktionierende Gespräch und eine wirksame Brücke zum Mitmenschen.

Von der Vereinsamung zum Kontakt

»Kein Mensch ist eine Insel ...!« Mit diesen wenigen Worten führt der Psychotherapeut und Pädagoge Bruno Bettelheim (1904-1990) mitten hinein in einen Bereich menschlichen Lebens, der für Menschen mit Mangel an Kontakten, durch Unfähigkeit zur zwischenmenschlichen Kommunikation, durch bewusste Abkapselung (»ich brauche niemanden ...!«) zu schwerer seelischer Last eskalieren kann: von diffusen Lebensängsten über Isolation im menschlichen Zusammenleben bis hin zur daraus sich ergebenden Depression.

Im Gegensatz dazu gibt es aber auch Menschen, die eine Art von »Inseldasein« direkt brauchen, um sich mit ihren Interessen, Begabungen, mit ihrer geistigen Schaffenskraft selbst verwirklichen zu können: »... So fühl ich ein unendliches Bedürfnis, einsam zu sein!«, schrieb der junge Goethe (1782) an seine Freundin Charlotte von Stein (1742-1827), um dieses in einem Brief an Friedrich von Schiller (1759-1805) zu konkretisieren: Ohne »absolute Einsamkeit« könne er »nicht das mindeste hervorbringen ...«! Da Feodor Dostojewski (1821-1881) sich ähnlich äußerte: »Zeitweilige Einsamkeit ist für den Menschen wichtiger, als essen und trinken ...«, muss an dieser »Einsamkeit« wohl etwas »dran« sein, was dazu zwingt, sie zumindest unter zwei Perspektiven zu betrachten:

Einsamkeit – als Chance, sich selbst zu finden.

Sie macht es möglich, sich – losgelöst von äußeren Störfaktoren – kreativ zu entfalten, an Seele und Körper zu entspannen – geistig »aufzutanken«. Auf der anderen Seite gilt aber auch:

Einsamkeit – als Weg in die Vereinsamung.

Isolation zählt zu den seelischen Risikofaktoren, die zu krank machender Last eskalieren können. Eine alte jüdische

Weisheit bestätigt dies sehr realistisch: »Wehe dem, der aleine steht ...!« Bildlich vergleichbar ist dies mit einem Baum, der allein und damit ungeschützt auf weiter Flur steht, der schon dem nächsten Sturm zum Opfer fallen kann! Übertragen auf das menschliche Leben gibt der Philosoph Wilhelm von Humboldt (1767-1835) jedem Menschen, der seelisch unter Einsamkeit leidet, eine *Motivation zur Selbsthilfe gegen Einsamkeit:* »Die Verbindungen mit Menschen sind es, die dem Leben seinen Wert geben ...!«

Doch ein paradoxer Kontrast zwingt zum Nachdenken: Viele Menschen leben allein, sind aber nicht einsam. Andere wiederum sind zwar nicht allein – fühlen sich aber trotzdem einsam: Sie wohnen in riesengroßen Hochhäusern, mit »Nachbarn« oben und unten, rechts und links – doch man »kennt« sich nicht, ausgenommen vom höchst merkwürdigen »Fahrstuhlkontakt«: Eine Begegnung verlegenen Schweigens mit ausweichenden Blicken nach oben und unten, zur Seite, nur nicht in die Augen des Fahrstuhlnachbarn – denn man ist sich, wie so oft in Situationen menschlichen »Zusammen«lebens, so nah (körperlich), aber menschlich doch so fern.

Chancen der Selbsthilfe für einen Kontakt:

Ein freundlicher Gruß, ein paar »nette Worte« können unsichtbare Mauern einer Kontaktscheu und kontaktblockierender Vorurteile einreißen. Man wäre dann vielleicht auch in der deprimierenden Anonymität eines Hochhauses nicht mehr ganz so einsam! Es gehört jedoch zur bitteren Wirklichkeit im Umgang mit Menschen, die sich vereinsamt fühlen, dass Hilfe oft schwer gemacht wird: Nicht nur durch die – sie prägende – Sensibilität, sondern auch durch ihr eigenes Fehlverhalten, denn:

Wer sein Alleinsein ständig beklagt, ist einsam!

Davon betroffen sind jene Menschen, die vom Mitmenschen »tief enttäuscht« sind, weil sie – wie sie oft zu Unrecht meinen – sich nicht um sie kümmern und deshalb auch nicht mit

Vorwürfen geizen (»Ist das der Dank ...?«). Sie manövrieren sich geradewegs hinein in isolierende Vereinsamung: Das Alleinsein wird zur unerträglichen seelischen Last!

Im positiven Gegensatz dazu stehen jene »alleinstehenden« Menschen, die allein sein können, ohne etwas zu entbehren, die unter Einsamkeit nicht leiden – aus dem einfachen Grund, weil sie mit sich etwas »anfangen« können. Der Volksmund hat auch hier Recht: »Wer allein sein kann, ohne darunter zu leiden, der ist niemals einsam ...!« Wer dies aber nicht kann, büßt dafür mit seiner seelischen Gesundheit, denn:

Vereinsamung drückt auf die Seele!

Ganz zwangsläufig entsteht durch den Mangel an Kontakten das drückende Gefühl, nichts wert zu sein, am Rande des Lebens zu stehen, »überflüssig« zu sein – etwa nach dem Motto: » Wofür lebe ich denn eigentlich noch?«

Mit eindrucksvollen Worten gab Piet S. Kuiper (*Sonnenfinsternis*, Bauer-Verlag, 1991) einen Einblick in das Gefühl der Depression des vereinsamten Menschen: »Wenn häßlich über einen gelästert wird, dann kann man sich das sehr zu Herzen nehmen oder aber sich zu trösten versuchen: Besser, sie reden schlecht über mich, als daß sie überhaupt nicht über mich reden: Unbemerkt bleiben, nicht vorhanden sein für den anderen, ist das Schlimmste ...«

Jeder, der sich davon betroffen fühlt, weiß zur Genüge, dass die ihm entgegengebrachte Gleichgültigkeit höchster Grad von Unmenschlichkeit ist, er weiß aber auch, dass Medikamente oder formale Gesten einer Zuwendung, die eine Art »Mitleidseffekt« beinhalten (»Sie tun mir aber Leid ..., haben Sie denn niemanden, der sich um Sie kümmert?«) keine Befreiung aus dem »gläsernen Gefängnis« bringen können: Das kann nur *die rettende Erkenntnis:* Ich muss mich *selbst* befreien, wenn es anders, besser werden soll.

Daher ist es umso tragischer, dass gerade in der Situation der Vereinsamung diese wichtige Erkenntnis allzu leicht einer lähmenden Befindlichkeit zum Opfer fällt. Dennoch sollten

Betroffene versuchen, einen alles entscheidenden Appell des Volksmunds zu beherzigen: »Hilf dir selbst – es hilft dir – letzten Endes – doch keiner …!«

Vereinsamung durch nicht bewältigtes Alleinsein oder durch verdrängte Einsamkeit eskaliert zunehmend zu einem

Leben in einer Anonym- und Egal-Gesellschaft.

Für die ältere Bevölkerungsschicht gibt es zwar immer mehr Angebote menschlicher Hilfsbereitschaft (»Seniorenklubs«, »Altentreffs«, Tagesstätten …), die helfen wollen, das Lebensschicksal »Vereinsamung« erträglicher zu machen: Sie alle können aber nur so erfolgreich sein, wie sie auch von jenen Menschen angenommen werden, die sie am meisten bräuchten, die aber nicht motivierbar sind, wobei oft eine – noch nicht erkannte – Altersdepression das Haupthindernis sein kann: »Er/sie sitzt den ganzen Tag nur herum und spricht kein Wort …!«

Beim Fehlen jeglicher Motivation zur Selbsthilfe, ohne die es auch keine Befreiung aus dem Käfig der Vereinsamung gibt, zwingt eine – seelisch unerträgliche – Grenzerfahrung zum Handeln – und zwar immer dann, *wenn Vereinsamung zum Lebensverdruss wird*, oft sogar suizidale Tendenzen programmierend: »Die Angst vor der Einsamkeit ist für mich schwerer zu ertragen als die Angst vor dem Tod …!«, klagte ein Mann nach dem Tod seiner Frau. Aber nicht nur für ihn – für alle Menschen, die sich als Geiseln des Gespenstes »Vereinsamung« fühlen, heißt es:

Wichtigste Selbsthilfe: Vermeidung von Anti-Selbsthilfe!

Depressive Blockaden durch Alleinsein nicht »zudecken«, weder »chemisch« durch medikamentöse »Seelentröster« noch durch die verführerische Flucht in den »Alkohol«. Wer Sorgen durch das Alleinsein hat, braucht – entgegen der Meinung von Wilhelm Busch – nicht »Likör«, er braucht den Menschen. Damit ist aber nicht das panische Fliehen in irgendeine Gemeinschaft von x-beliebigen Menschen gemeint, wo ihm seine Verlassenheit vielleicht noch bewusster wird.

Eindrucksvoll warnte Dietrich Bonhoeffer (1906-1945) in seinem Buch *Gemeinsames Leben* vor dem Eintauchen in eine Vermassung: »Wer nicht allein sein kann, der hüte sich vor der Gemeinschaft. Wer nicht in der Gemeinschaft steht, der hüte sich vor dem Alleinsein ...«

Gesprächskontakte – die Brücke zum einsamen Menschen.

Der allergrößte Teil seelischer Belastung durch Vereinsamung hat seinen Ursprung im Unvermögen, Mund und Seele zu öffnen. Wer sein »Herz nicht ausschütten ...«, sich Sorgen und Probleme nicht »von der Seele reden ...« kann, leidet seelisch (siehe hierzu auch Seite 171ff.)! Es ist schon so: Wenn man über Dinge, die seelisch bedrücken, sprechen kann, sind sie nur noch halb so schlimm! Gute Chancen für Gesprächskontakte bieten Einladungen zum

Besuch von Kontaktklubs, Seniorenklubs, Gesprächskreisen.

Hier ist der erste Schritt die Überwindung von Vorurteilen (»ich brauche so etwas nicht ...!«) der schwerste. Die Einbettung in eine Gemeinschaft mit Menschen gleichartiger Lebensprobleme ist ein durch nichts ersetzbares seelisches Arzneimittel, das im Extrembereich gar eine Art von »Abhängigkeit« (»... können wir uns nicht öfter treffen ...?) verursachen kann! Ein positiver Anti-Einsamkeits-Effekt von Klubs dieser Art ist das Gefühl, auch nach der Heimkehr in die eigene Wohnung nicht mehr so allein zu sein! Man besucht sich gegenseitig oder nutzt zur Kommunikation:

Das Telefongespräch.

Bereits das Läuten eines Telefons schafft eine – manchmal allerdings auch missliche – Unterbrechung »nerventötender« Stille, einer Stille, die mitunter nicht zum Aushalten ist. Schon das Gefühl zu wissen, nicht (nicht mehr) allein zu sein, bringt seelische Entspannung.

Für jeden Menschen, der sich durch Einsamkeit an den Rand des Lebens gedrückt fühlt (»... ich mag einfach nicht mehr ..., am liebsten würde ich lieber heute als morgen sterben ...!«), gibt es eine *Chance der Hilfe bzw. Rettung: Die Telefonseelsorge!* Sie ist rund um die Uhr verfügbar. Nach Mitteilung von Telekom ab 1. Juli 1997 unter den Nummern: 0800 111 01 11 oder 0800 111 02 22 kostenfrei – ohne Zeitbeschränkung!

Auch wenn es auf Anhieb etwas merkwürdig klingen mag, aber Selbsthilfe kann auch kommen durch:

Das »Selbstgespräch«

Wer – wodurch auch immer – daran gehindert ist, mit jemandem zu sprechen, sich durch das Gespräch nicht nur von Kummer, Sorgen, sondern auch von menschlicher Enttäuschung, Ärger, Wut oder Zorn zu befreien, sollte dieses Ventil nutzen. Das Selbstgespräch bzw. Schimpfen oder sogar Brüllen in einer akuten Ärgersituation kann Wunder wirken. Oft wird dann auch ein Irrtum des – sonst so klugen – Volksmunds spürbar: Nicht das Schweigen, sondern das Reden, das Sprechen (auch mit sich selbst!) ist »Gold«!

Recht hilfreich für Menschen, die eine Öffnung der Seele suchen, ist auch:

Das Schreiben eines Tagebuchs

Mit völliger Freiheit in der textlichen Gestaltung und Formulierung, mit der Chance, alles, was seelisch belastet, sich »von der Seele« zu schreiben: Wer es als vereinsamter Mensch noch nie probiert hatte, sollte einmal einen Versuch machen! Befreiung von seelischem Druck kann auch bringen:

Das Briefeschreiben

»Schreib mal wieder ...!«, motiviert die Deutsche Bundespost, obwohl ein anderer Bereich motivierender Kommunikation (»Ruf doch mal an ...!«) wirtschaftlich erträglicher wäre. Wahrscheinlich kennt aber auch die Post den psychotherapeutischen Doppeleffekt des Briefschreibens:

Das schriftliche Fixieren von Gedanken befreit seelisch – und zwar je mehr die Möglichkeit besteht, dem Brief Kummer, Sorgen anzuvertrauen;

jeder persönliche Brief ist eine Brücke der Kommunikation: Hier liegen für jeden vereinsamten Menschen gute Chancen, nicht immer vor einem »leeren Briefkasten« stehen zu müssen, der die Einsamkeit auch visuell zum Ausdruck bringt!

Für jeden Menschen in seelisch bedrückender Vereinsamung, der sich körperlich, seelisch, geistig noch rüstig fühlt, gibt es außerdem eine andere besonders wirkungsvolle Selbsthilfe:

Das soziale Engagement.

»Wenn du recht schwer betrübt bist, daß du meinst, kein Mensch auf der Welt könnte dich trösten, so tue jemandem Gutes, und gleich wird's besser sein ...!« Mit einfachen Worten, aber tief beeindruckend, verstand es hier der Volksschriftsteller Peter Rosegger (1843-1918), die seelische Heilwirkung durch Hilfe für einen Mitmenschen begreifbar zu machen. Vollauf bestätigt wird hier Rosegger durch den Psychoanalytiker Erich Fromm (1900-1980): »Dem Helfenden wird selbst geholfen ...!«

Im eigentlichen Sinne gibt es für den Menschen in der Vereinsamung keine wirksamere Möglichkeit der Selbsthilfe als im Engagement sozialer Einrichtungen, die ihrerseits dankbar sind für jeden Menschen, der hilft, denn freiwillige Hilfe für den Menschen in Not ist heutzutage auf dem Rückzug: »Die zunehmende Ego-Mentalität halte ich für eine schlimme Entwicklung ...!«, klagte bedrückt der Bürgermeister einer Hochschwarzwaldgemeinde (Hansjörg Eckert, Hinterzarten in einem Interview, 12. Juli 1996).

Natürlich ist Vereinsamung durch Alleinsein nicht für jeden vorprogrammiert. Je weniger jedoch Möglichkeiten körperlicher Beweglichkeit, seelischer, geistiger Aktivität verfügbar sind, je weniger man noch »gebraucht« wird, desto größer wird der seelische Schmerz, desto mehr bestätigt es sich: »Einsam ist, wer für niemanden (mehr) zu sorgen hat ...!« Das kann auch die Einsamkeit in der »Zweisamkeit« sein, das kann auch die Mutter und Hausfrau sein, die vor »dem leeren Nest« steht, nachdem alle Kinder das Haus verlassen haben und der Partner allenfalls noch abends vor dem Fernsehschirm »ansprechbar« ist. *Die »kollektive Einsamkeit« vor dem Fernsehschirm* ist ein verbreiteter, zumeist verkannter Risikofaktor für den weiteren Bestand einer Partnerschaft oder einer Familie. (»Wir verstehen uns einfach nicht mehr ..., ich fühle mich völlig allein gelassen ...!«) Für diese Situation heißt die Chance:

Kommunikative Selbsthilfe gegen das Alleinsein.

Von der *Einweg*-Kommunikation, dem Fernsehen – zur *Zweiweg*-Kommunikation, dem Gespräch; dem Gespräch als wichtigstem Arzneimittel für jeden Menschen, der unter Vereinsamung seelisch leidet.

Abschließend sei nochmals betont: *Selbsthilfe gegen Vereinsamung* orientiert sich immer an der Realität menschlichen Zusammenlebens. Weder Mitleid, das eher alles noch schlimmer macht, oder klagen und jammern noch das (oft vergebliche) Warten auf einen »guten Menschen« sind hier gefragt, sondern nur der Entschluss: *»Ich muss selbst etwas tun!«* und kann sich dabei einen weiteren Impuls von J.W. von Goethe geben lassen:

»Wer sich der Einsamkeit ergibt,
ach, der ist bald allein!
Ein jeder lebt, ein jeder liebt
Und – läßt ihn seiner Pein ...!«

Gegen diese »Pein« des Alleinseins gibt es nur eine einzige Alternative: Selbsthilfe durch den Weg zum Mitmenschen!

Von der Durchsetzungshemmung zur Durchsetzungskraft

Gäbe es Statistiken über persönliche, berufliche Nachteile, über Wegbereitungen bei seelischen Störungen oder Krankheiten – sie wären deprimierend. Für die Schwäche an seelischer Kraft des Sichdurchsetzens in der Partnerschaft, in der Familie, am Arbeitsplatz wird stets ein hohes Opfer an Gesundheit und Lebensqualität gebracht – der gehemmte Mensch mit seinem zu schwachen Ich ist oft sogar der »*Looser*«, der eine »Schlacht« nach der anderen verliert; jener Mensch, mit dem man praktisch machen kann, was man will, den man ausnützt, »an die Wand drückt ...«, den man auch gerne am Arbeitsplatz verantwortlich macht, wenn etwas nicht klappt, er ist wie geschaffen zum »Sündenbock« – er kann sich ja doch nicht wehren! Dies alles muss und darf nicht so sein, denn es gibt

Chancen durch ein Selbsthilfe-Lernprogramm!

Wie überall bei der Verwirklichung von Selbsthilfe kann man den Erfolg jedoch nicht einfach so »aus dem Ärmel schütteln«: Er ist ein Weg der Geduld, der Beharrlichkeit, der Hoffnung, dass es nur noch besser werden kann – ein Weg der kleinen Schritte. Schon der geringste Fortschritt in einer bislang als quälend, depressiv empfundenen Situation sprachloser Wehrlosigkeit (weil es einem in harter Diskussion beispielsweise »die Sprache verschlug ...«), in der Scheu und Angst, eigene Vorstellungen, berechtigte Wünsche oder lebenswichtige Interessen zur Sprache bringen zu können, weckt bereits seelische Kräfte für ein stärkeres Ich. Er ist eine Ermutigung, auf diesem Weg einer Selbsthilfe weiter zu gehen, damit die Durchsetzungshemmung auf Dauer überwunden werden kann.
Kein einziger Weg führt vorbei am

Durchbrechen der »Ich-kann-nicht«-Mentalität.

194

»Solange sich ein Mensch einbildet, etwas nicht zu können, solange ist es ihm unmöglich, es zu tun ...!« Eindrucksvoll warnt der niederländische Philosoph Baruch de Spinoza (1632-1677) vor der Blockade eigenständigen Handelns, ohne je geprüft zu haben, ob man es vielleicht doch kann. Für diese Einbildung, gar Überzeugung, etwas nicht zu können, wird immer ein hohes Opfer gebracht – in der persönlichen, schulischen, beruflichen Entwicklung, in der Lebensqualität insgesamt. Jeder, der sich davon betroffen fühlt, sollte versuchen, sich daraus zu befreien und sinnbildlich gesehen:

»Über den eigenen Schatten springen ...«

Über den Schatten mangelnden Selbstvertrauens durch Ich-Schwäche, Ängste, Unsicherheit, Mutlosigkeit – um von der bisherigen Verweigerungshaltung zur Aktivität zu gelangen, dies auch verbal formulierend: »Ich kann das ..., ich wage es ..., probieren geht über studieren ..., ich versuche es wenigstens ..., auch, wenn's schief geht ...!« Wenn es nicht schief ging, war dies zugleich das beste Medikament der

Selbsthilfe durch Selbstvertrauen.

Ein durch nichts ersetzbarer Weg zur Verwirklichung seelischer, geistiger und körperlicher Kräfte, die bisher brachlagen, von denen man vielleicht noch nicht einmal wusste – mit dem Ziel, über autosuggestive Kräfte des »Ich bin o.k. ...!« bisherige Hemmungen im Sichdurchsetzen zu überwinden.

Das daraus zugleich sich ergebende »Sich-selbst-Mögen« ist kein Egoismus, sondern lebensnotwendig: Nicht nur, um selbst zu »überleben«, sondern auch, um dem Mitmenschen in Not helfen zu können – sich orientierend am *Grundgesetz der Nächstenliebe:* »Liebe den Nächsten wie dich selbst ...!«

Wer durch erfolgreiche Wege der Selbsthilfe bereits in diesem Bereich der Überwindung seiner blockierten Durchsetzungskraft angelangt ist, hat eine »unbezahlbare« autosuggestive Schubkraft für *Wege der Selbsthilfe im Sichdurchsetzen für das Leben*! Eine Vielzahl von Wegen ist es, die zu diesem Ziel führen, sich gegenseitig jeweils unterstützend, verstärkend im Sinne eines »Booster«-Effekts: rascher Anstieg der Ich-Immunkräfte gegen psychische »Infektionen« aller Art bei spürbarem Erfolg! An oberster Stelle steht hier der

Lernprozess, sich selbst anzunehmen.

Das bedeutet auch, sein Aussehen anzunehmen! So, wie man ist, wie man sich selbst im Spiegel sieht, mit allem, was man nicht ändern kann, was Teil des Aussehens ist, was man an sich selbst nicht »leiden« mag. Ganz gleichgültig, ob es sich dabei um abstehende Ohren, eine zu dicke, zu lange Nase, pockenartige Narben im Gesicht nach einer Akne, krumme Beine, eine Glatze oder zu viele Falten im Gesicht handelt. Wenn aber für einen Menschen, der irrtümlich meint, dass sein Aussehen auch sein Ansehen bestimmt, schon der kleinste Pickel im Gesicht zur mittleren Katastrophe für sein Selbstwertgefühl führt, dann richtet er einen Dolch direkt auf sein Ich – mit allen Auswirkungen auf die Qualität seines Selbstwertgefühls.

Dies ebnet außerdem – in der Art einer zusätzlichen »Strafe« – bei besonders Ich-schwachen Menschen auch noch den *Weg in den »Minderwertigkeitskomplex«*, in Begegnungsängste oder in Depression. Versuche, mit allgemeinen, unverbindlich klingenden Worten zu helfen (»Es ist alles halb so schlimm ..., mach dir nichts draus!«), können für die Betroffenen keine Hilfe sein, ganz im Gegenteil: Die Kommentare der lieben Mitmenschen (»Mein Gott, wie siehst du denn aus!«) sorgen noch zusätzlich für Bedrückung.

Letzten Endes ist jeder Mensch, der auch seelisch unter sichtbaren Auffälligkeiten leidet (besonders provokativ sind hier die Schuppenflechte, die Neurodermitis), selbst sein bester Helfer – er sollte, er könnte es sein: Entscheidend ist dabei immer, sich mit der Wirklichkeit zu arrangieren, mit jenem Bereich, der – trotz aller Möglichkeiten von Behandlungen und Korrekturen – Realität ist und bleibt. Wichtig ist dabei ein

Umdenken über das Ansehen durch das Aussehen.

Dies meint die »Schönheit« eines Menschen im eigentlichen, im Wertsinne. »Schönheit« eines Menschen kommt nicht exklusiv von der Schönheit des Gesichts, von der tollen Figur, der auffallendsten Kosmetik, dem neuesten, teuersten Outfit: »Schönheit« im überzeugenden Sinne kommt aus der Seele, die mit sich in Harmonie lebt, »aus dem Herzen« für den Mitmenschen, aus der Klugheit des Denkens, denn:

Schönheit betrifft immer den ganzen Menschen.

Ein bemerkenswertes Phänomen: Je weniger am Ansehen eines Menschen sein Aussehen, seine äußere Schönheit, beteiligt sind, umso größer ist – ganz unbewusst – dessen Konzentration auf die »inneren« Werte – seiner Werte als Mensch! Je mehr diese Grundinformation für einen Menschen mit Minderwertigkeitskomplexen, die durch Äußerlichkeiten provoziert wurden, zur *inneren Überzeugung* werden konnte, umso größer sind nun die Chancen, von einer neuen, von einer stabileren Ich-Position aus, sein Selbstwertgefühl zu steigern und sich von seiner Durchsetzungshemmung zu befreien. Eine Chance der Selbsthilfe für den eigentlichen Wert als Mensch ist hier die

Autosuggestion.

Alles, was ich *nicht* ändern kann und vielleicht auch gar nicht ändern will, weil es gesundheitlich nicht notwendig ist, ist Teil meines Ichs: Wer mich, so wie ich bin, wie ich aussehe, nicht mag – auf den verzichte ich gerne! Dieser Verzicht ist nämlich ein Gewinn, der mich vor späteren Enttäuschungen eines Menschen, bei dem Äußerlichkeiten *über* dem Wert als Mensch stehen, bewahrt ...!

All dies kommt fast einer Art von Selbstschutz vor dem Risikofaktor »Mensch« gleich: gegen sich ergebende »Verunglimpfungen« im persönlichen oder beruflichen Leben. Sich zur Wehr zu setzen ist bei der Vielfalt menschlichen Fehlverhaltens zumeist chancenlos, und sie beginnt mit der höchsten Art von Kränkung – durch Missachtung, dem »Links-liegen-Lassen«.

Wer sich gegen gehässige Angriffe auf sein Ich, denen er sich hilflos ausgeliefert fühlt, wehren will, muss nicht unbedingt den Appell eines – offenbar gern gehörten – Pop-Songs (»Du musst ein Schwein sein in dieser Welt ..., du musst gemein sein in dieser Welt ...!«) verwirklichen, um nicht »zur Sau« gemacht zu werden. Diese Art seelischer Selbsthilfe würde eher neue Probleme bringen. Trotzdem klingt aber auch aus dem Text dieses Schlagers etwas Wichtiges heraus: Nicht nur für den Menschen mit einem schwachen Ich, sondern für alle Menschen wird es schwerer, in einer gefühlskalten Ego-Gesellschaft, in einer rücksichtslosen Ellbogengesellschaft sein Ich zu schützen bzw. zu verteidigen: Andere Zeiten – andere Sitten, könnte man durchaus dazu sagen. Dennoch haben wir ein Recht auf die *Selbstverteidigung des Ichs.*

Die Vielfalt der Wege zu diesem – lebenswichtigen! – Ziel lässt sich in einem Appell der Motivation zusammenfassen:

Lassen Sie sich nichts mehr gefallen!

Warnung: Wer sich alles gefallen lässt, wird – fallen gelassen ...! und bringt stets ein hohes persönliches Opfer dafür: Er wird zum Spielball aller Menschen, die sich ihm überlegen fühlen, die ihn allzu leicht ;um den Finger wickeln« können. Auf die – längst fällige – Gehaltserhöhung oder Beförderung kann er noch lange warten, da ihn ichstärkere Menschen »an die Wand drücken ...«!

Daher: Es muss der Entschluss gefasst werden, sich mit Worten zu wehren. Sie können zwar auch nicht sofort Wunder bewirken, aber doch mehr bewegen als das bisherige Schweigen, zum Beispiel so: »Damit Sie es ganz genau wissen: Ich lasse mir das nicht mehr gefallen ..., ich werde mich mit aller Kraft dagegen wehren ..., das könnte Ihnen so passen, mit mir so umzugehen!« Sollte Widerstand spürbar werden, dann vertrauen Sie auf:

Die 3 x »W«-Macht des Wortes.

Worte wirken Wunder! Oder Sie können – in Gefahr akuter Manipulation – auch »mit der Faust auf den Tisch schlagen«, um – ab sofort – nicht mehr »über den Tisch« gezogen zu werden.

Nun endlich weiß jener Mensch, der bislang so überlegen schien, der sich arrogant verhielt, der mich einzuschüchtern versuchte, dass er keinen »Hanswurst« mehr vor sich hat, sondern einen Menschen, der sein Ich verteidigt, vor dem man Achtung haben muss, der einem – welcher Sinneswandel! – sogar imponieren, gar gefallen kann, weil er sich doch nicht alles gefallen lässt! Ich-gestärkt, könnte es nun auch gelingen, seine persönliche Freiheit besser zu schützen.

Grenzmarkierungen ziehen.

Seine persönliche Freizeit und Freiheit nicht jederzeit durch jedermann zerhacken lassen, in Kreise gezogen werden, die man innerlich ablehnt. »Nächstenliebe« darf hier nicht falsch verstanden werden: »Liebe den Nächsten wie dich selbst« heißt auch: Bis hierher und nicht weiter!

Der »seelische Personenschutz« setzt Grenzen! Ihre Beachtung und Verteidigung ist für jeden weiteren Weg der Selbsthilfe in der Überwindung von Durchsetzungshemmung von grundlegender Bedeutung – um zu sich selbst zu finden, zur Mitte des Ichs! Ein durch nichts ersetzbarer Schritt auf diesem Weg ist die

Überwindung der Seelenfolter »Unentschlossenheit«.

»Unentschlossenheit ist für die Seele, was die Folter für den Körper ist ...!« – diese Deutung eines an sich harmlos klingenden Begriffs durch den französischen Schriftsteller Sebastian Chanfort (1741-1784) wird jeder Mensch bestätigen müssen, dessen einziger »Entschluss« es ist, sich nicht zu entschließen, weil er es gar nicht kann: »Zwei Seelen wohnen ach in seiner Brust ...!«, ohne seelische Kraft, die eine von der anderen zu trennen.

Oft sind es nicht die riesengroßen, lebenswichtigen Entscheidungen, die zu einem Entschluss drängen, sondern ganz banale Entscheidungen: was man anziehen, was man kochen, essen soll, über die Auswahl von Waren beim Einkauf im Supermarkt bis zur Absicht, einen Besuch machen zu sollen, um dann vor der Tür wieder umzukehren. Je mehr hier eine ängstliche, depressive Grundhaltung mit im Spiel ist, umso schwerer fällt jede Art eines Entschlusses. Die Betreffenden spüren die Rückwirkungen dieses Verhaltens allerdings auch auf ihre Lebensqualität – durch Einbußen in der Kraft des Sichdurchsetzens. Sie spüren die Warnung Napoleons:

»Das Schlimmste an allem ist die Unentschlossenheit!«

Der seelische Leidensdruck durch Unentschlossenheit drängt nach Hilfe, nach Befreiung. Verführerisch ist hier der Versuch, durch »Aufputschmittel« Hemmschwellen zu durchbrechen. Ein noch schlechterer »Helfer« wäre der scheinbar Mut machende Alkohol. Wirklich helfende Impulse können nur erwartet werden von *Selbsthilfe, die zuallererst am schwachen Ich ansetzt.*

An der Überwindung von Hemmschwellen durch Gefühle der Minderwertigkeit, der Überängstlichkeit, der unberechenbaren Reaktion der »anderen«. Wichtige, befreiende Orientierungs- und Motivationshilfe dafür ist der Appell des Volksmunds:

Lieber ein falscher Entschluss als gar keiner!

Dann kommt wenigstens etwas in Bewegung – man wird befreit aus der Erstarrung der Seele, der Gefangennahme mit dem Ich in der Festung »Unentschlossenheit«, denn – so warnte schon vor 2000 Jahren der römische Staatsmann Seneca († 65 n.Chr.) –: »Der größte Verlust für's Leben ist das Hinausschieben!«

Die Durchsetzungshemmung hat aber auch noch in anderen Bereichen von Ich-Schwächen, die im Rahmen der Selbsthilfe nicht übersehen werden dürfen, ihre tiefen Wurzeln. Dazu gehört auch die:

»Ich schwöre es ...!«: Verfänglicher lässt sich der eigene Zweifel, glaubwürdig zu wirken – und es auch zu sein –, nicht formulieren, denn nun müssen beim Gesprächspartner erst mal Hindernisse des Misstrauens überwunden werden: »Stimmt's nun oder nicht ...?« Also: »Hand aufs Herz ...!«
Helfen kann hier die Befolgung eines psychotherapeutischen Ratschlags aus dem Matthäus-Evangelium: »Drum schwöret nicht: Euer Ja sei ein Ja, euer Nein ein Nein, alles andere ist vom Übel ...!«
Die raue Wirklichkeit des Alltags beweist es: Jede »Verwechslung« von Ja und Nein, aus Angst bzw. Mangel an Durchsetzungskraft ist eine gefährliche Kapitulation in der Verwirklichung seiner eigenen Meinung. Ein kleiner Vorgeschmack davon ist das »Jein« – also weder »Ja« noch »Nein« – der Gesprächspartner hat freie Wahl! Wer könnte hier einer Warnung des griechischen Philosophen Pythagoras (597-497 v.Chr.) widersprechen: »Die kürzesten Wörter, nämlich »ja« und »nein«, erfordern auch die meiste Zeit zum Nachdenken ...!« Sie entscheiden nicht nur über die Glaubwürdigkeit, sie können auch den Lebenslauf eines Menschen entscheidend prägen!
Eine Schlüsselfunktion für das gesunde Ich hat auch der

»Wer schimpfen und weinen kann, der lebt länger und gesünder ...!«: Der Volksmund hat die Bedeutung der Befreiung von bedrückenden Gefühlen längst erkannt! Verhängnisvoll ist es nur, dass es für viele Menschen so schwer ist, die »wahren« Gefühle zu zeigen: Denn mit ihnen wird man – vor allem der seelisch leidende Mensch – besser verstanden als mit Worten, die allzu leicht missverstanden werden, »in den falschen Hals« geraten können. Wer sagt: »Es ist zum Kotzen!«, erweist sich keinen Gefallen. Er müsste stattdessen lernen, Kränkung und Wut und den dadurch verursachten »seelischen

Brechreiz« loszuwerden: durch Protest, Schimpfen, Brüllen, denn unsere Seele hat nur eine begrenzte Kapazität für Ablagerung von »Gift«, von seelischem Grobmüll. Sie ist kein Schuttabladeplatz. Sobald »das Maß voll« ist, geht es in Richtung Krankheit, wenn – mangels Durchsetzungskraft – keine Abwehr erfolgen konnte. Deshalb ein Appell der Selbsthilfe:

»Mach kaputt, was dich kaputtmacht ...!«

Im Lernprogramm der Selbsthilfen zur Überwindung von Durchsetzungshemmung darf eine wichtige Selbsthilfe nicht vergessen werden:

Sich selbst verwöhnen!

Der Volksmund warnt und ermutigt zugleich zu dieser Art von Selbsthilfe:

»Wer nicht genießen kann, ist ungenießbar!«

Dazu zählt nicht nur der »geizige Mensch«, dessen Geiz seinen eigentlichen Ursprung im Reichtum hat und der auch erst nach seinem Tode »geliebt« wird, sondern auch jeder Mensch, der sich den Weg zu den natürlichen, wohltuenden Genüssen des Lebens versperrt. Diese Genüsse müssen nicht aus Prassen im Essen und Trinken bestehen, sondern sie können ganz einfacher Art im positiven Zugang zu wertvollen Inhalten aus allen Bereichen menschlichen Lebens sein – beispielsweise das Sitzenkönnen auf einer Bank im Park, betrachtend, meditierend.

Dieses Beispiel zeigt, dass es nicht unbedingt »Geld« sein muss, das zum Genießen des Lebens führen könnte. Hilfreich und notwendig im Sinne der Selbsthilfe ist der Lernprozess, sich etwas gönnen zu können – auch Zeit für sich, für ein gutes Gespräch, ein interessantes Buch, ein Konzert. Im alttestamentarischen Buch Jesus Sirach werden wir dazu motiviert: »Wer sich selbst nichts Gutes tut, wie sollte der anderen Gutes tun können ...!«

Alle Wege von Selbsthilfen, die zur Befreiung aus der Lebensblockade »Durchsetzungshemmung« herausführen sollen und dies auch können, gipfeln in der

Selbsthilfe durch »Selbstbehauptung«.

Bei diesem Sichbehaupten, dieser Ich-Krönung ist der beherrschende Bereich der Kopf – das Haupt des Menschen: Alles, was wir denken, fühlen, tun, kommt aus dem Kopf, mit einer anatomischen Hilfe der Natur:

Der Kopf ist rund – aus gutem Grund.

Damit unsere Gedanken sich ungehindert in ihm bewegen können – eine Chance, die jeder Mensch nützen sollte! Daher ist es falsch und für jede Art von Selbsthilfe »kontraproduktiv«, den Kopf »hoch« zu tragen, als arrogant zu gelten, Durchsetzungskraft schon äußerlich sichtbar demonstrierend, ohne allerdings etwas über deren Qualität aussagen zu können. Bildliches Ziel aller Selbsthilfen für durchsetzungsschwache Menschen sollte es daher sein:

- *»Erhobenen Hauptes« durch das Leben gehen zu können* durch den Lernprozess: Von der Ich-Schwäche zum Selbstwert!
  Warnung: Wer den »Kopf hängen« lässt, hat keine »Aussichten« zur Selbstverteidigung! Hilfreich sind hier Tipps des Volksmunds für Wege zur Selbsthilfe:

- *Nie den Kopf »in den Sand« stecken* – man verliert sonst die »Sicht« für den Weg durch das Leben!
  Warnung: Wer heute den Kopf »in den Sand steckt«, knirscht morgen mit den Zähnen!

- *Nicht ständig mit dem Kopf »nicken«* – lieber 1 x »nein« als 100 x »vielleicht ...« sagen!
  Warnung: Wer ständig mit dem Kopf nickt, schont zwar seine Stimmbänder, schwächt aber sein »Rückgrat«!

- *Nie den »Kopf verlieren«* – er wird dringend gebraucht, um sich be-haupten, durchsetzen zu können!
  Warnung: Wer »kopflos« ist, hat auch keinen Verstand!

Mit all dem ist jedoch nicht gemeint, den Kopf sozusagen »pro forma« hoch zu tragen, als arrogant zu gelten, Durchsetzungskraft schon äußerlich sichtbar demonstrierend, ohne sie mit Qualität zu füllen.

Von dieser Warnung einmal abgesehen, ist die Bedingung für jede Selbsthilfe die Selbsterkenntnis:

Durchsetzungskraft ist lebensnotwendig.

Wer sich nicht durchsetzen kann, lebt am Leben vorbei: Er lebt nicht – er wird ge-»lebt«: von Menschen, die ihm überlegen sind, die ihn beherrschen, die ihm *»auf dem Kopf herumtanzen* ...«, sogar *»auf den Kopf spucken* ...«!

Eindrucksvoller könnte der Lebensberater Volksmund von der Notwendigkeit, Selbsthilfe für die Ich-Stärkung zu leisten, kaum noch überzeugen.

Eine harte Wirklichkeit im menschlichen Zusammenleben zwingt zu einer realistischen Erkenntnis: Mag die Verwirklichung aller zuvor dargestellten Wege der Selbsthilfe jeweils noch so erfolgreich gewesen sein, sie müssten im Gesamterfolg des Strebens nach seelischer Gesundheit scheitern, wenn es nicht gelänge, Konflikte mit ihren potentiellen Gefahren zu erkennen, Konflikte zu lösen, denn *der ungelöste Konflikt zerstört die seelische Gesundheit.*

Bedrückend ist hier die Unfähigkeit vieler Menschen, sich selbst helfen zu können, und nicht nur das, Konflikte werden durch Fehlverhalten oft sogar noch angeheizt. Kein einziger Weg der Konfliktlösung führt daher vorbei am Härtetest jeder Art von Selbsthilfe – an der Kunst, streiten zu lernen.

Von der Streit»sucht« zur Streitkultur: 10 »Goldene Streitregeln« zur Konfliktlösung

Oft wird erst reichlich spät oder auch gar nicht erkannt: Die Qualität des Streitens prägt die Qualität der Gesundheit – über die Seele auch die des Körpers! Es muss bedrücken, wie oft hier Unkenntnis im menschlichen Zugang zum Sinn und zur Art des Streitens zur Gefahr für Gesundheit und Leben nicht nur für den Streitenden selbst, sondern auch für den Menschen werden kann, mit dem er »im Streit liegt«! Dieser Bereich birgt einen höchst gefährlichen »Knackpunkt« für viele, die weder mit sich selbst noch mit den Mitmenschen zurechtkommen – sie werden zum typischen »Streithammel«.

Ebenso wie derjenige, der im Streit zu rasch »die Nerven verliert«, hat auch der Streitsüchtige Probleme mit einem »Naturgesetz der seelischen Gesundheit«. Er weiß es nicht und hat es auch nie gelernt: Niemand ist seelisch gesund und glücklich, der in einer gestörten Beziehung zu einem Mitmenschen lebt – leben muss: Er mag dies wohl verdrängen (»der kann mir mal den Buckel runterrutschen ..., die ist für mich Luft ...«), aber in der Tiefe des Unbewussten stören gespeicherte Gefühle des Enttäuschtseins, des Enttäuschthabens: von eigener seelischer Verletzung, die »wurmt«, bis hin zur seelisch spürbaren Missachtung, gar Verachtung durch einen gekränkten Menschen, mit dem man sich in einer ungelösten Konfliktsituation befindet, der einen »glatt übersieht«, für den man nicht existiert – was man nicht einfach »wegstecken« kann, auch wenn man manchmal meint, dies zu können!

Ja – es ist raue Wirklichkeit unseres alltäglichen Lebens, rund um die Uhr, bis zum letzten Tag des Lebens: Kein einziger Mensch lebt von früh bis spät, gar sein ganzes Leben lang in einer Art von Selbstverständlichkeit seelischer Unversehrtheit von »Friede, Freude, Eierkuchen«: Überall, wo Menschen sich begegnen, kommt gefühlsmäßig etwas in Bewegung – ganz gleich, ob man spricht oder »nur« schweigt.

Die Klugheit des Volksmunds warnt vor allzu oft verkannten Gefahren für die Seele durch den gestörten Gesprächskontakt. Menschen, die sich davon betroffen fühlen, geraten in den *Teufelskreis eines zerstörerischen Konfliktautomatismus*:

Gesprächsstörung → Kontaktstörung
Kontaktstörung → Konflikt
Konflikt → Krise
Krise → Konfrontation
Konfrontation → Kampf, Krieg

Damit wird die *3 x »W«-Macht des Wortes* brutal verwirklicht: Worte wurden Waffen!

Dies alles *muss nicht* so sein, denn es gibt hilfreiche Wege und Möglichkeiten, seine eigene Anfälligkeit für Konflikte zu erkennen, abzuschwächen, sich vom bisherigen Fehlverhalten im Konflikt zu distanzieren mit dem Vorsatz:

Durch Selbsthilfe lernen, Konflikte zu lösen.

Wer dazu entschlossen ist, findet einen Helfer auf diesem Weg in der *Aussendung einer Ich-Botschaft*: »Ich fühle mich missverstanden, beleidigt ..., ich bin traurig, dass es so weit mit uns kommen musste ..., ich leide seelisch unter dieser Spannung.« Mit dieser Art der Öffnung einer geknickten Seele sucht ein Mensch Hilfe, er hofft auf Verständnis. Dieser Hilferuf wird in jeder Konfliktsituation gehört, er entspannt die gespannte Atmosphäre – ganz im Gegensatz zum aggressiven Vorwurf, der jeden Konflikt schlagartig verschärft: »Du bist doch ein rücksichtsloser Mensch ..., du denkst doch nur an dich ..., dir ist es doch völlig egal, wie es mir geht ...!«

Die konfliktentschärfende *Ich*-Botschaft wird aber erst wirksam durch:

Die offene Aussprache – die Öffnung aus der Tiefe des Ichs.

Jeder, der ernsthaft versucht, die Ursachen von Konflikten zu analysieren, der sich mit den nicht mehr kontrollierbaren Entgleisungen von Konflikten und ihrer zerstörerischen Gewalt befasst, wird zustimmen: Die Aussprache ist eine rettende Chance, offen über alles zu sprechen, was vor dem Konflikt, im Konflikt verdrängt, »geschluckt«, »unter den Teppich gekehrt« wurde. Allerdings mit einer wichtigen Voraussetzung: Jeder Gesprächspartner muss die gleichen Möglichkeiten haben, alles, was ihn seelisch bedrückt, sich »von der Seele« reden zu können – mit einer vereinbarten Toleranz-Zone, damit eine missglückte »Aussprache« den Konflikt nicht zusätzlich anheizt. Eine zentrale Funktion in allen Arten eines Konflikts beansprucht die zumeist missachtete

Kunst des Streitens – die Öffnung einer gequälten Seele.

Eine sich gekränkt fühlende Seele, die vollgepfropft ist mit Ärger, Wut, Zorn, gar Hass, hat nun die Chance, durch ein »Großreinemachen« dies alles loszuwerden – wenn, ja wenn die Verwirklichung der positiven Macht des Wortes gelingt. Bis zum heutigen Tage hat hier als Orientierungshilfe eine uralte ägyptische Weisheit (ca. 2000 v.Chr.) nichts von ihrer zentralen Bedeutung eingebüßt: »Die Kraft des Menschen ist die Zunge, reden ist bezwingender als kämpfen!« »Reden« ist hier allerdings nicht nur als »normales« Sprechen, sondern auch als ein Sprechen »in gehobener Tonart« gemeint – eines Streits, aber mit Einschränkungen und Vorbehalten, denn:

Streit ist nicht = Streit.

Es gibt eine Art von Streit, der einen Konflikt zusätzlich anheizt, der aus einem schwelenden Brandherd einen seelischen Flächenbrand macht, vergleichbar mit einem Menschen, der noch Öl ins Feuer gießt: *Die Streitsucht!* Es ist jener Streit, den manche Menschen brauchen, unbewusst »suchen«, um ihren viel zu niedrigen Blutdruck durch den so wohltuenden »Adrenalin«-Effekt in die Höhe zu treiben, um aus »Frust«, schlechter Laune oder Langeweile zu fliehen, sich durch Streit von eigenen Problemen abzulenken – wobei das ständige Streiten einer drogenartigen Abhängigkeit gleichkommt!

Im Folgenden soll aber nicht von dieser Art des Streitens die Rede sein, sondern von einem

Streit, der seelisch befreit – zwei Menschen zugleich!

Hier gilt es, im Verständnis des Streitens traditionell geprägte, falsche Vorstellungen zu korrigieren: Der Streit ist nicht – wie ganz überwiegend angenommen wird – typisch für unbeherrschtes, aggressives, gar bösartiges, menschenfeindliches Fehlverhalten sich streitender Menschen, sondern eben auch eine (oft letzte) Chance, eine gestörte zwischenmenschliche Beziehung zu retten. Auch wenn es paradox klingen mag:

Lieben und streiten sind Partner – müssten es sein!

Oft kann erst durch die seelische Öffnung im Streitgespräch der zerstörerische Spalt von Missverständnissen, Missachtung, Kränkung oder Beleidigung, die die Gefahr der Verfeindung, gar das Scheitern einer Beziehung provozieren, ausgeräumt werden. Das trifft aber nur dann zu, wenn diese Art heilsamen, rettenden Streitens nicht selbst zur Ursache eines neuen Streits entartet. Ein wirksamer Schutzwall dagegen ist die bereits erwähnte »Kunst des Streitens« – sie ist Bedingung jeder Partnerschaft, von der eine gute Funktion auch in Belastungssituationen erhofft wird.

Im Streit liegt auch eine »verdammte Ehrlichkeit«!

Nun endlich ist die Zeit des Schweigens, des Tolerierens, des Ertragens, des »Herunterschluckens« scheinbarer Vornehmheit durch (zu) gute Erziehung (»Das tut man nicht ..., das sagt man nicht!«) vorbei: Die seelische Öffnung durch die Macht des Wortes im Streitgespräch ist *die* Chance seelischer Befreiung aus bislang »tiefgekühlten« Gefühlen von Enttäuschung, Wut, Zorn, Kränkung – jetzt kann man endlich mal »*seine* Meinung sagen«, nachdem man zuvor einen Menschen mit Kritik an seinem Verhalten, das einem ganz und gar nicht passte, verschonen wollte. Jetzt, im Streit, ist diese Schonfrist »passé« – Vergangenheit. Jetzt geht es ans »Eingemachte«. Oft wird erst nach tiefen Enttäuschungen in einer Konfliktsituation, nach gesundheitlichen Schäden an der seelischen und körperlichen Gesundheit erkannt:

Die Kunst des Streitens ist höchster Grad von Selbsthilfe!

Im Extrembereich einer festgefahrenen, kränkenden, krank machenden Konfliktsituation gibt es keinen Ersatz für diesen Weg seelischer Befreiung, verbunden mit einer tröstlichen Ermutigung – er ist lernbar. Jede Leserin, jeder Leser, die sich dazu motiviert fühlen, erhalten für diesen Weg seelischer Befreiung aus dem Clinch eines einengenden, krank machenden Konflikts eine Orientierungshilfe durch:

10 »Goldene Streitregeln«

1. *Aktuell* streiten
Ständige Streitereien ohne erkennbare Streitursachen, Lust zum Streiten zur Überbrückung von Frust, Langeweile, Burnout, von »schlechter Laune« fallen nicht in diesen Bereich von Selbsthilfe. Hier ist auch nicht der Platz, um »alte Rechnungen« zu begleichen, den Hass von gestern durch den Streit von heute loszuwerden! Daher misslingt auch jedes Streitgespräch, in welchem bei dieser Gelegenheit ärgerliche Begebenheiten, Beleidigungen, Kränkungen aus der Vergangenheit ausgekramt werden, um damit dem Streitpartner seinen miesen Charakter »unter die Nase zu reiben« – den Streit durch Rachegelüste zu missbrauchen: »Du warst doch schon immer so ..., den gleichen Unsinn hast du doch schon vor zwei Jahren gesagt!«
Auf dieser Ebene verläuft das weitere Streiten an der aktuellen Ursache des jetzigen Streits völlig vorbei – der Streit wird eher zusätzlich noch durch Wut, Zorn etc. angeheizt – ein neuer Streit entsteht.

2. Der Streitinhalt muss *strittig* sein

»Wer streitet, hüte sich, bei dieser Gelegenheit Sachen zu sagen, die ihm niemand streitig machen kann.« Mit dieser Warnung erweist sich Goethe auch als ein helfender Streitpsychologe. Jeder Verstoß gegen diese Warnung lenkt ab von der Lösung eines Streits, dessen Ursachen wirklich »strittig« und nicht »an den Haaren herbeigezogen« sind. Der Streit »um des Kaisers Bart« ist kein Streit, sondern Zeit- und Energieverschwendung von streitsüchtig veranlagten Menschen, oft verbunden mit einer Gefahr, die nun wirklich einen Streit provozieren kann – wenn nämlich mangels strittiger Argumente versucht wird, das persönliche Ansehen herabzusetzen! Allzu verführerisch sind hier Vergleiche mit Menschen, mit welchen man nicht unbedingt verglichen werden will, mit Menschen, deren persönliche und charakterliche Schwächen hinreichend bekannt sind, die man nicht mag: »Du bist doch genau wie …!« Derartige Vergleiche können nicht nur schwer kränken, sie bieten auch keine Chances der Verteidigung, jetzt wird es wirklich »strittig«!

3. *Fair* streiten, nicht kränken!

Aufgrund der Emotionen, die während eines Streits nur schwer zu steuern sind, besteht allzu rasch die Versuchung, den Mangel an sachlichen Argumenten im Streitgespräch durch persönliche Beleidigungen des Streitpartners zu ersetzen. Je mehr die dadurch provozierte Kränkung unterhalb der »seelischen Gürtellinie« liegt, die Menschenwürde durch Gesten verachtender Aggressivität verletzt wird (Ausspucken vor dem Streitpartner, bzw. sogar Anspucken, Zunge rausstrecken, Vogel zeigen etc.), desto mehr eskaliert diese Art von »Streit« zur unkalkulierbaren Gefahr für Gesundheit und Leben; je mehr die Emotion den Verstand lähmt, umso größer wird diese Gefahr. Wer hier seine eigenen Schwächen entdeckt, muss sich im zukünftigen Streitverhalten in jeder Hinsicht autosuggestiv konzentrieren auf:

4. *Menschlich* streiten
Eine Vielzahl von Wegen und Möglichkeiten steht hier zur
Verfügung. Im Falle ihrer Verwirklichung sind sie eine Art von
Garantieschein für erfolgreiches Streiten wie zum Beispiel:

Sich nicht über den Streitpartner lustig machen.

Weder durch Imitieren von auffallenden Angewohnheiten
beim Sprechen (räuspern, hüsteln, stottern ...) noch lähmen-
des »Auslachen«, das beim anderen Hilflosigkeit provoziert –
denn gegen das Auslachen kann man sich nicht wehren!

Keine »Retourkusche«.

»Wie du mir, so ich dir!« In einem Streitgespräch dieser Art
bewegt sich gar nichts, eher wird alles noch verstrittener –
durch einen Bumerangeffekt: »Wie man in den Wald hineinruft, so schallt es zurück!« In dieser Art des Streitens verliert
man nicht nur viel Zeit durch völlig überflüssige Wortgefechte,
sondern oft auch die überstrapazierten »Nerven« durch ge-
genseitiges Ärgern.

Vermeidung erpresserisch wirkender Formulierungen.

»So, das werde ich jetzt dem Chef ..., dem ... der ... sagen.«
»Das wirst du noch bereuen ..., Rache ist süß.« Durch Ein-
schüchterungsversuche soll hier der Streitpartner zur Kapitulation gezwungen werden – der Streit bleibt ungelöst!

Den Streitpartner nicht »über den Tisch ziehen« wollen.

Das Ungleichgewicht in der Ich-Stärke verführt allzu leicht
zum unmenschlichen Ausnützen seelischer Überlegenheit gegenüber einem ich-schwachen Partner, der eine Durchset-
zungs- und Aggressionshemmung hat und den man nun ohne
besondere Schwierigkeiten »an die Wand drücken« kann.
Dieser Versuchung selbst im Streit nicht zu erliegen ist ein
charakterlicher Härtetest der Menschlichkeit – und auch Bedingung, um einen Streit in seinem eigentlichen Ursprung
wirklich lösen zu können!

Wer im Streit seine Überlegenheit als »Hammer« entdeckt, sie zur Unterdrückung seines schwächeren Streitpartners missbraucht, ihn zum »Amboss« degradiert, mag sich darin vielleicht gefallen. Er blockiert jedoch die Ausräumung der Streitursache – der Konflikt bleibt ungelöst, der Betreffende schädigt sich selbst, da dem »Amboss«-Streitpartner jede Chance genommen wird, sich im Streit seelisch zu befreien.

Das heißt nicht, Kontakte unbedingt vermeiden zu wollen, sondern markiert lediglich die Grenzen persönlicher Bewegungsfreiheit. Grenzen, deren Überschreiten einen Konflikt provozieren könnte, indem man einem Menschen »zu nahe« kommt – je größer dessen Konfliktpotential, desto eher. Symbolhaft dafür könnte stehen: der in ein Nachbargrundstück hineinragende Zweig eines Baumes, der Anlass für Streit gibt.

Wenn dem Körper die Gefahr droht, durch ein Geschoss verletzt zu werden, reagieren wir mit einem Reflex und fliehen aus der Schusslinie. Für die Verletzung der Seele gibt es allerdings nicht den rettenden »Schützengraben«, den Unterstand – aber einen Verstand – eine Überlegenheit, die überlegen macht. Die »harten Brocken« böser Worte treffen den »Hitzkopf«, aber nicht den Menschen, der einen »kühlen Kopf« behält, weil er ihn noch dringend braucht. Diese Art der Abwehr, das Ignorieren des Angriffs durch Schweigen, das besser »verstanden« wird als »Brüllen«, irritiert den »Täter«, er fühlt sich »entwaffnet«!

Jeder hat es schon mal erfahren: Man braucht viel seelische Kraft für diesen Selbstschutz – er behütet jedoch Herz und »Nerven« vor Kränkung im Streit durch aggressive Menschen, die jede Kontrolle über sich selbst verloren haben, deren einziges Argument der »Verteidigung« die Beleidigung ist! Jeder, der hier seinen persönlichen Schwachpunkt erkennt, muss den nächsten Streitpunkt besonders ernst nehmen.

5. *Agieren*, nicht re-agieren!
  Es ist wichtig, um die Freiheit eigenen Handelns nicht zu verlieren. Nicht so handeln zu müssen, wie es der Streitpartner allzu gern hätte:»Das könnte dem ja gerade so passen, dass ich nach seiner Pfeife tanze.« Ein wirksamer Selbstschutz lautet:

Zuerst denken – dann kritisch abwägen – erst jetzt streiten!

Jeder weiß, dass in einer Situation emotionaler Provokation diese Reihenfolge völlig durcheinander gebracht werden kann. Das ist dann auch jener gefährliche Bereich, in dem man seinen »Verstand verliert« und sich zu – ungewollten – verbalen Entgleisungen hinreißen lässt, was später meist bereut wird. Wer sich von dieser seelisch stets bedrückenden Verhaltensart befreien will, muss sich autosuggestiv gegen emotionale Provokation wappnen:»Das könnte dem/der gerade so passen, mich in Wut, Zorn zu bringen ..., aus der Rolle zu fallen.«

Die autosuggestive Speicherung dieses Vorsatzes in streit- und konfliktfreier Zeit (!) wird ihre Bremswirkung im Ernstfall nicht verfehlen – gesteuert aus der Tiefe des Unbewussten. In untrennbarer Beziehung dazu steht der Appell:

Rechtzeitig auf sprachliche, räumliche Distanz gehen!

Das ist notwendig, um nicht – wie beim Boxen – in einen Clinch zu geraten, in eine erdrückende psychische Umklammerung mit einem aggressiven Streitpartner, der den eigenen seelischen Handlungsspielraum einzuengen versteht. Der Volksmund gibt auch hier einen guten Ratschlag der Selbsthilfe:

6. Der Körper ist »*Tabu*«*zone* in jedem Streit!

Immer wieder wird es zur bedrückenden Wirklichkeit: Wer in einem Streit, der außer Kontrolle gerät, seinen Verstand verliert, verliert auch die Kontrolle in der Menschlichkeit seines Handeln, was im Extremfall bis zu »Mord und Totschlag« führen kann!

Oft fängt alles scheinbar noch recht harmlos an, doch auch hier rät der »Streitpsychologe« Volksmund zur Vorsicht: »*Wehret den Anfängen!*« Wenn die zerstörerische Kraft des bösen Wortes durch die messerscharfe Zunge, die – paradoxerweise – durch den ständigen Gebrauch immer schärfer wird, nicht mehr ausreicht, um einen Menschen seelisch zu verletzen, so wird der *Körper* zur Zielscheibe aller weiteren Angriffe:

- Anspucken des Streitpartners, ein hasserfüllter Beweis von Verachtung;

- die »ausgerutschte Hand« – der Schlag ins Gesicht;

- die »Ohrfeige«;

- das Werfen von Flaschen, faulen Eiern, Farbbeuteln.

All das sind keine Streitargumente: Sie führen direkt in den Konflikt und nicht selten auch vor Gericht. *Deshalb:* Streiten mit Worten, ja! – Schlagen, nein!

7. Der Streit braucht *keine Ohrenzeugen*!

Sie sind – allzu oft verkannte – Störfaktoren im Streitgespräch, insbesondere im partnerschaftlichen und familiären Streit. Jeder, der sich dabei einmischt, stört die freie Entfaltung im Gefühlsbereich der Streitenden, in deren Seele er nicht schauen kann. »Gutgemeinte« Ratschläge gehen daher zumeist an der Kernproblematik des Streits vorbei. Dritte können somit auch nie objektive Schiedsrichter über Schuld und Schuldlosigkeit sein.

Je nach Lautstärke eines Streits gibt es allerdings auch ungebetene, zugleich unerwünschte »Ohrenzeugen«, zum

Beispiel die Nachbarn: Diese Streitart ist der direkte Einstieg in die Streiteskalation – für Spott und Hohn im ganzen Haus braucht man sich nicht zu sorgen. Der – nie behebbare – »Haustratsch« kann das Leben in diesem Haus zur Hölle werden lassen!

Nicht nur hier, sondern in allen Situationen erfolgreicher Streitgespräche ist eine weitere Streitregel wichtig:

8. Vom Streitchaos zur Streit*kultur*

Dieses höchste Ziel positiven, menschlichen Streitens stellt allerdings hohe Anforderungen an die jeweils Streitenden, umso mehr, wenn sie sich dabei in einer Ärger- und Wutsituation befinden, denn die kann alle guten Vorsätze in sich zusammenbrechen lassen. Wenn die »Nerven« versagen, dann kommt es rasch zum Versagen im Streit, zum Streitchaos, zum Ärger über sich selbst, der nicht selten mit bitterer Reue einhergeht: »Wie konnte ich bloß so aus der Rolle fallen ..., mich so daneben benehmen ..., solche Worte gebrauchen ..., so verletzen ..., das alles wollte ich doch gar nicht!«

Wer nicht willfähriges Opfer eines außer Kontrolle geratenen Streits werden will, eines Streits, der vielleicht sogar zum jähen Abbruch einer bewährten zwischenmenschlichen Beziehung bzw. Freundschaft führen kann, wer seine Schwachstellen in einer Streitsituation recht gut kennt, hat reelle Chancen, einem Versagen im Streit künftig vorzubeugen. Ein wichtiger Weg zur Streitkultur ist daher auch:

Die Suche nach eigenen Fehlern als Streitpotential.

Gemeint sind Fehler, von denen man bislang selbst nichts wusste, die aber in menschlicher Begegnung eine Streitursache in sich bergen: Angefangen vom schlechten Zuhören, dem Lesen der Zeitung beim Frühstück über Abwenden durch zu viel Fernsehen bis hin zu schlechten »Manieren« beim Essen oder abstoßenden Mängeln im »Outfit«.

Echte Streitkultur sind hier rückkoppelnde Fragen, beispielsweise: »Sag ganz offen, *was* gefällt dir nicht an mir, *was* ärgert, stört dich?«, bei denen von vornherein vereinbart werden sollte, die Offenheit und Ehrlichkeit nicht übel zu nehmen – auch wenn sie wehtun könnte! So manche, durch Missverständnisse bedrohte partnerschaftliche Beziehung könnte durch mehr Ehrlichkeit im Streitgespräch gerettet werden. Daher ist auch entscheidend:

»Karten auf den Tisch legen«, um »reinen Tisch« zu machen!

An der Erfüllung dieser Forderung führt kein Weg vorbei: Die besten Vorsätze, einen Streit dauerhaft zu lösen, müssten scheitern, wenn am Kernproblem des Streits, an seinen *Ursachen*, vorbeigestritten würde. Hier ist – nun endlich! – die Chance, wirklich über alles zu reden, was man schon längst hätte sagen sollen, damit es nicht erst zum »großen Krach« kommen musste, also: »Nicht um den heißen Brei herumreden!« – »Die Katze aus dem Sack lassen!« – »Sagen, *wo* der Schuh wirklich drückt!«

Es beeindruckt auch hier, wie bildhaft der erfahrene Streitpsychologe Volksmund zum klaren, ehrlichen Bekenntnis der Streitursachen zu motivieren versteht – zu Chancen, die man nicht jeden Tag hat, sondern nur in der enthemmten Situation des Streitens! Wie alle Wege der Streitkultur, kann auch dieser Weg nur wirksam werden durch die

9. Seelische Kraft der *Selbst*beherrschung im Streit
Dies gilt auch dann, »wenn die Seele kocht«. Die Kraft für diesen wichtigen Weg der Selbsthilfe muss von der Glaubwürdigkeit eigener Überzeugung ausgehen, von ihrer Schlüsselfunktion für Gesundheit und Leben – gespeichert und gesteuert aus der Tiefe des Unterbewussten. Daher sollte man im Ernstfall nie die Beherrschung über sich selbst verlieren: lieber »die Zunge sich abbeißen«, als ein konfliktträchtiges, kränkendes Wort »über die Zunge rutschen« zu lassen, gar »die Sau rauszulassen«, und in allerletzter Sekunde die *Notbremse der*

Selbsthilfe ziehen: Lippen zusammenpressen, das böse Wort *nicht* herauslassen! Wie viel Streit, wie viele zerstörerische Konflikte wären dadurch vermeidbar gewesen und – zukünftig in jeder Art von Streit vermeidbar!

Oder sollte man ganz generell einem Ratschlag des Streit-psychologen Volksmund folgen:

»Der Klügere gibt nach«?

Einen Streit gar nicht erst anfangen, ihm aus dem Wege gehen? Am besten gleich alle Schuld auf sich nehmen? Dies alles um des »lieben Friedens willen«? *Diesen* Ratschlag wollte der Volksmund mit Sicherheit nicht geben. Denn Nachgeben durch Klugheit bezieht sich hier *nur* auf den Streitwert: Er ist die Messlatte für die Klugheit des Nachgebens. Stets wäre es töricht, sogar dumm, sich wegen einer Banalität mit jeder-mann um »des Kaisers Bart« zu streiten, um dafür in einem sinn- und nutzlosen Streit auch noch seelische Prügel zu beziehen – *davor* will der Volksmund kluge Menschen be-schützen!

Bevor durch abgrundtiefen Hass in totaler Verstrittenheit eine Feindschaft entsteht, die zum Abbruch aller Kontakte, zur Trennung nach langjähriger Partnerschaft oder sogar bis zu »Mord und Totschlag« führt, gibt es immer noch eine allerletzte Chance im Streit:

Schlichten statt richten!

Wenn zwischenmenschliche Beziehungen, die zuvor völlig ungestört verliefen, völlig überstürzt abgebrochen werden, wird allzu oft nicht in Betracht gezogen, dass sich dies durch die Hilfe anderer unter Umständen hätte verhindern lassen. In diesen Bereichen liegen Möglichkeiten von Menschen, die es mit ihrem einfühlenden, psychologischen Geschick verste-hen, die dramatische Überwertung von Missverständnissen ins rechte Licht zu rücken, es als entschuldbares Versagen zu konkretisieren – und Brücken der Versöhnung zu schlagen.

Hier liegt oft eine psychologisch zwar schwierige, aber stets *wichtige Schlüsselfunktion des »Mediators«,* einer »Mittelsperson« (im Sinne des lateinischen Ursprungs dieses Wortes), eines Schlichters im festgefahrenen Streit. Im Extremfall geht dies alles bis vor die Schranken des Gerichts, wenn in völlig zerstrittener Situation Menschen zu »Todfeinden« wurden, oft ganz unnötig, weil die Bewältigung eines Konflikts durch einen völlig aus den Fugen geratenen Streit misslang. Die lebenserfahrene, menschlich engagierte Richterin, der psychologisch kluge Richter, die diese Zusammenhänge erkennen, finden nicht selten Chancen, »in letzter Instanz« eine Beziehung doch noch zu retten – auch im Interesse betroffener Kinder, die so nicht zu »Scheidungswaisen« werden *müssen*!

Für jede Leserin, für jeden Leser mag es erkennbar geworden sein: Streit ist Begleiter auf all unseren Wegen durch das Leben! Im positiven Fall dient er der Kurskorrektur, der Rettung einer zwischenmenschlichen Beziehung. Im entgegengesetzten Fall zerstört er sogar Kontakte, die bislang gut funktionierten – im Extremfall sogar Leben und Gesundheit. Dies muss aber nicht alles so verlaufen, es ist auch nicht alles »Schicksal«, sondern oft Folge einer Unfähigkeit, Konflikte durch gutes, erfolgreiches Streiten zu *lösen.* Daher ist:

Wichtigste Selbsthilfe: Konfliktlösung durch gutes Streiten!

Für *diesen* Weg der Selbsthilfe gibt es keine Ausrede, denn: Im konfliktfreien Stadium des Freiseins von Wut, Zorn, Hass, Rachegelüsten bietet sich jedem, der bisher durch seine extreme Streitanfälligkeit von einem Konflikt in den anderen stolperte, nun aber entschlossen ist, seine seelische Gesundheit nicht mehr unnötig kaputtmachen zu lassen. Diese befreiende Selbsthilfe führt wunderbarerweise zu einer

10. *Metamorphose:* Vom »Streithammel« zum »Friedensstifter«
Aber *nicht* für Frieden um jeden Preis, sondern gemeint ist der Frieden durch eigene Befreiung vom krank machenden Hass auf einen ungeliebten Menschen, auf einen Menschen,

den man am liebsten »auf den Mond schießen« möchte, den man – in menschlich höchst problematischer Formulierung – sogar »umbringen könnte«. Gemeint ist hier: das Geschenk seelischer Gesundheit durch *Befreiung von unmenschlicher Art des Streitens.*

Befreiendes Streiten heißt: Streit so beenden, dass alles, was »strittig« war, ausgeräumt und ein Konflikt gelöst wurde. Dass man sich – befreit von Wut, Zorn, Hass – wieder die Hand geben, in die Augen schauen kann. Voraussetzung dafür ist die erfolgreiche

Streit-Zauberformel:

> » *Nie* aufhören, anzufangen
> – den so schweren ersten Schritt zu tun,
> anfangen, *aufzuhören*
> – *die Streitaxt begraben!*«

Standhalten statt flüchten!

»Es ist zum Davonlaufen ...!« So oder ähnlich hört man Menschen verzweifelt klagen, stöhnen, die unter einem seelischen Leidensdruck stehen, dem sie mit ihrer Ich-Schwäche nicht standhalten können, mit dem sie sich »von niemandem verstanden« fühlen: Mutlosigkeit, Resignation, diffuse Zukunftsängste, spürbare Hilflosigkeit machen sie bedrückt – depressiv: All dies lähmt positives Denken und verursacht eine Blockade.

Ungehindert verführt nun das so bequeme Ausweichen, das ziellose Davonlaufen auf den Weg des geringsten Widerstandes, auf welchem zunächst keine besonderen Hindernisse zu liegen scheinen. Zwangsläufig führt dieser Weg aber auf Irrwege, die zu gefährlichen Fluchtwegen werden!

Der Ursprung für diesen Einstieg in die Flucht ist immer der gleiche: eine Ich-Schwäche, die stärker ist als die Erkenntnis, standhalten, auch Opfer bringen, »die Zähne zusammenbeißen« zu müssen, um nicht den Gefahren heimtückischer Fluchtwege zu erliegen! Erst spät, oft viel zu spät, wird erkannt: Für das scheinbar befreiende Gefühl einer momentanen Erleichterung vom seelischen Druck wird stets ein hohes Opfer an Gesundheit und Lebensqualität gebracht, das im Extrembereich auch zum Opfer des Lebens eskalieren kann. Außerdem müssen wir erkennen:

Kein Fluchtweg aus seelischer Not gleicht dem anderen!

Oft fängt alles scheinbar recht harmlos, unauffällig an. Mitunter dauert es auch ziemlich lange, bis erkennbar wird, dass dieses oder jenes Verhaltensmuster eines scheuen, ängstlichen Menschen, der sich nicht wehren, nicht standhalten konnte, in Wirklichkeit eine Flucht auf dem Weg des geringsten Widerstandes ist. Gesteuert aus der Tiefe ihres Unterbewussten machen davon Betroffene damit auf ihren seelischen Leidensdruck aufmerksam.

Selbst bei Kindern lässt sich dieses Verhalten beobachten. Ein Kind im Vorschulalter beispielsweise, das sich benachteiligt oder missachtet fühlt, flüchtet unter Umständen in die Babyrolle. Es versucht, auf seine Nöte aufmerksam zu machen, zum Beispiel durch Bettnässen (wenn das Kind über die Blase »weint ...«), Einkoten, Daumenlutschen (Drang nach Geborgenheit) oder die »Babysprache«.

Diese Fluchtwege sind zumeist bei erstgeborenen Kindern zu beobachten, die in der Regel sehr viel Aufmerksamkeit erhalten und nun durch ein neugeborenes Kind nicht mehr »Kronprinz«, »Kronprinzessin« sind und sich eher als »Aschenputtel« fühlen. Dagegen protestiert das Unterbewusste mit einem: »Ich bin auch noch da ..., beachtet mich gefälligst etwas mehr!« – ein oft missverstandener Versuch, auf sich aufmerksam zu machen, denn er macht eher alles noch schlimmer: »Du bist wirklich ein ungezogenes Kind ...!« In diesen Bereich missverstandener Verhaltensart fällt auch:

Das fängt mitunter schon im Grundschulalter an! Gemeint ist hier nicht das »Probieren«, das »Verführen« (»... sei doch kein Frosch ...!«), das situative »Angeberrauchen«, sondern das »Hängenbleiben«: Wenn Kinder mit seelischen Problemen, Schüler, Schülerinnen mit Schulproblemen, den Nikotin-*Sofort*-Effekt durch Inhalationsrauchen spüren! Bildlich gesehen ist der Rauch der Zigarette eines rauchenden Kindes ein seelisches SOS-Notrufsignal, vergleichbar dem Rauch einer von einem in Seenot geratenen Schiff abgeschossenen Notrufpatrone!

In letzter Konsequenz haben potentielle Abhängigkeiten von Medikamenten, Alkohol oder Drogen ihre ersten, feinen Wurzeln in der drogenartigen Abhängigkeit frühen Rauchens.

Eine andere, für davon betroffene Familien besonders schmerzhaft spürbare Art von Flucht junger Menschen ist die

Flucht in Sekten.

Es handelt sich dabei meist um familiär enttäuschte junge Menschen, die hoffen, durch Erfüllung vager Heilsversprechungen nun das zu finden, was sie zuvor so sehr vermissen mussten: die Einbettung in eine Gemeinschaft, in der man sich als Mensch verstanden, angenommen fühlen kann. In welch gefährliche Sackgassen diese Hoffnung führen kann, ist durch publik gewordene Machenschaften unterschiedlicher Sekten bzw. durch Schicksale Einzelner, die in tiefe Abhängigkeit gerieten und sich nur mühsam befreien konnten, hinreichend bekannt.

Ein wiederum anderer, körperlich oft sehr gefährlicher Fluchtweg ist die

Flucht in das Risiko.

Gemeint sind »Aktivitäten« von risikoreicher Dimension mit »Todesverachtung«, ein unersättlicher »Erlebnishunger« als Flucht in das Vergessenwollen von aktuellem »Frust« durch

»Nervenkitzel«– bei dem notfalls das Leben aufs Spiel gesetzt wird (zum Beispiel »Bungee-jumping«!). Zu einem Massenphänomen breitester Kreise unserer Bevölkerung eskaliert darüber hinaus die

Flucht in die Mobilität – in den Massentourismus.

Mit dem Fluchthelfer »Auto« – des Bundesbürgers »liebstes Kind ...« – gelingt die Flucht bis in die letzten Winkel der Erde: ein oft erfolgloser Versuch, durch diese Art von »Selbsthilfe« seelische Probleme loswerden zu können – je mehr Kilometer, umso mehr ...? Etwa nach dem Motto: »Hau ab, wenn du dich mies fühlst!« Aber: Die seelisch so mies machenden Probleme begleiten selbst auf die längste Reise. Hin und zurück – ein missglückter Versuch seelischer Selbsthilfe.

Warum halten wir uns nicht stattdessen an den »Touristikfachmann« Goethe? »Wer sein Vaterland nicht kennt, hat keinen Maßstab für fremde Länder ...!« Eine Empfehlung, über die nachzudenken sich lohnt. Vielleicht auch als Anstoß einer Selbsthilfe zur gesundheitlich positiveren Gestaltung von Urlaub und Freizeit? Vielleicht auch als eine *Reise zur Entdeckung seiner selbst* – ein Urlaub der Entspannung. Da könnte man dann auch fündig werden im Entdecken von bisher unbekannten »Sehenswürdigkeiten« im »Ich« – einem großen, weitgehend unerforschten Land unserer Seele!

Eine der meistbenutzten Fluchtwege unserer Zeit ist jedoch die

Flucht vor die »Glotze«.

Man macht sich kaum noch Gedanken über deren kontaktzerstörerische Wirkung, die sowohl Alleinstehende betrifft als auch das Zusammenleben in einer Familie, aber durch zunehmende Abkühlung im sozialen Miteinander spürbar wird. Die Mattscheibe wird zur Droge, wenn das Fernsehprogramm den Tagesablauf, die Zeiten familiärer Gemeinsamkeiten »programmiert« – wenn das Sehen in die »Ferne« das Sehen in der Nähe, der Familie, auslöscht: »Wir können nie mehr in Ruhe miteinander sprechen ..., ständig haben wir

Streit, weil jeder etwas anderes sehen will ..., es gibt auch kein gemeinsames Essen mehr bei uns, die Kinder kriege ich überhaupt nicht mehr ins Bett!«

So oder ähnlich klagt – höchst enttäuscht und besorgt – gar manche Mutter, die ihre Familie vor spürbaren, erkennbaren Gefahren der Droge »Fernsehen«, dem »Mittel zu Verweigerung der Kommunikation« (Magnus Enzensberger, 1988) zu bewahren versucht. Bei ihrem Versuch familiärer Selbsthilfe wird sie allerdings rasch feststellen müssen, dass hier enttäuschende Parallelen zum Versuch eines familiären Alkohol- oder Rauchverbotes bestehen. In jeder Familie, in der das Fernsehen »das große Sagen« hat, in der die Kommunikation durch das gute, konfliktentschärfende Gespräch nahezu erloschen ist, ist diese Familie auf dem Wege der Entwicklung einer *»Familien-Fernseh-Krankheit«*.

Es ist schon so: Wenn nicht nur Eltern von »Fernseh«-Kindern, sondern auch Lehrer zunehmend über aggressives Verhalten, Zerstörungswut, Konzentrationsstörungen, rasche Ermüdbarkeit bei Kindern klagen, darf eine Überdosis der Droge »Fernsehen« als Krankheitsursache nicht übersehen werden. Kein einziges Medikament der Welt könnte hier helfen – es sei denn gegen bereits provozierte Krankheiten durch die Überdosis »Fernsehen«: Kopfschmerz, Nervosität, Schlafstörung! Gefragt ist hier exklusiv:

Selbsthilfe durch Änderung des Fernsehverhaltens!

Aber auch hier führt kein einziger Weg am Grundgesetz der Pädagogik vorbei, wonach das Vorbild immer besser ist als die Vorschrift – als pädagogisch Verantwortlicher mit gutem Beispiel des Verzichts vorangehen zu können! Ein einseitiges Fernsehverbot für ein Kind, vor allem als Strafe, als Ersatz für den früher gebräuchlichen »Rohrstock«, würde genau das Gegenteil bewirken: »Fernsehen« wäre quasi als etwas Gutes klassifiziert, dessen Entzug eine Strafe bedeutet. Ein unverzichtbarer Weg des Lernprozesses einer Selbsthilfe ist die familiäre Verordnung einer *»Fernseh-Diät«*.

Also: Sich nicht mehr gezwungen fühlen, *alles* sehen zu müssen (Vorsicht: Abhängigkeit von Serien!), sondern in familiärer Absprache das auswählen, was *wirklich* sehenswert ist. Gewiss, dies kann man nur dann realisieren, wenn es dafür einen »Ersatz« im sich sonst auftuenden Loch familiärer Langeweile gibt (ein höchst gefährlicher seelischer Risikofaktor für das Familienklima!). Dafür bietet sich als Selbsthilfe an:

Das Fernsehkontrast-Programm für die Familie.

Es hält ein unbezahlbares Geschenk bereit: Wieder Zeit für einander haben, miteinander sprechen können – sich selbst und die Familie wiederfinden. Wichtige Inhalte des »Kontrast-Programms« sind: Gemeinsame Spiele »am runden Tisch«, gemeinsame Mahlzeiten, möglichst zu festgelegten Zeiten, um wieder einen zeitlichen Rhythmus zu finden. Das vegetative Nervensystem würde dies reich belohnen: Beruhigung des hektischen Familienklimas durch »nervliche« Harmonisierung aller Mitglieder der Familie. Anfängliche Fernseh-»Entzugssymptome« dürfen nicht entmutigen, denn Selbsthilfe-Alternativen bezüglich Flucht vor dem »Fernseher« sind bis jetzt nicht bekannt!

Es wäre jedoch ungerecht, sogar falsch, das Fernsehen pauschal zu kritisieren, gar zu diffamieren, denn für sich betrachtet ist das Fernsehen ein Geschenk für den Menschen. Es kann seelisch entspannende, antidepressive Wirkung haben, gar von lebensrettender Bedeutung für den vereinsamten Menschen sein, für den Behinderten, für den Kranken, die das Haus nicht mehr verlassen können und nicht selten nur über das Fernsehen Kontakt zur Außenwelt haben.

Im Übrigen: *Fernsehen muss weder geistig verflachen noch kriminalisieren*, denn es gibt eine Bremse, die wir Paracelsus verdanken: Das *»Grundgesetz der Dosis«*. »Alle Dinge sind ein Gift – kein Ding ist ohne Gift, allein die Menge macht es, daß ein Ding kein Gift ist ...!«

Das gilt auch für das Fernsehen, das – trotz seiner Verlockungen – weder die »Treue« zum Lesen noch zum Rundfunk

abschwächen konnte. Die »Gesellschaft für Unterhaltungs-
und Kommunikationstechnik (gfu) berichtete 1997: 83% aller
Bürger über 14 Jahren haben »wenigstens einmal am Tag dem
Rundfunk gelauscht. Das Fernsehen schauten nur 81,5%. Die
durchschnittliche Radiohördauer stieg im Vergleich zum Vor-
jahr um acht auf 177 Minuten täglich. Die › Glotze‹ wurde
im Schnitt 168 Minuten genutzt ...« (*Stuttgarter Nachrichten*
vom 19. November 1997) Dies zeigt zumindest noch keine
Entwicklung zum »totalen Fernsehen« wie oft befürchtet!
Oder setzt bereits eine Selbstregulation ein, die durch »Grenzerfahrungen« wegen zu viel Fernsehen ausgelöst wurde?

Unter allen Suchtkrankheiten mit ihrer zerstörerischen Wirkung auf Gesundheit, auf partnerschaftliche, familiäre, soziale
Kontakte ist absoluter Spitzenreiter:

Die Alkoholkrankheit – der »Selbstmord auf Umwegen«.

Fast alle trinken alkoholische Getränke; Alkohol genießt
auch recht gutes Ansehen in zwischenmenschlicher Begegnung (»Auf Ihr Wohl ...!«), aber nicht alle werden durch ihn
krank. Krank werden nur jene Menschen, die in erdrückender
seelischer Not, immer, wenn ihnen nach »Davonlaufen« war,
Chancen der Selbsthilfe ungenutzt ließen, wenn der Alkohol
zum Fluchthelfer (»Seelentröster«) wurde. In der Sprache des
Volksmunds ist dies *»der arme Schlucker ...«*, der seine Probleme immer nur »schluckte« und für den dann der Alkohol zum
eigentlichen Problem wurde.
Noch bevor einem bewusst wird, dass sich weder Probleme
noch seelische Störungen durch Schlucken von Alkohol lösen
lassen, ist es meistens schon zu spät – durch den *Kontrollver-
lust*: wenn der Alkohol stärker wird als das Ich des Standhaltens
– in tragischer Bestätigung auch von Ernest Hemingway:
»Kein Mensch säuft, es sei denn, er müßte es ...!« Er *muss* es
aber nur dann, wenn im Vorstadium, im Stadium erkennbarer
seelischer Störung, Selbsthilfen nicht funktionieren und auch
der Partner, die Familie, die Kollegen am Arbeitsplatz nichts

unternehmen, um den Weg in die Alkoholkrankheit zu stoppen bzw. zu verhindern. (Sie werden auf diese Weise zum »Co-Alkoholiker«!)

Allein schon die Kenntnis der Qualen des Entzugs von Alkohol (von Drogen), oft mit der Notwendigkeit einer Intensiv-Therapie im Krankenhaus, müssten eine Motivation zur rechtzeitigen *Selbsthilfe zum Schutz vor Abhängigkeit* schaffen – einer Selbsthilfe von lebensentscheidendem, sogar lebensrettendem Rang, die den Appell verwirklicht:

»Nur wer an sich schafft, der schafft es!«

Dies bestärkt das Standhalten *vor* der Flasche, um nicht selbst zur »Flasche« (auch im zwischenmenschlichen Ansehen) werden zu müssen! Dies alles ist allerdings leichter gesagt als getan: Die Zeit, die zwischen dem Entschluss, »trocken« zu werden, zu sein und es auch zu bleiben, und der völligen Abstinenz liegt, ist eine Zeit extremster psychischer Provokation, fast vergleichbar mit dem Versuch, hungrige Wölfe zu zwingen, Vegetarier zu werden.

Doch das Standhalten lohnt sich: Es bestärkt das Selbstvertrauen, mit Problemen fertig zu werden, von ihnen nicht (nicht mehr) fertig gemacht zu werden. Es schenkt eindeutig bessere Lebensqualität und führt letztlich zu innerer Freiheit – insgesamt durch nichts ersetzbare, unbezahlbare Geschenke.

Für den Menschen auf situativ so verführerischer Flucht vor banalen Problemen, Missverständnissen oder für den Ungeduldigen kommt diese Erkenntnis oft reichlich spät: Denn stets muss hier mit einer kaputten Gesundheit und mit schweren Einbrüchen in der Lebensqualität bezahlt werden – bis hin zum Bankrott des Lebens, auch von immer mehr jungen Menschen. Im Vorstadium wusste der fliehende Mensch leider nicht (oft auch vergeblich auf Hilfe durch den »Nächsten« wartend):

Standhalten ist Verwirklichung des »gesunden Menschenverstandes«.

Er ist der wichtigste Rohstoff, über den die Menschheit seit ihrem Bestehen verfügen kann, dessen »Ressourcen« aber durch eine Vielfalt von zerstörerischen Angriffen aus der Umwelt »Mensch« bedrohlich knapper werden – stets spürbar an der Qualität des Denkens! Die epidemieartige Ausbreitung von psychosomatischen Krankheiten, von Depressionen aller Art, der Abhängigkeit von Alkohol, von Drogen, von Flucht aus Partnerschaft, Familie, Gesellschaft oder religiösen Bindungen mahnt vor einem bedrohlichen Phänomen unserer Zeit – »Massenflucht«. Aber wohin ...?

Immer mehr verführt das Davonlaufen vor seelisch bedrückenden Problemen auch zur

Flucht in »harte Drogen«.

Ein Weg, der vor allem jüngere Menschen betrifft. Wie bei der Alkoholkrankheit ist es nicht nur eine einzelne Ursache, die auf diesen Fluchtweg führt, sondern – wie die Grafik auf der nebenstehenden Seite zu erklären versucht – eine Vielfalt von Faktoren, die in ihrer Wirkung eng miteinander verflochten sind und sich gegenseitig hochschaukeln.

Immer ist Drogensucht aber auch ein Symptom verpasster Selbsthilfe!

In jedem einzelnen Krankheitsfall einer Abhängigkeit von Drogen, die stets auch zerstörerische Wirkungen auf familiäre Kontakte, auf Berufsfindung, Berufsausübung mit sich bringt, wird schmerzhaft spürbar: Je größer die Versäumnisse einer rechtzeitigen Selbsthilfe, umso schwerer der Verlauf, umso problematischer der Entzug!

Die Hilflosigkeit im Zugang zum Drogenproblem deprimiert.

Ein Königsweg ist weit und breit nicht in Sicht! Wenn man von den zum Teil extrem kontroversen Auffassungen über die wirksamsten Hilfen ausgeht, könnte die Verwirrung nicht

größer sein – in sich selbst ein *Hindernis wirklicher Hilfe*! Diese
höchst bedrückende Bilanz ist zugleich auch eine stumme
Anklage von immer mehr jungen Menschen, die sich jetzt
noch viel weniger wehren können als vor ihrer Flucht in
Drogen, das heißt: *Jeder Drogentote ist ein Toter zu viel.*
Auch wenn Medizin, Gesellschaft, Politik jetzt alles zu tun
versuchen, dem Drogenkranken zu helfen, sein tragisches
Ende zu verhindern, weiß eigentlich niemand so recht, *wie*.

Es gibt zwar viele Wege, aber nicht den Weg!

In ihren Zeilen sind diese Wege äußerst kontrovers:

- Substitution durch die Droge »Methadon«, um durch eine
  »schwächere« Droge die stärkere Droge (Heroin) zurück-
  zudrängen – den Teufel durch den Beelzebub austreiben?

- »Kontrollierte Heroinfreigabe«, Einrichtung von »Fixer-
  stuben«?

- Drogenentzug? (Allerdings gibt es hier ein Handicap – das
  freiwillige Einverständnis des Kranken!)

- Einweisung zum stationären Entzug in der Fachklinik?
  Notfalls – unter Wahrnehmung rechtlicher Möglichkeiten
  – auch gegen den Willen des Kranken?

Unabhängig von dieser derzeit unklaren Situation in der
Drogenintervention führt kein einziger Weg zur Abschwächung einer stetig ansteigenden Drogenwelle in unserer Bevölkerung an der Erkenntnis vorbei:

Drogenbekämpfung beginnt immer in der »Kinderstube«.

Es ist die einzige Möglichkeit, um den späteren Weg in die
»Fixerstube« zu vermeiden! Im Klartext: Je früher, je mehr
man ein Kind in der Familie, im Kindergarten, in der gesamten
schulischen Entwicklung durch pädagogische und psychologische Hilfen in der Verwirklichung von *Selbsthilfe* fördert,
desto resistenter wird sein Ich – auch gegenüber einer »Infektion« durch Drogen! Selbsthilfe wird so zum Retter von

Gesundheit und – Leben: *Von Immunität der Seele zu Immunität gegen Drogen!*

Allerdings: Kein Weg führt hier am eigentlichen Knackpunkt vorbei – nämlich an der Tatsache, dass nicht mehr jede Familie funktioniert und nicht nur Brutstätte für Verhaltensstörungen aller Art, sondern auch für Anfälligkeit gegenüber Drogen ist!

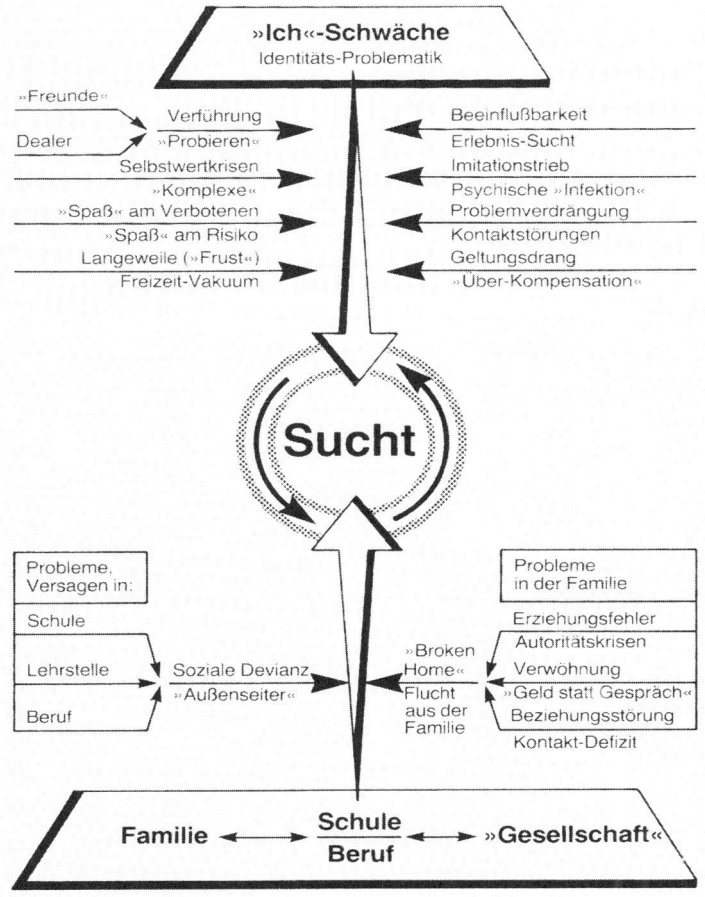

Die Suchtkrankheit des jungen Menschen – Entstehungsweise und Ursachen (R. Köster, in: *Zeitschrift für Allgemeinmedizin*, 1982, Heft 33, S. 1829)

Sicher hat uns auch hier Hippokrates (460-370 v.Chr.), der größte Arzt der Medizingeschichte, etwas zu sagen: »Wenn ihr nicht bereit seid, euch zu ändern, kann euch nicht geholfen werden ...!« Dieses Sichändern erfordert zuallererst ein

Umdenken im Zugang zur Rettung des Drogenkranken.

Wahrlich – ein harter Prüfstein der Menschlichkeit für alle, die hier Verantwortung tragen. »Keine Macht den Drogen!« Die Wirklichkeit aktueller Drogenbekämpfung ist allerdings weit von diesem Idealfall entfernt. Unter der Perspektive einer Gleichbehandlung muss es bedrücken, dass es für körperlich Kranke keine Grenzen im Hilfsangebot gibt, wovon ein seelisch kranker Mensch, der in Abhängigkeit von Drogen steht, nur träumen kann. Ganz im Gegenteil: Er erntet mit seiner Krankheit eher noch Missachtung und bekommt Verachtung zu spüren, die ihn erst recht ins offene Messer der Selbstzerstörung stürzen lassen!

Durch blockierende Vorurteile wird darüber hinaus allzu oft ein Grundgesetz für die Hilfe von kranken Menschen vergessen:

Die Krankheit heilen, sie nicht verfestigen.

Und das geschieht durch Selbsthilfe! Jener durch nichts zu ersetzenden Chance, die aus lebenszerstörerischer Abhängigkeit von Drogen befreit! Kein Mensch, der weder Gesundheit noch Leben gefährden will, kommt an der Verwirklichung des lebenswichtigen Appells vorbei:

Standhalten statt flüchten!

Jeder Versuch, in der Konfrontation mit Problemen, Konflikten oder Kränkungen – entweder aus seelischer Schwäche oder aus purer Bequemlichkeit – den Weg des geringsten Widerstandes zu gehen, nämlich zu flüchten, rächt sich mit einer Vielzahl von Störungen an seelischer und körperlicher Gesundheit, an der Lebensqualität insgesamt. Der Psychotherapeut Volksmund warnt deshalb eindrucksvoll und kompromisslos: »*Wehret den Anfängen!*«

8 Selbstverwirklichung durch seelische Gesundheit

»Werde, der *du* bist ...!« Die Verwirklichung dieses Appells alter griechischer Weisheit ist ein »Passepartout«, der alles entscheidende Zentralschlüssel zum Erfolg jeder Art von Selbsthilfe – ihrer Krönung durch Selbstverwirklichung, dem Geschenk umfassender seelischer Gesundheit und Freiheit. Ja, es ist schon so und auch richtig:

Selbstverwirklichung ist »in«!

Jenes natürliche Streben nach Entfaltung der eigenen Persönlichkeit durch Begabungen ist in jedem Menschen angelegt, und diese Begabungen wären verfügbar, wenn sie nur genutzt würden – durch Selbstverwirklichung! Jeder Mensch, der dazu nicht fähig ist bzw. daran gehindert wird, büßt dafür mit der Qualität seiner seelischen Gesundheit: Gesteuert aus der Tiefe des Unbewussten, wohin Wunschträume einer Verwirklichung vom Ich verdrängt wurden, fühlt sich der Betreffende unzufrieden. In seiner Umgebung gilt er als »Chronisch schlecht gelaunt«! Er bekommt die raue Wirklichkeit von Auswirkungen mangelnder Selbsthilfe in der Verwirklichung seines Ichs zu spüren, weil er etwas ganz Wichtiges nicht wusste:

Selbstverwirklichung ist keine Selbstverständlichkeit!

Ihr Fundament ist ein stabiles, gesundes Ich, von wo aus sich Selbstverwirklichung, die nie erzwingbar ist, ganz natürlich entwickeln kann: ohne ein einziges Wort darüber zu sprechen, gar Trainingskurse dafür besuchen zu müssen! Ein Naturgesetz aber setzt hier Grenzen, deren Übertretung nichts bringt, vielleicht sogar lächerlich wirkt:

Von nichts kann auch hier nichts kommen! Gute Anlagen allein genügen nicht – man muss auch etwas dazu *tun*, ausgehend von der Erkenntnis: *Selbstverwirklichung ist Verwirklichung menschlicher Werte!* Für dieses Ziel bedarf es nicht unbedingt besonderer Anstrengungen, wenn man auf die Fundamente eigentlichen Menschseins zurückfinden will. Im Idealfall ist es der zufrieden, harmonisch, ausgeglichen wirkende Mensch – ein Mensch mit bewundernswerter »ansteckender« Ausstrahlung (Aura, Charisma), der seinen Mitmenschen ohne »Wenn und Aber« hilft und dessen Hilfe nicht in Phrasen, sondern in Taten besteht.

Dies alles geschieht jedoch nicht ohne positive Rückwirkung auf das Ich. Aus diesen Bereichen erhält die Qualität der Selbstverwirklichung jene Impulse und Kräfte, die weder »lernbar«, geschweige denn erzwingbar sind – sie aktivieren das Gefühl des Selbstwertes auf natürliche Weise und prägen und fördern die Lebensqualität durch Selbstverwirklichung, denn:

Im Sinne des Philosophen Martin Heidegger zielt dies auf das Eigentliche im Menschen, das Ursprüngliche in der Anlage, in der Begabung auf einen Bereich, der im Verlauf der Entwicklung eines Menschen oft gestört, deformiert – gar verschüttet wird, unter Umständen überhaupt nicht mehr vorhanden ist! Im Sinne der Eigentlichkeit ist höchstes Ziel von Selbsthilfen die Verwirklichung des Appells: »Sei der, der *du* bist ...!« – dem Fundament jeder Art von Selbstverwirklichung!

Wenn ein Mensch aber spüren muss, dass er seine Begabungen, Neigungen, Anlagen und die sich daraus ergebenden Wünsche, Lebensziele nicht verwirklichen konnte, weil er entweder seelisch zu schwach dafür war oder durch manipulative Überlegenheit eines Menschen daran gehindert wurde,

232

»*das* zu werden, was man zu werden fähig ist!« (wie der Individualpsychologe Abraham Maslow sagte), dann zieht sich dies wie ein »roter Faden« seelischer Belastung durch sein ganzes Leben: Immer dann beispielsweise, wenn

- aus der Berufung nicht der gewünschte Beruf werden konnte, weil der Traum vom »Traumberuf« zum Alptraum wurde;
- wenn Begabungen, welcher Art auch immer, nicht verwirklicht werden konnten.

Für jeden Menschen, der sich davon betroffen fühlen muss, drohen Gefahren für die seelische Gesundheit und beeinträchtigen spürbar die Lebensqualität – Gefahren, vor welchen Abraham Maslow eindrucksvoll aus psychologischer Sicht warnt:

»Musiker müssen Musik machen, Künstler malen, Dichter schreiben, wenn sie sich letztlich im Frieden mit sich selbst befinden wollen: Was ein Mensch sein *kann, muß* er sein. Er muß seiner eigenen Natur treu bleiben. Dieses Bedürfnis bezeichnen wir als Selbstverwirklichung!«

Maslow hatte damit genau auf jenen Bereich gezielt, dass jeder Mensch, der daran gehindert ist – daran gehindert wird –, sich entsprechend seiner Anlagen, seiner Begabungen zu verwirklichen, dies mit Störungen seiner seelischen Gesundheit büßen muss: in der Partnerschaft, Ehe ebenso wie am Arbeitsplatz, stets mit der Gefahr, durch sein zu schwaches Ich manipuliert zu werden; sich nicht durchsetzen, zur Wehr setzen zu können und stattdessen reagiert mit nachgeben, verdrängen, »herunterschlucken ...« Für die Verhinderung, sich so darstellen und verwirklichen zu können, wie man *ist*; ohne sich verstellen zu müssen, wird immer ein Opfer an seelischer Gesundheit gebracht. Ein bildlicher Vergleich mit der Natur mag dies veranschaulichen:

Selbstverwirklichung ist vergleichbar einem Obstbaum.

Er kann nur dann gute Früchte tragen, wenn er gesunde Wurzeln hat, die aus einem gesunden Boden die notwendige Kraft für sein Wachstum und seine Widerstandsfähigkeit gegenüber Wind, Sturm, Frost, Trockenheit, Baumschädlinge etc. geben. In vergleichbarer Situation befindet sich ein Mensch, der alles versucht, der keine Mühen und Plagen scheut, der Trainingskurse zum »Erlernen« von Selbstverwirklichung besucht, um schließlich – tief enttäuscht – zu spüren, dass die Verwirklichung seines Ichs nicht so richtig funktionieren will. Sie kann es auch nicht, wenn das tragende Fundament echter Selbstverwirklichung unberücksichtigt bleibt: *Der gesunde Nährboden seelischer Immunkraft.* Er verleiht jeder Art von Selbstverwirklichung Natürlichkeit und Beständigkeit durch das gesunde Ich.

Oft wird erst nach vielen Bemühungen, Anstrengungen, persönlichen Opfern und nach ebenso vielen Enttäuschungen reichlich spät erkannt:

Selbstverwirklichung ist nicht erzwingbar.

Im Gegenteil: Der Drang, sich unbedingt selbst zu verwirklichen, die erzwungene scheinbare »Selbstverwirklichung«, sind eher schädlich. All dies führt weg vom natürlichen Weg, sich so zu geben, wie man *wirklich* ist: in der Art seines ungezwungenen Verhaltens, im ungekünstelten Umgang mit anderen – was meist auch mit entsprechend großer persönlicher Ausstrahlungskraft einhergeht.

Ein besonders gefährlicher Irrweg im unersättlichen Streben nach Selbstverwirklichung ist Folge eines Missverständnisses:

Selbstverwirklichung ist keine Selbstverherrlichung!

Warnung zum Nachdenken: Das große, »tolle Auto«, der edle Schmuck, die perfekte Kosmetik, die prächtige Garderobe sind jedem Menschen gewiss zu gönnen: Dies alles kann aber niemals die vielleicht damit erhoffte Selbstverwirklichung bringen. Wer so denkt, bislang so dachte, unterliegt einem Irrtum, einer *Verwechslung von Sein und Schein, von Schein und Sein!*

Auch hier ist der Volksmund ein kritischer Beobachter, er warnt: »Der Schein trügt!« In diesem Bereich finden wir nicht nur den »scheinheiligen« Menschen, sondern auch jene Menschen, die den »Schein wahren ...«, die trotz partnerschaftlicher, familiärer, beruflicher oder finanzieller Probleme so tun, als ob alles in Ordnung wäre, um selbst noch auf diesem Weg ihre Selbstverwirklichung nach außen hin zu dokumentieren. Manchen »scheint« das auch zu gelingen, aber eben nur scheinbar – denn so mancher macht sich damit lächerlich! Es ist erkennbar:

Selbsthilfe durch Selbstverwirklichung hat Grenzen.

Sie endet spätestens dort, wo versucht wird, natürliche Wirkungs- und Ausstrahlungskraft durch äußerliches »Aufmotzen«, durch Geltungs- und Profilierungssucht zu kompensieren. Sie endet immer auch dort, wo Ich-Sucht mit Selbstverwirklichung verwechselt wird.

Im direkten Gegensatz dazu stehen ichschwache Menschen, die von ihrer menschlich geprägten Charakterstruktur her durch bislang nicht genutzte Begabungen die besten Voraussetzungen böten, um sich selbst zu verwirklichen – wenn sie nicht durch ihre Minderwertigkeitskomplexe (»Für so was habe ich einfach keine Traute, das können andere besser ...!«) daran gehindert würden und zumeist unbewusst darunter leiden! Sie müssen sich durch Thomas Elliot (1885-1965) zur Selbsthilfe durch Selbstverwirklichung motivieren lassen:

»Es ist *nie* zu spät, *das* zu werden,
was man hätte sein können!«

Schlussbetrachtung

»Leiden sind Lehren ...!« Diese Weisheit des griechischen Fabeldichters Äsop (ca. 500 v.Chr.) kann für jeden Menschen, der in seiner Krankheit kein sinnloses Schicksal, sondern eher einen Auftrag zum Handeln sieht, von lebensrettender Bedeutung sein. Mit einem recht großen Anteil sind diese Lehren bei vielen Menschen allerdings auch *»Nachhilfestunden« für Versäumnisse in der Vorsorge*, im Engagement für die Gesundheit *vor* der Krankheit!

Besonders angesprochen fühlen müssen sich hier alle Menschen, die in ihrer Krankheit ein Schicksal sehen, die für Vorsorge weder Lust haben, noch sich dafür Zeit nehmen wollen: »Es kommt doch alles, wie es kommen muss ..., man muss es eben nehmen, wie es kommt ...!« Das sind lähmende, blockierende Absagen an die völlig verkannten Chancen für den Schutz der Gesundheit: durch Vorsorge sich vor Sorgen schützen zu können – bis zur Rettung des Lebens!

Wer sich hier mit seiner bisherigen Nachlässigkeit in der Gesundheitsvorsorge entdeckt, muss sich von einer schon fast 2000 Jahre alten Weisheit des römischen Philosophen Seneca (6 v.Chr.-65 n.Chr.) zum Nachdenken und Sichändern motiviert fühlen: »Die Götter gaben uns ein langes Leben – aber wir haben es verkürzt!« Diese Warnung ist heute um ein Vielfaches berechtigter als in Zeiten schicksalhafter, nicht vermeidbar gewesener Krankheiten, denn: *Aus der Pest von einst wurde eine »Pest« der Neuzeit* – durch Zivilisationskrankheiten. Durch Krankheiten, die vermeidbar wären, die wir aber nicht verhinderten – von der Stresskrankheit über die psychosomatische Krankheit bis zur Suchtkrankheit. Krankheiten, die auf seelischer Bedrängnis basieren und auf der Hilflosigkeit eines schwachen Ichs.

Es mangelt gewiss nicht an (immer neuen) Angeboten für Selbsthilfen in seelischer Not, für seelische Hilfen am Mitmenschen durch Bücher, Vorträge, Seminare, mit dieser oder jener Spezialmethode, die vielleicht sogar Heilung verspricht. Solch eine Hilfe mag noch so gut und bewährt sein – für sich allein kann sie nicht heilende Selbsthilfe sein: Sie kann mitwirken, wenn sie eingebettet ist in *das Grundkonzept von Selbsthilfen* zur seelischen Gesundheit! Über bewährte Wege der Selbsthilfe hat jeder Mensch, der Hilfe braucht, sein gesundheitliches Schicksal selbst in der Hand, vergleichbar einem materiellen Gewinn des »Schnäppchen«-Jägers im Kaufhaus mit Sonderangeboten.

Selbsthilfe für das Ich ist das beste aller »Schnäppchen«!

Sie ist für den Menschen hilfreicher als alle Arten von Schnäppchen zusammen – kostet aber nichts, denn sie ist unbezahlbar: Wie viele gesundheitliche Chancen bleiben hier aber durch menschliche Schwächen in ihrer Verwirklichung ungenutzt! Der rettende Weg für Gesundheit und Leben wird nicht erkannt. Der philosophierende Dichter André Gide (1869-1951) zwingt zum Nachdenken über nicht erkannte Chancen: »So ist es im Leben: Wenn die eine Tür sich schließt, öffnet sich die andere. Die Tragik liegt darin, daß wir nach der geschlossenen Tür blicken, nicht nach der geöffneten.« Wer es versteht, diesen eindrucksvollen bildlichen Vergleich als einen Appell zum selbstkritischen Nachdenken, zum Sichändern und für neues Handeln zu begreifen, findet auch den Weg durch die geöffnete Tür – zur rettenden Selbsthilfe für Gesundheit und Leben, um wirklich zu leben und nicht mehr »gelebt« zu werden! In diesem Sinne erhält die Lebenserfahrung des klugen Volksmunds alltäglich ihre Bestätigung:

»Jeder ist seines Glückes Schmied!«

Aber er ist es immer nur dann, wenn er bereit und fähig ist, *selbst* etwas dafür zu tun: auch mal ein »heißes Eisen« anzufassen, sich dabei vielleicht sogar die Finger zu »verbrennen«, um

Hindernissen, Schwierigkeiten und Problemen auf dem Weg zum erhofften Glück nicht auszuweichen. Denn das bedeutet, auf diese Weise die Fähigkeit zum *Elementarerlebnis* zu erlangen, das heißt den Zugang zum *eigentlichen Lebenssinn*. Das heißt auch nicht mehr wegzustecken, »unter den Teppich zu kehren«, zu verdrängen – und dafür gesundheitlich zu büßen! Für jeden Menschen, der sich von dieser Art eines Fehlverhaltens bezüglich seines Lebensglücks (= Gesundheit + Lebensqualität) betroffen fühlt, dies aber ändern will, gibt es eine motivierende Orientierungshilfe für einen *neuen Weg* zum gesunden Ich durch drei elementare Lebenspfeiler, zusammengefasst im

Grundgesetz für erfolgreiche Selbsthilfe:

Aus den Fehlern der Vergangenheit lernen,
in der Gegenwart bewusst leben,
an die Zukunft – glauben!